目　次

はじめに

序　章　心の一生をどう捉えるか　1
- 序-1　心の成長・発達を捉える視点 …………………………………… 2
- 序-2　自我の成長・発達と心理社会的課題：エリクソンの生涯発達論 …… 6
- 序-3　発達における遺伝と環境 ………………………………………… 10
- 序-4　知能の生涯発達 …………………………………………………… 14
- 序-5　ことばの発達 ……………………………………………………… 18

第Ⅰ章　乳児期：人生への旅立ち　23
- Ⅰ-1　胎児・新生児・乳児の能力 ……………………………………… 24
- Ⅰ-2　乳児の自己感の発達 ……………………………………………… 30
- Ⅰ-3　愛着（アタッチメント）と母子関係の成立 …………………… 34
- Ⅰ-4　基本的信頼感 ……………………………………………………… 38
- Ⅰ-5　乳児期の発達的つまずきとケア ………………………………… 42

第Ⅱ章　幼児期：三つ子の魂　47
- Ⅱ-1　身体能力・身体機能の発達 ……………………………………… 48
- Ⅱ-2　母親からの分離-個体化 ………………………………………… 52
- Ⅱ-3　対人関係の発達 …………………………………………………… 56
- Ⅱ-4　幼児の遊びの意味 ………………………………………………… 60

iii

Ⅱ-5　幼児期の発達的課題と臨床的問題 ………………………………… 64

第Ⅲ章　児童期：学びと社会化　69
　Ⅲ-1　読み書きの力と計算力 …………………………………………… 70
　Ⅲ-2　社会性の発達と友人関係 ………………………………………… 74
　Ⅲ-3　学校への適応 ……………………………………………………… 78
　Ⅲ-4　児童期の発達的つまずきとケア ………………………………… 82

第Ⅳ章　思春期：子どもから大人へ　87
　Ⅳ-1　思春期の心と体の変化 …………………………………………… 88
　Ⅳ-2　思春期の親子関係 ………………………………………………… 92
　Ⅳ-3　思春期の友人関係 ………………………………………………… 96
　Ⅳ-4　自己へのめざめと悩み …………………………………………… 100
　Ⅳ-5　思春期ならではの心理的失調 …………………………………… 104
　Ⅳ-6　思春期の悩みへの援助 …………………………………………… 108

第Ⅴ章　青年期：自分との出会いと格闘　113
　Ⅴ-1　アイデンティティの模索と確立 ………………………………… 114
　Ⅴ-2　青年期の時間的展望 ……………………………………………… 118
　Ⅴ-3　社会に出るための模索 …………………………………………… 122
　Ⅴ-4　青年期の発達的つまずきとケア ………………………………… 126

第Ⅵ章　成人初期：人生本番への関門　131
　Ⅵ-1　仕事に就くこと・仕事のやりがい ……………………………… 132
　Ⅵ-2　配偶者選択と結婚生活への移行 ………………………………… 136
　Ⅵ-3　親になること・親になるプロセス ……………………………… 140
　Ⅵ-4　子育ての楽しさとつらさ ………………………………………… 144
　Ⅵ-5　「親になれない」親：虐待と放任 ……………………………… 148

目　次

第Ⅶ章　中年期：人生の曲がり角　153
- Ⅶ-1　中年期の危機 ……………………………………………………… 154
- Ⅶ-2　親子関係の変化 …………………………………………………… 158
- Ⅶ-3　生涯にわたる配偶者との関係性の危機と発達 ………………… 162
- Ⅶ-4　老親の介護と看取り …………………………………………… 166
- Ⅶ-5　女性のライフサイクルと中年期 ……………………………… 170

第Ⅷ章　老年期：人生をまとめる　175
- Ⅷ-1　老年期の心と体の変化 ………………………………………… 176
- Ⅷ-2　老年期の生きがいと幸福感 …………………………………… 180
- Ⅷ-3　死をどう受けとめるか ………………………………………… 184
- Ⅷ-4　老年期の家族・社会関係 ……………………………………… 188
- Ⅷ-5　認知症をどう考えるか ………………………………………… 192
- Ⅷ-6　施設入所高齢者の心理とそのケア …………………………… 196
- Ⅷ-7　老年期の発達的課題とライフレヴュー ……………………… 200

終　章　人生を展望する　205
- 終-1　発達初期の経験の重要性と発達可塑性 …………………… 206
- 終-2　一生の間でパーソナリティは変わるか …………………… 210
- 終-3　キャリアの生涯発達 ………………………………………… 214
- 終-4　ライフサイクルと家族のケア役割をめぐる問題 ………… 218

引用文献 …………………………………………………………………… 223
人名索引 …………………………………………………………………… 241
事項索引 …………………………………………………………………… 243

[序　章]
心の一生をどう捉えるか

　一生を通じて人間の心はどのように発達していくのでしょうか。心の発達の捉え方には，様々な視点や理論があります。また知能，認知機能，ことば，自我，社会性など心のいろいろな領域によって，その発達の特徴は異なっています。さらに乳幼児期，児童期，青年期，成人期，老年期など，人生のそれぞれの時期で見られる問題は様々です。今日では，心の成長は誕生から青年期までで終わるのではなく，生涯を通じて心は発達していくことが広く知られるようになりました。本章では，人生全体を展望する心の発達の捉え方について考えていきましょう。

序-1　心の成長・発達を捉える視点

Episode　シェイクスピアの見たシニカルな人生

　人生をどのように捉えるかという問題は，心理学のテーマになるずっと以前から，宗教や文学，哲学の重要な問題でした。皆さんは，16世紀に活躍したイギリスの劇作家，シェイクスピア（Shakespeare, W., 1564-1616）を知っていますか。ハムレット，リア王，ロミオとジュリエット，マクベスなどの悲劇の物語は皆さんも耳にしたことがあるでしょう。そのシェイクスピアの劇詩『お気に召すまま』（1599）のなかで彼は，人間は生涯を通じて，次のような7つの段階を経て生を全うすると詩っています。

> 　全世界が一つの舞台，そこでは男女を問わず，人間はすべて役者にすぎない。各々，出があり，一人一人が生涯にそれぞれ役を演じ分ける。その筋は，全場7つの時代に分かたれる。
> 1. 第一に幼年時代，乳母の胸に抱かれてぴいぴい泣いたり，もどしたり。
> 2. 次はおむずかりの学童時代，鞄をぶら下げ，朝日を顔にかたつむりそっくり，のろのろいやいや学校通い。
> 3. 次は恋人時代，溶鉱炉よろしくの大ため息で，惚れた女の眼鼻たたえる小唄作りにうつつをぬかす。
> 4. 兵隊時代，怪しげな誓い文句の大安売り，ひょうのような髭をたくわえ，名誉欲に取りつかれ，その上むやみと喧嘩早く，大砲の筒先を向けられながら泡のごとき世間の思惑が気にかかってしようがないというやつ。
> 5. 裁判官時代，丸々と肥えた鶏をたらふく詰め込んだ太鼓腹に，目つきばかりがいかめしく，髭は型通り刈り込んでもっともらしい格言や月並みの判例を並べ立て，どうやら自分の役を演じ通す。
> 6. もうろく時代，鼻には眼鏡，腰には巾着，大事にとっておいた若い頃の下着は萎えたすねには大きすぎ，男らしかった大声も今では子どもの黄色い声に逆戻り，ぴいぴいひゅうひゅう震え戦く。
> 7. 第二の幼年時代，全き忘却，歯なし，目なし，味なし，何もなし。

　このように描写されては，身も蓋もないような何ともシニカルな人生ですね。ここでは，私たちの人生全体を見渡して，その心の発達を捉える視点について考えてみましょう。

序章　心の一生をどう捉えるか

1　ライフサイクルの捉え方

　皆さんは、「ライフサイクル」という言葉を知っていますか。ライフサイクルとは、1人の人間の誕生から死までの一生という意味と、祖父母、父母、子ども、孫という人生が重なり合いながら展開していく世代の循環という2つの意味をもっています。私たちの人生は一般的に、誕生後、成長し、年をとって死を迎えるというプロセスをたどりますが、人間は、1人で生まれて1人で死んでいくわけではありません。人は必ず、親から生まれ、大人になると、多くの人々は子どもを生み育て、孫を授かる人も少なくありません。一人ひとりの人生は、それぞれ完結したものでありながら、それぞれの人生が重なり合い、循環しながら人生は継続していくのです。この捉え方をライフサイクルと呼びます。

2　ライフサイクルを通じての心の発達を捉える視点

　それでは、一生を通じて、心はどのように発達していくのでしょうか。心の発達には様々な捉え方があります。それは、人生を通じての心の発達をどのような〈問い〉をもって捉えようとするかによって異なっています。

〈問い1〉　**人生の各々の時期には、心の各側面についてどのような特徴があるのだろうか。年齢を加えるにつれて、それらはどのように変化するのだろうか。**

　この〈問い〉は、生涯発達心理学の出発点となる本質的〈問い〉です。誕生から老衰・死までの一生を通じた個体の発達的変化を記述し、各時期の特徴を見出そうとする視点です。ホール（Hall, G. S.）の大著『青年期（*Adolescence*）』（1905）や『老年期（*Senescence*）』（1922）をはじめ、発達心理学は、幼児期、児童期、青年期、老年期など、特定のライフステージの発達的特徴を記述し、分析することから始まり発展してきました。今日、この〈問い〉は、従来「発達期」としては捉えられていなかった、つまり一般の人々に共通した発達プロセスは見られないとされてきた成人期へも拡大され、生涯発達心理学という分野を形成しています。

〈問い2〉　**人生の各時期において、人間は、身体的・生物学的な影響と、社会・文化的な影響をどの程度、またどのように受けて発達・変化しているのだろうか。**

　この〈問い〉に対する研究も長い歴史をもっています。一般的には、発達に及ぼす生物学的影響は加齢とともに減少し、社会・文化的影響は年齢を加えるにしたがって増大していく、つまり個人差が増大するとされていますが、そのプロ

セスは複雑で多様です。

〈問い3〉 ライフサイクルは，獲得と喪失の両方が並行するプロセスとして，また，両者の力の及ぼし合いとして捉えられないだろうか。

人生は，「獲得」という上向きの変化ばかりではなく，喪失・衰退のプロセスでもあります。また，乳幼児期から青年期までの成長期は「獲得」期であり，老年期は「喪失・衰退」期であるというように，簡単に捉えることはできません。ライフサイクルのいずれの時期も，獲得しつつ失う，失いつつ得るという両方が並行して進む営みとして理解することが重要な意味をもつのです。

また，心の「成熟性」の意味するところも人生の各時期で異なっていると考えられます。社会的にはまだ自立していない青年期特有の成熟性，体力的には陰りの見え始める中年期ならではの成熟性も存在します。たとえば，青年が自ら関心のある本質的な問題や主体的に選び取った世界へ純粋に打ち込んでいく力は，青年期にもっともあざやかに見られる成熟性です。精神分析家エリクソン（Erikson, E. H.）はこれを「忠誠心」と呼んでいます。一方，自己の有限性を見極め受け入れることができる，つまり，自己をあきらめる（諦め，明らめる）力は，中年期に至ってはじめて見られる成熟性でしょう。このように，私たちの人生のなかで失いつつ得るものは限りなく多いのです。

〈問い4〉 人生の前段階までに獲得された発達的な特質は，後の人生のなかでどの程度変化する可能性があるのだろうか。つまり，いったん獲得された心理的特質は，どの程度柔軟性をもつのだろうか。またはどのくらい可塑的なのだろうか。

この〈問い〉は，生涯発達心理学のみならず，臨床心理学にとっても重要な問題です。たとえば，乳幼児期に十分な安定した母性的ケアが受けられなかった子どもが，成長過程において様々な心理的問題を生じさせることがあります。また，パーソナリティや人間関係のもち方にも問題が見られることも少なくありません。このような人々は，その後，どのような「心理的経験」を経て適応していくのでしょうか。臨床心理学は，このような〈問い〉に対する果敢な粘り強い挑戦を続けています。

3　生涯発達のモデル

このような〈問い〉に応えるには，心の発達に対するモデルが必要です。図序-1は，生涯を通じての心の発達についての理念的なモデルを示したものです。

序章　心の一生をどう捉えるか

モデル名	イメージ	モデルの特徴	発達のゴール	重要な次元	おもな理論家
A 成長	(プラス、25歳〜70歳で上昇後下降の破線)	子どもから大人になるまでの獲得，成長を考える。成人発達の可塑性を考えない	大人 均衡化 獲得	身体 知能 行動	ピアジェ フロイト ウェルナー ワロン
B 熟達	(プラス、上昇し安定)	以前の機能が基礎になり，生涯を通して発達しつづける安定性と一貫性を重視する	熟達 安定	有能さ 力 内的作業モデル	バルテス ボウルビィ
C 成熟	(プラス、上昇後緩やかに下降)	複数の機能を同時に考える。ある機能を喪失し，別の機能が成熟すると考える	成熟 知恵 統合	有能さ 徳	バルテス エリクソン レヴィンソン
D 両行	(プラスとマイナスの両方向)	複数の機能を同時に考える。ある観点から見るとプラスであり別の観点から見るとマイナスとみなす	特定できない (個性化 両性具有)	両価値 変化プロセス 意味	(ユング)
E 過程	(波線)	人生行路（コース）や役割や経歴（キャリア）の年齢や出来事による変化過程を考える	考えない	エイジング 社会的役割 人生イベント	ハヴィガースト エルダー
F 円環	(25歳から70歳への円環)	回帰や折り返しを考える。もとへもどる，帰還による完成	「無」にもどる 完成	意味 回帰	

図序-1　生涯発達の6つのモデル（やまだ，1995を一部修正。）

　成人期の発達は，身体機能，知能，社会性，人間関係，職業，家族など，個別に捉えるのではなく，その人を全体として理解する視点が重要です。「人間を理解する」ことは，その人が時間（個人・家族・世界の歴史）と空間（物理的・社会的環境）のなかでどう生きているかを捉えることなのです。

（岡本祐子）

序-2 自我の成長・発達と心理社会的課題：エリクソンの生涯発達論

Episode エリクソンの生涯

　皆さんは，エリクソン（Erikson, E.H., 1902-1994）という心理学者を知っていますか。アイデンティティ論の提唱者と言えば，思い出す人も多いでしょう。ライフサイクル論やアイデンティティ論は，エリクソン自身の人生経験のなかから生み出されたものと言っても過言ではありません。

　エリクソンは，1902年ドイツのフランクフルトに生まれました。母親は芸術の才能豊かなユダヤ人でしたが，父親はエリクソンの誕生前に母親のもとを去っていました。3歳の時，母親の再婚によって彼は小児科医ホーンブルガーの養子となりました。青年期に達したエリクソンは自分の進むべき方向が見つからず，放浪の旅を重ね，28歳の時，ついにウィーンでフロイトに出会いました。フロイト父娘のもとで精神分析の訓練を受け，31歳の時，アメリカ合衆国ボストンへ渡り，アメリカ初の児童精神分析家となりました。自分の出自や青年期の進路の模索，「自分はどこから来たのか，自分とは何か，自分はどこへ行くのか」という問いが，後に「アイデンティティ」の概念として結実していくのです。

　50〜70代のエリクソンは，マサチューセッツ州のオースティン・リッグス・センターという小さな精神病院で精神分析的心理療法に携わりました。

写真序-1　晩年のエリクソンと自筆の原稿
（Austen Riggs Center 保管資料，撮影　岡本祐子）

60代は，ハーヴァード大学教授として教壇にも立ちました。

　エリクソンは今日，その代表的な著書『幼児期と社会』（1950）によって，生涯発達心理学の領域で広く知られていますが，彼の理論は臨床実践経験を土台として生み出されたことは非常に重要です。

1 ライフサイクルを展望した自我・人格の発達

　人間生涯全体を展望した心の発達について，もっとも卓越した理論を提唱したのは，精神分析家エリクソンであると言っても過言ではないでしょう。
　エリクソンのアイデンティティ論やライフサイクル論は，我が国においても広く知られています。最初の著書『幼児期と社会』（1950）において，エリクソンは，「人間の8つの発達段階」と題する人間生涯全般にわたる発達論を提唱しています。図序-2は，そのなかで論じられている個体発達分化の図式（Epigenetic Scheme）です。そして表序-1は，ライフサイクルを通しての個体発達分化に関わる全領域の特質を8つのステージ別に示したものです。この2つの図表は，後の生涯発達心理学や臨床心理学の研究に理論的基礎を与えるものとなりました。

2 エリクソンの発達論

　このエピジェネティク（epigenetic）という言葉は，個体が生まれてゆっくり

		1	2	3	4	5	6	7	8
Ⅷ	老年期								自我の統合 対 絶望
Ⅶ	中年期							世代継承性 対 自己陶酔	
Ⅵ	成人初期						親密性 対 孤立		
Ⅴ	思春期 青年期					アイデンティティ 達成 対 アイデンティティ 拡散			
Ⅳ	児童期				勤勉性 対 劣等感				
Ⅲ	幼児後期			自発性 対 罪悪感					
Ⅱ	幼児前期		自律性 対 恥・疑惑						
Ⅰ	乳児期	基本的信頼感 対 不信感							

図序-2　エリクソンによる個体発達分化の図式（Erikson, 1950）

表序-1　個体発達分化の諸領域 (Erikson, 1950)

段階	心理社会的危機状況	人格的活力(徳)	重要な対人関係の範囲	社会価値,秩序に関係した要素	心理社会的行動様式	儀式化の個体発生	心理-性的段階
I	基本的信頼感：不信感	望み	母および母性的人間	宇宙的秩序	得る，見返りに与える	相互的認知	口唇期
II	自律性：恥・疑惑	意思	両親的人間	"法と秩序"	つかまえ，はなす	善悪の区別	肛門期
III	自発性：罪悪感	目的感	核家族的人間	理想的原型	ものにする（まねる），らしく振る舞う（遊ぶ）	演劇的	エディプス期
IV	勤勉性：劣等感	有能感	近隣，学校内の人間	技術的要素	ものを造る（完成する），ものを組み合わせ組み立てる	遂行のルール	潜伏期
V	アイデンティティ達成：アイデンティティ拡散	忠誠心	仲間グループ，グループ対グループ，リーダーシップのモデル	知的，思想的な将来の展望	自分になり切る（あるいはなれない），他人が自分になり切ることを認め合う	信念の共同一致	性器期
VI	親密性：孤立	愛情	友情における相手意識，異性，競争・協力の相手	いろいろな型の協力と競争	他人のなかに自己を見出す，見失う	世代継承的認可	性器期
VII	世代継承性：自己陶酔	世話	分業ともち前を生かす家族	教育と伝統の種々相	存在を生む，世話をする	世代継承的認可	性器期
VIII	自我の統合：絶望	知恵	"人類" "私のようなもの"（自分らしさ）	知恵	一貫した存在を通して得られる実存，非存在への直面	世代継承的認可	性器期

と成長していくという意味です。この図式のなかには，エリクソン独自の考え方が，数多く反映されています。

（1）心理社会的自我

まず第1は，心理社会的な自我という観点から，人間の発達を捉えようとしたことです。フロイト (Freud, S.) が，リビドーと呼ばれる性的エネルギーに対応させて，個体の発達を理論化したのに対して，エリクソンはそれを発展させて，社会との関わりの側面を重視して，心の発達を捉えようとしました。さらにフロイトが，心の発達は青年期で完了し，その後は特に目立った発達的変化は起こらないと考えたのに対して，エリクソンは，人間の心は生涯を通じて成長・発達し

ていくものであるという展望を示したのです。

(2) 発達的危機と心理社会的課題

　第2は，図序-2に示されている8つのステージの心理社会的危機の考え方です。発達はそれまで，ただ前向きのものとして捉えられてきましたが，エリクソンは，退行的方向や病理的な方向をも含めて考えられることを示唆して，これを「危機」と呼びました。したがって，発達的危機とは，成長・成熟の方向と退行的，病理的方向への分かれ目・岐路を意味します。エリクソンは，ライフサイクルにおける8つのステージに，それぞれ固有の心理社会的課題と危機が存在すると捉えたのです。

　そのなかでもエリクソンが注目したのが，青年期にあたる第Ⅴ段階の心理社会的課題であるアイデンティティの獲得でした。エリクソンのアイデンティティ理論は，青年期研究のみならず，今日，人間生涯全体を捉えるための重要な視座を提供するものとなっています。アイデンティティとは，「自分とは何者か」，本当の，正真正銘の自分とは何かを意味します。児童期までは，両親や学校の先生など，他者の考えや行動を受け入れ，そのようにふるまっていた子どもたちは，思春期・青年期に達して，他者の影響から少しずつ離れ，自分で自分をつくっていこうとし始めます。このプロセスのなかで，幼児期から今日までの自分，さらにこれから先の自分の間に，一貫性があるかどうか，また自分の仲間関係や他者との交わりのなかで，あるいは社会との関係のなかで，しっかりとした自分の位置と調和が保てるかどうかが重大な問題とされます。エリクソンは，このようなアイデンティティの獲得を青年期の重要な心理社会的課題としたのです。

　しかし，自分とは何か，自分らしい生き方とは何かというテーマは，今日では単に青年期にとどまらず，成人初期や中年期の人々にとっても重要なテーマになっています。

(3) 相互性

　第3は，相互性（mutuality）の概念です。これは，「与える」と同時に「得る」ことを心の発達のなかで捉えようとしたものです。たとえば，幼児と母親は「育てられるもの」と「育てるもの」という一方向的な関係ではなく，「育てられると同時に育てる」存在として人間の発達を捉えようとする見方です。母親は，子どもの養育に力を注ぎながら，実は世代継承性（次世代をはぐくみ育てる）という自分自身の心理社会的課題を達成し，自らも発達しているのです。　　（岡本祐子）

序-3　発達における遺伝と環境

Episode 素晴らしい成果を上げることができるのはなぜか？

　テストが先生から返却された時，友達と点数を見せ合った経験があると思います。テストの得点を見せ合い，友達のテストの得点が自分よりも高かった時，「勉強した時間に差はあまりないはずなのに，なぜAさんの方がテストの得点が高いのだろう？」，と思ったことはないでしょうか。そして，さらにこんなことを考えたのではないでしょうか。「Aさんのテストの結果がよい理由は，生まれもった高い才能があるからだ。ぼくにはそんな才能なんてないから，いくら頑張ってもAさんにきっと追いつけないのかもしれない」。一方で，こんな考え方をした人もいるかもしれません。「Aさんとぼくは同じ人間なのだから，能力はそんなに大きく変わらないはずだ。なぜテストの得点で差がついたのかというと，Aさんの家にはたくさん本があるし，親はエリートだし，Aさんは裕福な家庭で育っている。ぼくもAさんと同じ裕福な環境で過ごすことができたらもっと才能が伸びるかもしれない」。

　周りにいる人と自分の成長の違いを比べようとする時，「生まれもった才能」という遺伝学的な違いを考える場合と，「裕福な家で育った」という環境的な違いを考える場合の2つに分けられるでしょう。このような考え方は，本やテレビ番組などでも多く見受けられます。たとえば，テレビ番組でトップアスリートが紹介される時，幼少期からどれだけ練習してきたか，どのような指導者が選手をどのように育てたかなどにスポットが強く当たります。トップアスリートになるためには練習量や環境が重要であると紹介した方が，多くの人に希望を与えることができます。しかし，本当に環境だけがトップアスリートを育てるための重要な条件かというと，疑問ではないでしょうか。トップアスリートの両親もまたトップアスリートとして活躍していた場合，遺伝的な影響が強かったとも考えられるからです。では，トップアスリートになるためには遺伝と環境のどちらが重要なのでしょうか。

1 発達は遺伝によって定められている

「カエルの子はカエル」ということわざがあるように，あらかじめ組み込まれた道筋があり，その過程をたどることが発達であるという考え方があります。このような考え方は遺伝説（または，成熟優位説，生得説）と呼ばれています。

アメリカの心理学者のゲゼルとトンプソン（Gesell & Thompson, 1929）は，双子を対象にした実験で遺伝説を主張しました。ゲゼルらは，一卵性双生児（全く同じ遺伝情報をもっており，身体能力や学力の類似性がとても高い双子）に階段のぼりの練習をさせる実験を行いました。ゲゼルらは，まず子どもAに階段のぼりを練習させ，次に子どもBに階段のぼりの練習をさせました。子どもAは，最初は階段のぼりに苦戦していましたが，6週間の練習によって26秒でのぼれるようになりました。その後，階段のぼりの練習をしていなかった子どもBに練習をさせます。子どもBが子どもAと同じように上達するためには6週間の練習が必要なのでしょうか。もし，階段のぼりの練習（環境）によって発達が支えられているのであれば，子どもBの階段のぼりの練習時間は，子どもAと同じ時間を必要とするはずです。驚くことに，子どもBはわずか2週間の練習期間で階段を10秒でのぼることができるようになりました。子どもAは早くからたくさんのトレーニングをしていたのに，子どもBにあっという間に追いつかれてしまったのです。このような結果から，ゲゼルは，発達を支えているのは環境よりも遺伝であり，特別な環境を整えなくても成長とともに能力が身についていくと考えました。

2 発達は環境の良し悪しで決まる

発達は，遺伝ではなく環境によって支えられていると考える環境説（または，環境優位説，経験説）も説得力のある実験を通して主張されました。環境説とは，たとえば「朱に交われば赤くなる」ということわざがあるように，発達は周りの環境に大きく影響を受けるという考え方です。

アメリカの心理学者のワトソン（Watson, 1930）は，発達は経験の積み重ねによって成り立つと考えました。ワトソンも乳児を対象にした実験を行っています。赤ちゃんが白色のネズミに触ろうとすると，その背後で大きな音を響かせて驚かせます。これを繰り返すと，赤ちゃんは白色のネズミを怖がるようになったのですが，白色のネズミだけでなく，白色のうさぎ，白色のコートも怖がるようにな

りました。この結果から、ある対象を怖がるといった性格は、遺伝ではなく環境による影響が強いと主張しました。環境説に自信をもったワトソンは、「健康な1ダースの乳児と、育児ができる自由な環境を与えてくれるのであれば、私は、遺伝的と言われるものとは関係なしに、医者、芸術家、大商人、どろぼう、乞食まで、様々な人間に育て上げることができる」と後に述べています。

3　遺伝と環境がどちらも発達を支えている

　遺伝説と環境説は発達を理解する上でどちらも重要ですが、互いに一方の影響を軽視していました。そこで、シュテルン（Stern, 1935）は、遺伝と環境の両方を折衷させて発達を説明することを提案しました。つまり、発達は遺伝と環境の総和で支えられているという考え方です。この考え方は輻輳説と呼ばれています。図序-3は輻輳説の概念図（ルクセンブルガーの図式）です。たとえば、特性Aは遺伝的な影響が70％で環境の影響が30％、特性Bは遺伝の影響が30％で環境の影響が70％である、というように、遺伝と環境を発達の構成成分のように考えました。ここで注意しなければならないことは、「輻輳」という言葉は1カ所に集まるという意味であり、遺伝と環境が互いに影響し合うことまでは意味していません。つまり、遺伝と環境が単に加算されているだけであって、互いに影響を及ぼし合うことは輻輳説では想定されていませんでした。

4　一定の環境水準が満たされなければ遺伝子は活動しない

　輻輳説は、遺伝と環境を合わせて発達を説明しましたが、遺伝と環境はお互いに影響を及ぼさないことを前提としていました。しかし、発達はそれほど単純なものではないことが指摘されるようになりました。そこで、次に現れた説は、遺伝と環境が互いに関係し合って発達を支えているという、相互作用説です。つまり、ある一定以上の環境が整ってはじめて発達を支える遺伝的プログラムが動き始めるという考え方です。

　ジェンセン（Jensen, 1968）は、遺伝的な発達が現れるためには環境の水準が必要であることを説明しました。図序-4はその概念図です。図序-4の縦軸は発達が顕在化する可能性（％）を示しており、横軸は環境のよさを示しています。特性Aは、環境がよくなくても発達する特性です。たとえば、身長や言語能力などが該当します。成長に必要な食物が少ない環境でも、身長が高い人はいるこ

序章　心の一生をどう捉えるか

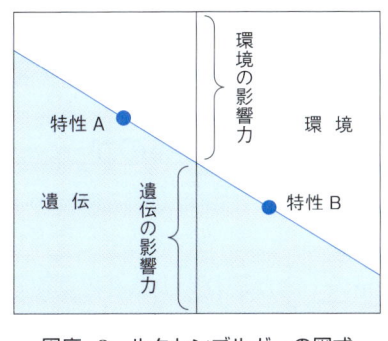
図序-3　ルクセンブルガーの図式
（山上，1990を一部改変。）

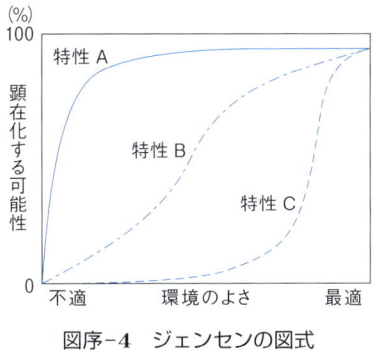
図序-4　ジェンセンの図式
（東，1969を一部改変。）

とが例として挙げられます。特性Cは，絶対音感など，教育環境が良好でなければ発達しないような特性が該当します。特性をもっていても，それを育むための良質な環境がなければそのような特性は発達していきません。

　発達は遺伝によって支えられているのか，それとも環境によって支えられているのか，という問題は，「遺伝と環境のどちらも発達を支えている」という考え方が現在では主流となっています。

5　遺伝子の影響力が明らかになる日

　遺伝が我々の性格や顔の形や運動能力などに影響していることはずいぶん昔からわかっていましたが，2003年を契機に，遺伝子の影響力に関する研究が急速に進んでいます。その理由は，ヒトのゲノムを調べるゲノムプロジェクトが完了したからです。ゲノムプロジェクトは1990年から始まり，13年経った2003年に全30億の塩基配列の解析が完了し，ヒトの遺伝子は約2万から2万5千個であることがわかりました。ヒト遺伝子の研究はさらに進展し，2010年には，アメリカの会社が個人のゲノム情報を解析するサービスを始めており，どのような病気にかかりやすいのか知ることができるようになったのです（宮川，2011）。遺伝子にまつわる問題はすべて明らかになったわけではありませんが，遺伝が我々の発達にもたらす影響の謎が少しずつ明らかになっていることは事実です。さらに研究が進み，遺伝子のふるまいが明らかになってくると，昔から続いていた「遺伝か環境か」という問題に対してさらに具体的に答えることができるようになるかもしれません。

（岡崎善弘）

序-4　知能の生涯発達

Episode　頭がよいとはどのようなことを意味するのか

　頭をよくしたいという願いは、何歳になってももち続けている願望の1つではないでしょうか。2005年に「脳を鍛える大人のDSトレーニング」が爆発的にヒットしたことは、この願望の一面が現れていると言えるでしょう。

　ところで「頭がよい」とはどういうことを意味しているのか、と尋ねられたらどのように答えるでしょうか。よく考えてみると、「頭がよい」という言葉の意味は、年齢を重ねるにつれて変化していることに気づきます。たとえば、筆者が幼い頃、昆虫の種類をたくさん知っている友達が虫博士と呼ばれていたので、「○○博士＝たくさんのことを知っている＝頭がよい」、というように、頭のよさは知識量に比例すると単純に考えていました。小学生になると、頭のよさとは知識量の多さではなく、国語や算数などのテストで高い得点を取れることだと考えるようになりました。

　小さい頃はとても単純な考え方ですが、大学生や社会人に頭のよさとは何か尋ねると、どのような回答が返ってくるでしょうか。頭のよさはテストの得点だけでは測れないと考える人はもちろん多いでしょう。社会に出て様々な経験を重ねると、不測の事態にどのような行動が最善であるかを決定する判断力、従来にはなかった新しいアイデアを提案する創造力など、子どもの頃とは大きく異なった多様な基準をもっていることでしょう。高齢者の場合ではどうでしょうか。医学が発達し、認知症という言葉が広く知られるようになったので、認知症の予防の観点から、記憶力を低下させないという意味で頭をよくしたいと言っている人もなかにはいるかもしれません。

　このように、「頭がよい」という言葉の意味は多種多様です。「頭のよさ」はどのように捉えるべきでしょうか、「頭のよさ」を正確に測ったり、高めたりすることはできるのでしょうか。ここでは、知能の研究者たちがこれらの問題に対してどのように答えているのか概観していきます。

序章　心の一生をどう捉えるか

1　知能が発達するとはどういうことか

　ヒトは生まれてから数カ月経つと動けるようになり，周りの環境へ積極的に働きかけ，自分の世界を広げていきます。学校で様々なことを学ぶ前から，我々は多くのことを学んで知能を高めているのです。スイスの心理学者ピアジェ（Piaget, J., 1947）は，知能の発達を，シェマ，同化，調節，という言葉で説明しました。シェマとは認識の枠組みのことであり，認識の枠組みを修正することが知能の発達であると考えました。たとえば，子どもの頃の昆虫採集を思い出してみて下さい。昆虫採集に出かけて虫取り網を振り回していると，「茶色の昆虫」が網のなかに入っていたとします。よく見てみるとその「昆虫」には足が6本あり，そのうち2本はカマのような形をしています。これらの特徴はこれまでに何度も捕まえてきた緑色のカマキリと同じなので，今捕まえている「茶色の昆虫」は，これまで捕まえてきたカマキリの仲間であると理解したでしょう。

　この例のように，現在もっている認識の枠組みを環境に当てはめて新しいものを理解することを，同化と言います。しかし，虫には色々な種類がいます。新しい昆虫に出会った時には，これまでのシェマでは対応できず混乱してしまうので，新しいシェマに修正しなければなりません。たとえば，これまで捕まえてきた虫には羽がついていなかったけれど，今捕まえた「昆虫」には羽がついていたとします。このような場合には，これまでのシェマでは対応することができないので，足が6本あるだけでなく羽がついていても昆虫である，という考え方にシェマを修正します。このように，これまでのシェマでは通用しない新しいものに出会った時に，自分のシェマを修正することを調節と言います。このような試行錯誤を子どもの頃から繰り返して，ヒトは知能を高めていきます。

2　知能の種類はいくつあるのか

　発達していく知能の種類はいくつあるのでしょうか。知能の種類は多くの研究者によって様々な説が提案されてきました。たとえば，ガードナー（Gardner, H., 1983）は，知能を広く捉えることが重要であると考え，知能は，言語的知能，論理・数学的知能，音楽的知能，空間的知能，身体運動的知能，人間関係知能，個人内的知能，博物学的知能の8つに分類することができると主張しました。この分類によれば，上述した昆虫の例は博物学的知能を発達させていると言えるで

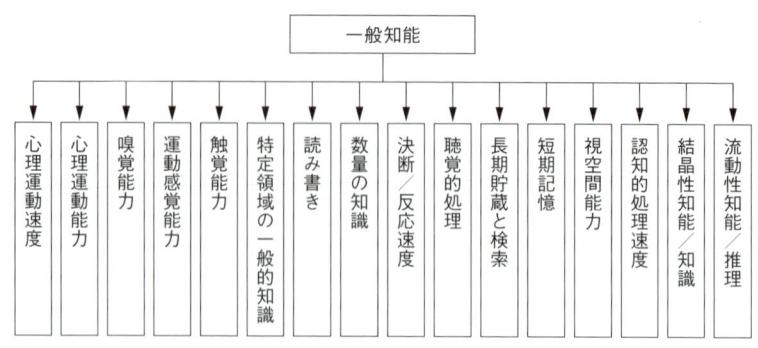

図序-5　CHC 理論における知能の16因子（三好・服部, 2010を一部改変。）

しょう。他方で, スピアマン（Spearman, C. E., 1904）は, すべての知的活動に共通して機能する一般知能と, 英語や音楽など特定の場面で機能する特殊知能の2種類で構成されると主張しています。彼らの主張で大きく異なる点は, どの知能にも関係する一般知能があるかどうかです。

このように, 知能の種類は一体いくつあるのか, 研究者間で意見が一致していませんでしたが, 近年では, 統合的に知能を説明しているキャロル（Carroll, J. B.）の Cattell-Horn-Carroll 理論（CHC 理論）が脚光を浴びています。キャロルは, これまでの知能研究を見直し, 知能を3段の階層構造で説明できることを発見しました（Carroll, 1993）。上位の階層には一般知能があり, これを知的能力すべてに関わる因子として説明しています。その下位は16の因子に分かれており（図序-5）, さらに下位には各16因子に従属する項目が並べられています。たとえば, 流動性知能／推理は機能的推理や演繹的推理, 心理運動能力は手足の協応や手の器用さなどが下位の因子として含まれています（その他の因子における詳細は村上（2007）を参照）。CHC 理論は, これまでの知能理論のなかでもっとも妥当性の高い理論とされており, 有用性が期待されています（三好・服部, 2010）。

3　年をとると知能は衰えるか

年を重ねて身体的に老化が始まると, 知能も身体と同じように衰えていくのでしょうか。確かに, 年をとると1つのことを思い出すまでの時間が以前よりも長くなったり, 覚えが悪くなったりするようです。しかし, おばあちゃんの知恵袋という表現があるように, 豊富な人生経験から多くの知識を蓄えていたりするの

で，知能が衰えるとは一概に言うことはできません。シャイエ（Schaie, K. W.）は知能テストを使って知能の長期的な変化を調べています。シャイエは，同じ人に知能テストを7年ごとに実施し続け，25歳から88歳までの知能の変化を調べました（Schaie, 1988）。言語理解（単語で表現されている意味を理解する能力）の結果を見てみると，知能は低下するどころか，50歳半ば頃まで上昇し続けていたのです。言語理解だけでなく，計算の速さや正確さ，空間認知能力，記憶力のいずれもが50歳頃まで上昇し続けることがわかっています。

4　学習にはワーキングメモリが重要

　近年の研究から，知能を高める上でワーキングメモリが極めて重要であると主張されるようになりました。ワーキングメモリとは，必要な情報を一時的に頭に保持し，その情報を操作する時に働く能力のことです。たとえば，スーパーマーケットで買い物カゴに入れた商品の総額と予算の差額を計算している時，我々はワーキングメモリの能力を使用していると言えるでしょう。ただし，ワーキングメモリの容量には制限があります。買い物カゴのなかに入れた商品の合計金額を頭のなかに残しておきながら，商品の合計金額と予算の差額を計算する時，ワーキングメモリの容量が小さければ，計算をしている途中で合計金額を忘れてしまったり，計算を間違えたりしてしまうのです。

　アロウェイ（Alloway, 2010）は子どものワーキングメモリに着目し，学校の成績の高低を決めているのは知能テストで調べることができるIQではなく，ワーキングメモリの容量だったことを報告しています。また，アロウェイは，子どものワーキングメモリを向上させることにも成功しています。アロウェイは，ジャングルメモリというコンピュータ上で行うゲームを開発し，子どもに約8週間のトレーニングを続けさせました。すると，ジャングルメモリでワーキングメモリをトレーニングした子どもは，トレーニングしていない子どもよりも，ワーキングメモリの得点が上昇しただけでなく，学業成績も上昇していたのです。アロウェイの研究から，様々な知識の獲得にはワーキングメモリがとても重要な役割を担っていると言えます。しかし，トレーニングを行っても後の学習に影響しにくいという報告もあり，トレーニング効果の研究は現在も論争が続いています。

（岡崎善弘）

序-5　ことばの発達

> *Episode*　どうやってこんなにたくさんのことばを覚えたの？
>
> 　まず，今のあなたがもっている語いについて考えてみましょう。この本を読んでいるということは，たくさんのことばを知っていると思います。今，あなたは何語くらいの日本語のことばを知っていると思いますか？たとえば『日本国語大辞典』（小学館国語辞典編集部，2000）の見出し語の数は，約50万項目です。でも，このような辞典に載っていることばを全部知っているわけではないでしょう。松井（2004）の『小学館日本語新辞典』には，日常生活に必要十分な語いとして約6万3000項目が収録されています。これでも，すべてのことばを知っているとは限りません。
>
> 　では，あなたの知っていることばがたとえば5万語あると仮定してみましょう。これは，1日に10語ずつ覚えても5000日，つまり13年半以上かかってしまうくらいの語い数です。私たちは，いったいどうやって，こんなにもたくさんのことばを獲得してきたのでしょう。外国語の学習で，なかなか単語を覚えられないことを考えると，不思議ではないでしょうか。
>
> 　そこで今度は，生まれて10カ月くらいの子どもになったつもりで，ことばを身につけ始める時のことを考えてみましょう。下のような場面を想像してください。
>
> 　あなたは，お父さんに抱っこされて，小学校の横の道を通っています。その小学校ではウサギを飼っています。道から白いウサギが見えました。その時，お父さんがあなたに話しかけました。
>
> 　「せったんらぱん」
>
> 　子どもがことばを獲得するのは，たとえばこんな場面からなのです。何を言っているのか，一連の発声のどこが何を指しているか，さっぱりわからないことでしょう。この頃の子どもにとって，身の回りには何だかわからないものがたくさんありますし，周りの人はわけのわからない音を発します。子どもはどのようにことばを獲得していくのでしょうか。

序章　心の一生をどう捉えるか

1　乳幼児期における話しことばの発達過程

　話しことばの発達にはもちろん個人差がありますが，だいたいの時期と発達過程を表序-2に示します。

（1）初語より前の段階

　生まれてから10～12週くらいまでの子どもは，「くうくう」のようなクーイングという発声をします。その次に出てくる喃語はことばのように感じられる音声です。最初はあいまいですが，生後4カ月くらいになると，母音と子音が分かれて聞きとれるようになります。生後6カ月くらいになると，規準喃語と言われる，母音と子音の構成が明瞭な喃語を発するようになります。さらに，生後8カ月～1歳くらいになると，母語のようなアクセント・イントネーションの喃語になってきて，まるで話しているかのように聞こえます。これはジャーゴンと呼ばれます。

（2）語いの発達

　子どもが初めてことばを話す時期，すなわち初語を発する時期は，一般的には1歳前後です。この頃から1歳半くらいまでは，急にたくさんのことばを話せるようにはなりません。話すことばは50語くらいで，人や動物，からだの部分，食べもの，そして挨拶が多いようです。その後，1歳後半から2歳くらいまでの時期から，急に語いが増え始めます。個人差も大きいのですが，子どもの発する語を数えていくと，2歳くらいまでに200～300語程度，3歳くらいまでには1000語程度になると言われています。

（3）単語から文へ

　初語を話し始める1歳前後に発することばは，文の形になっておらず，1つの単語だけです。これを一語文と呼びます。この一語文では，1つの単語でいろいろな意味を示します。たとえば「マンマ」が「これを食べたい」という意味だったり，「食べ物がある！」という意味だったりします。

　そして1歳半くらいになると，二語文を話せるようになります。たとえば「ワンワン　きた」のようなものです。ただ「2つのことばを続けて話せる」ということではなく，文法的な構造の二語を話せるのです。

　2歳過ぎくらいからは，もっと多くの単語を含む文を話せるようになります。2歳半から3歳くらいまでは模倣期とも言われ，大人の模倣をした発話が見られ，

表序-2 話しことばの発達（荻野，1996；高岡，2006；内田，1999より作成。）

	おおよその年齢	語い・発話の発達
初語出現前	10〜12週頃まで	クーイング
	1ヵ月頃	喃語が始まる
	4ヵ月頃	母音と子音の分化した喃語を話す
	6ヵ月頃	規準喃語を話す
	8ヵ月〜1歳頃	ジャーゴンを話す
初語出現後	1歳前後	初語の出現
	1歳過ぎ頃	語い数が50くらいになる
		一語文を話す
	1歳半頃	二語文を話す
	2歳過ぎ頃	多語文を話す
	2歳半頃	大人の模倣をし，発話が文として整ってくる
	3歳頃	複雑な構造の文も話す。話しことばがひととおり完成
	4歳頃	文法力もついて多弁になる
	5歳頃	話し相手に応じた発話をする

発話が文として整ってきます。名詞や動詞を使い分け，助詞も使い，複雑な文を話せるようになっていきます。

ことばの獲得に関する理論

ことばがどのように身につくのかについては，いろいろな説があります。それらを簡単に見てみましょう。

（1）生得的にもっている面，社会的相互作用によって獲得される面

人間はことばを獲得するための機能を生まれながらにもっているという説があります。よく知られている理論は，チョムスキー（Chomsky, N., 1965）の理論です。チョムスキーは，人間には生まれつきことばを獲得する装置（言語獲得装置）が備わっており，だからこそ誰でもことばを使いこなせるようになると考えました。それ以外にも，表序-2のようなことばの発達過程がどの子でも類似していることなどからは，ことばが生得的に獲得されている面があると考えられます。

しかしそれは，何もしなくても人間がことばを話せるようになるという意味ではありません。特に近年は，言語獲得における社会的相互作用を重視し，子どもの有能性に注目する考え方が台頭してきています。たとえばトマセロ（Tomasello, M., 1999）は，他者の意図を読みとる能力が，ことばの意味を獲得するのに重要だと考えました。言語獲得については，どちらの考え方の人たちも，生得的な機

（2）どうやってことばの意味がわかるのか

エピソードで挙げた，「せったんらぱん」の例を思い出してください。このように目の前に何かがある場面での発話をよく聞いているうちに，「せったん」は「あれは○○だよ」のような意味らしいとわかってきたとしましょう。その状況で，またウサギが見えた時に，お父さんが「せったんらぱん」と言ったとします。それでも，「あれはウサギだよ」と言っているのかもしれませんし，「あれはラパンちゃんだよ」のようにウサギの名前を言っている可能性もあります。このような時，子どもはどうやって語いを身につけていくのでしょうか。

よく知られている説は，マークマン（Markman, E., 1989）の制約説です。この説で想定している，代表的な3つの「制約」について簡単に説明します。1つは「事物全体制約」です。これは，新しいラベルはその部分ではなく事物全体に関する名称だという原理です。上の例で言えば，ウサギの耳や足ではなくウサギ全体を「らぱん」と呼ぶという原理です。2つめは「カテゴリー制約」です。これは，新しいラベルはその事物が属するカテゴリーの名称だという原理です。上の例で言えば，ラパンちゃんという名前ではなくウサギを「らぱん」と呼ぶという原理です。3つめは「相互排他性」です。これは，1つのカテゴリーには1つの名称が付与されるという原理です。もし「らぱん」がウサギなら，たとえばウサギを指して「ぶらん」と言われた場合に，「ぶらん」は「白い」など，別の意味の語だと解釈することになります。このような制約は，子どもが生得的にもっている（あるいは発達の早期に獲得される）と考えられます。

3 幼児期後期以降の発達

最後に，幼児期後期以降のことばの発達について，少し見てみましょう。

ことばには一次的ことばと二次的ことばの2つのモードがあり（岡本，1985），幼児期後期から児童期にかけて，一次的ことばから二次的ことばへの変化が生じると言われています。一次的ことばは，一対一の対面的コミュニケーション場面で行われるものです。それに対し，二次的ことばは，現実とは離れた場面で展開されることばです。書きことばは二次的ことばにあたります。また，人前でのスピーチもそうです。一次的ことばと二次的ことばは，互いに影響を及ぼし合いながら，それぞれを適切に使い分けられるようになっていきます。　　　　（森田愛子）

[第Ⅰ章]
乳児期：人生への旅立ち

　皆さんは，赤ちゃんと遊んだり一緒に生活したことはありますか。赤ちゃんは生命力に満ちあふれ，私たちの心をひきつけます。最近の研究では，赤ちゃんは驚くほどの能力をもって生まれてくることがわかってきました。また誕生後約1年間の乳児期は，人生のなかでもっとも発育の著しい時期で，乳児は心身ともにめざましく成長していきます。この時期は人生の出発点にあたり，人生を生き抜くための大切な資質が獲得される時期です。本章では，乳児の成長・発達の特徴と発達的課題，養育者の側に求められるケアなどについて学びます。

Ⅰ-1　胎児・新生児・乳児の能力

Episode　自分から積極的に学んでいく赤ちゃん

　生まれたばかりの赤ちゃんは我々が見ているような世界とは全く異なる世界を見ており，とても無力な存在であると考えられてきました。しかし，近年の研究手法の発展に伴い，赤ちゃんは，従来考えられていたよりもはるかに有能であり，多様な能力をもっていることがわかってきました。たとえば，赤ちゃんの手足の不規則な動きには，従来あまり意味がないとされていました。しかし，近年の研究により，この不規則な動作は，実は赤ちゃんが上手に手足を動かすために欠かすことのできない重要な発達の過程の一部であると考えられているのです。

　手足を上手に動かせるようになった赤ちゃんはハイハイができるようになり，次第に周囲の世界に興味を広げ，知識を増やしていきます。たとえば，写真の赤ちゃんは身の回りにある様々なものに手を伸ばして触ろうとしました。しかし，目の前にあるものすべてに手を伸ばすわけではありませんでした。見たことのないものや，新しい知識を与えてくれそうなものに，赤ちゃんは，手を伸ばしたのです。写真の赤ちゃんは，ぬいぐるみに飽きると，触れると反応するロボットに興味を示し，積極的にロボットに触ってその性質を学ぼうとしていきました。

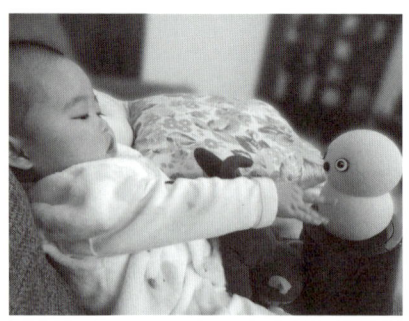

写真Ⅰ-1　初めて見るおもちゃに触ろうとする赤ちゃん

1 身体と脳の発達

（1）胎児期における身体の発達過程

　赤ちゃんの研究は，1970年頃から飛躍的な発展を遂げています。超音波を用いて母親のお腹のなかにいる赤ちゃんを観ることができるようになったことは，その発展の1例として挙げられるでしょう。お腹のなかで動くことは胎動と呼ばれており，ずいぶん前から子どもはお腹のなかで成長することは知られていましたが，赤ちゃんがお腹のなかでどのように発達していくのか，その成長過程の詳細はわかっていませんでした。

　フリース（Vries, D. J. I.）は，超音波診断の装置を使用して胎児が自発的に行った身体運動を記録し，15種類に分類しました。図Ｉ-1は，胎児が各身体運動を始めた時期を示しています（Vries et al., 1982）。多少の個人差はありますが，妊娠10週目には，手と足を独立に動かすようになり，妊娠12週目には，下肢を交互に動かし始め，歩くしぐさをしているような運動をするようになります。胎児期における身体運動の発達過程は，赤ちゃんごとに異なるのではなく，どの赤ちゃんも同じような過程で身体が発達していくことが，フリースら（Vries et al., 1982）の研究からわかります。誰かが赤ちゃんに手足の動かし方を教えたわけではないのに，なぜ様々な運動ができるようになるのか，赤ちゃんの発達における謎は多く残っています。

（2）新生児・乳児期における身体の発達過程

　母親のお腹のなかにいる頃から現れる自発的な運動は，ジェネラル・ムーブメント（general movement）と呼ばれています（多賀，2002）。ジェネラル・ムーブメントは生後6カ月ぐらいまで続きますが，生後2カ月頃に，それまでの動きとは異なる運動に変化することがわかっています。生まれてすぐの赤ちゃんは手足を緩やかに動かしますが，生後2カ月を過ぎると，手足をバタバタと激しく動かすようになるのです。生後2カ月を前後に，運動が大きく変化するこの時期は，生後2カ月革命（two month revolution）と呼ばれており，赤ちゃんの脳が今までの常識をくつがえすような劇的な変化をしている時期ではないかと言われています。生後2カ月に大きな変化が起きるのは身体の運動だけではありません。生後1カ月に見られた認知能力が生後2カ月になると消失し，生後3カ月に再び現れるという結果も得られています（多賀，2002）。生後2カ月頃に赤ちゃんの脳がど

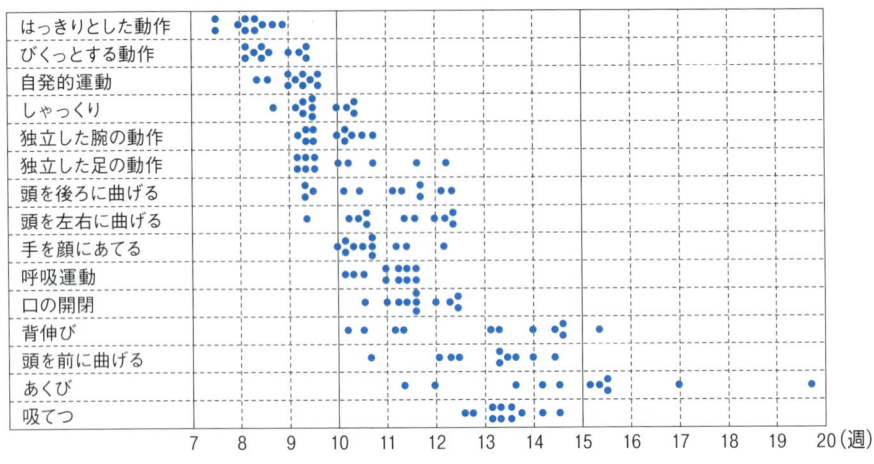

図 I-1 胎児が各身体動作を始めた時期（Vries et al., 1982）

のように変化しているのか，今後の研究が待たれています。

　ジェネラル・ムーブメントはどの赤ちゃんにも共通して見られるので，赤ちゃんが順調に発達しているかどうかの診断基準として用いられています。生後2カ月を過ぎてもジェネラル・ムーブメントに変化が現れない場合には，脳に障害があることを予測できることがわかったからです（小西，1999；多賀，2008）。また，ジェネラル・ムーブメントのなかには，ある条件が満たされた時のみ現れる自発的な運動がいくつか報告されています。それらの運動はまとめて原始反射（primitive reflex）と呼ばれています。たとえば，赤ちゃんの両脇を支えて立たせ，床に足をつけると前へ歩こうとする運動（原始歩行）や，手のひらや足の裏をさわると指をまげて握ろうとする運動（把握反射）などがあります。

（3）乳児の脳はどのように発達するのか

　身体や運動の発達には，脳の発達が関係していることは間違いないでしょう。脳はニューロンと呼ばれる神経細胞で構成されており，ニューロンは他のニューロンとつながり合い，情報を受け渡しするネットワークを増やしていきます。ニューロン同士のネットワークは脳機能においてとても重要なのですが，発達の過程はとても特徴的です。ニューロン間の情報の受け渡しはシナプスという神経細胞が役割を担っているのですが，シナプスの数は生後6カ月から8カ月まで増加し続けた後，減少していき，ほぼ一定の数に落ち着くのです（Huttenlocher,

2002など)。なぜこのような発達の仕方をするのかまだ謎ですが,ネットワーク形成に必要なシナプスを過剰に生成し,環境に合わせて必要なものだけを残す(刈り込む)という発達過程はとても独特と言えるでしょう。

近年では脳科学という言葉が普及し,21世紀は脳の時代と表現されています。脳科学の研究結果から赤ちゃんの育児について説明する本も数多く出版されていますが,赤ちゃんの脳の発達についてわかっていることはまだ十分とは言えず,謎は多く残っています。したがって,脳科学を売りにしている子育てに注意を喚起している研究者がいることにも気をつけなければなりません。どのような育児が赤ちゃんの脳の発達によい影響をもたらすのか,この問いに答えるためにはまだ時間が必要です。

2 赤ちゃんの認知能力

(1) 本当はとても有能な赤ちゃん

ピアジェ (Piaget, J.) は「赤ちゃんは無力な存在である」と主張しましたが,現在は「赤ちゃんは有能である」という考え方が一般的になってきました。赤ちゃんは刺激を見る,聞くなどの感覚能力を早くから獲得しているだけでなく,刺激を区別するなど認知能力も早い時期に獲得していることが明らかになってきたからです。

赤ちゃんは話すことができないので,自分が何をどのように考えたのかを大人たちに伝えることができません。では,どのような方法で赤ちゃんに認知能力があることを明らかにしたのでしょうか。赤ちゃんの認知能力は,視線に注目することで調べられています。赤ちゃんの視線に注目したのはファンツ (Fantz, R. L., 1961) です。ファンツは,言葉を話すことができない乳児であっても刺激に対する好き嫌いがあり,その刺激を見つめる時間に差が現れることに注目しました。この方法は選好注視法 (preferential looking method) と呼ばれています。視線を注いだ時間の長さを比べることで赤ちゃんの認知能力を推測することができるため,現在も利用されている研究方法の1つです。

(2) 赤ちゃんは単純な図形よりも複雑な図形や顔を好む

ファンツは乳児を仰向けに寝かせ,視線上に2つの図形を呈示し,乳児が見ている図形とその注視時間を調べました (Fantz, 1961)。その結果,乳児は,白色の円よりも赤色の円,赤色の円よりもヒトの顔や新聞の切り抜き文字など,より

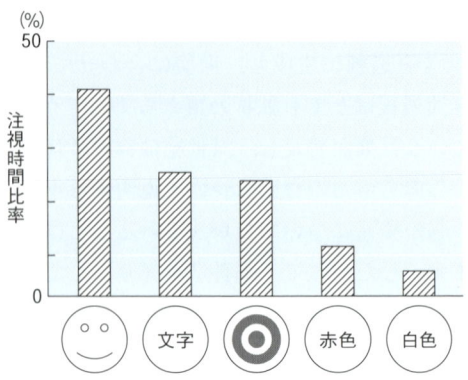

図 I-2　各図形の注視時間（Fantz, 1961を改変。）

複雑なものに視線を長く向けることがわかりました（図 I-2）。赤ちゃんは早くからヒトの顔を好むことが知られており，新生児でも自分の母親と他の母親の顔を識別することが明らかにされています（Pascalis et al., 1995）。しかし，顔であればすべて認知するわけではありません。男女の違いや人種の違いを区別することができるのは生後3カ月頃です。

(3) 新生児は知覚・認知したことをまねることができる

赤ちゃんは，絵や顔を区別することができるだけではありません。赤ちゃんはヒトの顔を検出し，目の前にいるヒトの顔の表情をまねることができるのです。自分の顔は自分の目で確認することができないのに，生まれてすぐに他人の顔をまねできることに，研究者はとても驚きました。メルツォフ（Meltzoff, A. N.）は，生後まもない新生児が，舌出しや口開けなど，他者の表情を模倣できることを示しており，このことを新生児模倣（neonatal imitation）と呼んでいます（Meltzoff & Moore, 1977）。生後すぐの赤ちゃんでも顔の模倣ができることから，ヒトは生まれながらにして，知覚的に捉えた他者の身体運動と自分の身体運動のイメージを対応づけることができる，身体マッピング能力をもつと主張されています。

3　赤ちゃん研究の新展開：シミュレーションを使った最新研究

生まれて間もない赤ちゃんが，ジェネラル・ムーブメント，認知，模倣など，様々な身体能力や認知能力をもっていることを見てきました。これらの能力は誕生後の経験をほとんど反映していないので，これらは生得的な能力と考えてよい

でしょうか。誕生した直後に様々な能力が突然出現すると考えるよりも，母親のお腹のなかにいる頃から連続的に発達してきた結果と考えるほうが妥当と言えるでしょう。計測機器の発達のおかげで赤ちゃんが母親のお腹のなかで発達していく過程が明らかになったことから，現在では，すでに胎内で学習が始まっている可能性が考えられるようになり，胎内での学習が誕生後の認知発達の基盤をつくっている可能性に注目が集まり始めています（國吉ら，2010）。

　これらの動向のなかで，認知発達ロボティクスという新しい領域が提案されています。認知発達ロボティクスは，赤ちゃんの発達のメカニズムをロボットやシミュレーションで再現し，発達の背後にあるメカニズムに迫ろうというアプローチです。森・國吉（2010）は，最低限の脳の基本構造をもたせた胎児モデルをつくり，プログラム上の子宮内でシミュレートさせました。すると，シミュレーション上の胎児は運動情報を自律的に体系化し，ヒトの胎児と同じような運動パターンを始めることを確認することに成功しました。この実験結果は，生まれたばかりの赤ちゃんが行う原初的な歩行などの背後にあるメカニズムに対して大きな示唆を与えてくれます。赤ちゃんロボットやシミュレーションを通して赤ちゃんの認知発達を調べる研究方法は構成論的アプローチと呼ばれており，赤ちゃんの認知発達を理解する新しい方法として期待されています。赤ちゃんに実験課題を行わせてデータを収集しても，認知のしくみを推測することしかできませんが，シミュレーションであれば，認知のしくみをプログラムで想定するため，これまでブラックボックスとして扱われてきた認知機能のしくみをより具体的に知ることができます。赤ちゃんの認知機能の謎は多く残っていますが，このように，赤ちゃんの研究は認知科学，神経科学，工学，医学などを組み合わせた学際的な研究として進められているのです。赤ちゃんの認知発達を理解することは，ヒトの知能の原理を知ることに相当するため，今後もより多くの研究が行われるでしょう。

（岡崎善弘・高橋英之）

Ⅰ-2　乳児の自己感の発達

Episode 乳児の自己感の発達

　あおばちゃんは，生まれてまだ5カ月。お母さんのことが大好きでいつも一緒です。あおばちゃんは，お母さんだけいればご満悦。お母さんと見つめ合って笑い合っている時が，あおばちゃんにとって一番幸せな時間なのです。

　生まれてから半年は，赤ちゃんとお母さんはいつも一緒に過ごします。うれしい時も一緒，かなしい時も一緒。お母さんが笑いかけると赤ちゃんは天使のような笑顔でニコニコと笑い，お母さんが周囲からいなくなると，赤ちゃんは不安になって泣き出します。このように生まれて間もない母子は，まるで1つの意思や感情を共有した存在のように二人三脚で成長していきます。

　母と子の蜜月を経て，やがて赤ちゃんは自らを独立した主体的な自己として理解し，ふるまうようになっていきます。赤ちゃんが自己の存在に気づき，少しずつお母さんから独立した存在として歩き出すこと，それが赤ちゃんの長い人生のはじまりなのです。

　ここでは，生まれたばかりの赤ちゃんがどのように自らの存在を感じ，理解していくのかについて見ていきましょう。

写真Ⅰ-2　お母さんと乳児の心のつながり

1 赤ちゃんの自己感の芽生え

　自分が自分であるという感覚は，「自己感（the sense of self）」と呼ばれます。生まれたばかりの乳児は，私たち大人が感じているような明瞭な自己感はもっていません。しかし非常に原初的な自己感は生後間もない乳児であってももっているのではないかと考えられています。

　乳児の自己感の芽生えに関する理論を提唱した著名な研究者として，マーラー（Mahler, M. S.）とスターン（Stern, D. N.）がいます。マーラーは，母子の家庭を直接訪問し，長期間にわたって母子のビデオ撮影を行うことで，乳児の自他の境界は生後3，4カ月くらいまで明瞭ではなく，混沌としていると考えました（Mahler et al., 1975）。この母子一体の状態から，自他の分化が進み，また，乳幼児の認知能力や身体機能の発達にともない，個体化していくという理論を提唱しています。マーラーの説で重要なポイントは，生後間もない新生児は個体として独立した自己感を有していないと仮定している点です。

　一方，スターンはこのようなマーラーの考えに対して批判的です。スターンは，自己感を，新生自己感（sense of an emergent self），中核自己感（sense of a core self），間主観的自己感（sense of a subjective self），言語的自己感（sense of a verbal self）の4つに区分し，生まれたばかりの乳児であっても新生自己感は有しているとしました（Stern, 1985）。

　スターンは，一つひとつの自己感は生涯にわたって続き，発達の段階で新しい自己感がこれまで感じていた自己感の上に地層のように重なっていくというモデルを仮定しています（図Ⅰ-3）。スターンが提唱した4つの自己感について，詳細に見ていきましょう。

①新生自己感：睡眠サイクルやホルモンなどの自らの身体状態，それを取り巻く外界の様々な情報を分け隔てなく自らに感覚として取り込みます。このような感覚をもつことで，それらの関係性を学んでいきます。この段階の赤ちゃんは泣いても，泣いているのが自分であるという認識はないと考えられます。

②中核自己感：生後2カ月から6カ月の間に芽生える，おもに自らの身体についての感覚です。このような感覚によって自分の身体が，他者とは独立したものであるということに気づくことができます（分離‐個体化）。この段階の赤ちゃんは，自分が泣いているという現象は知覚している一方で，なぜ自分が泣いて

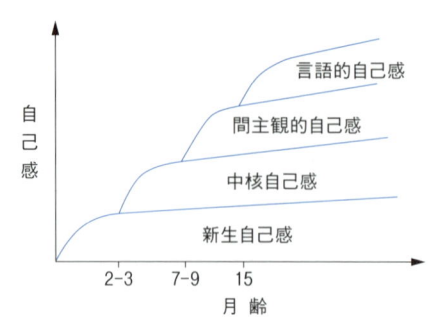

図Ⅰ-3 スターンが提唱する4つの自己感
(Stern, 1985)

いるのかを理解することはまだできません。

③間主観的自己感：生後7カ月から9カ月の間に芽生える，行動の背後にある精神状態（感情，動機，意図）を理解し，それを他者も有していることを感じる感覚です。この感覚をもつことで，他者と様々な精神状態を共有することができます。この段階の赤ちゃんは，自分が泣いている理由は空腹だからといった，行為の背後にある感情や欲求を理解し始めます。

④言語的自己感：15カ月くらいに言語をしゃべれるようになることで芽生える感覚です。様々な精神状態が言語化されることで自らが客観視されます。またこのような感覚を有することで，より未来のことまで内省で思いを巡らせることが可能になり，願望というものが生まれてきます。

マーラーとスターンの考え方の違いがもっとも顕著にあらわれているのは，間主観的自己感の部分にあります。マーラーは，生後間もない乳児の心の世界は，母親と一体となった状態にあるとしていますが，スターンはこのように乳児と他者がお互いの精神状態（考えていること）を共有するためには，間主観的自己感を有するまで待つ必要があるとしています。

2　実験的な自己感の計測

このように，マーラーとスターンの考え方にはいくつかの相違がありますが，どちらも緻密な母子の観察事例の分析により，乳児の自己感についての多くの魅力的な知見を与えてくれました。その一方で，このような観察研究は時として観察者の主観が解釈に入ってしまうため，より実験室的状況において客観的，定量的指標により乳児の自己感を調べることも重要でしょう。

新生児であってもある種の自己感を有していることを示す興味深い実験があります（van der Meer et al., 1995）。この実験では，新生児の片手に紐をつけ，紐がつけられた手を直接には新生児には見えないようにします。この場合，紐を引っ張ると，新生児の手はされるがまま引っ張られます。次に，紐がつけられた手を

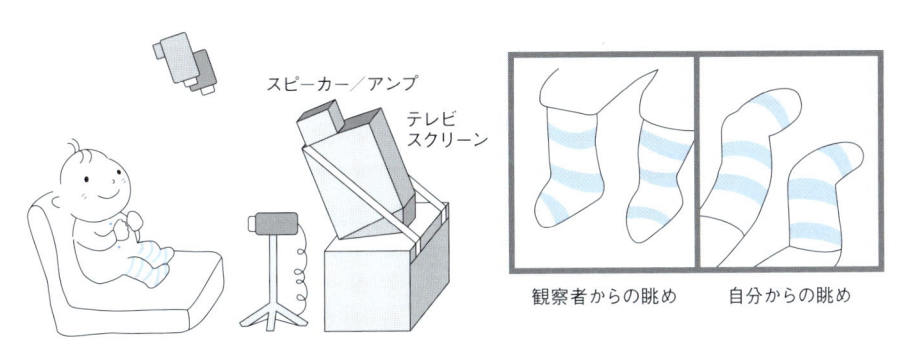

図Ⅰ-4　ロシャが行った乳児の自己身体像に対する感覚を調べる実験（Rochat, 2004よりイラストを描き起こした。©井口　悠）

ビデオカメラによって撮影し，新生児が見えるようにテレビにライブで提示します。そして再び紐で手を引っ張ると，今度は自分の手がテレビから消えないように，新生児は手に力を込めます。この実験は，新生児であっても画面上の自らの手の映像と，手に込める力の関係性を感じていることを示しています。これは自らと外界の関係性を感じ取る新生児の自己感のあらわれと言えるかもしれません。

また発達心理学者のロシャ（Rochat, P.）は，乳児の足を異なるアングルからビデオカメラで撮影し，その映像を乳児が見ているテレビにライブで表示させる実験を行いました（Rochat, 2004）。実験では，画面の片側半分に乳児がいつも見ている乳児視点の足の映像，もう半分に他の視点から見た乳児の足の映像を提示しました（図Ⅰ-4）。乳児は新奇なものを長く見つめるという性質があります。もし乳児が自分の足に関する身体像をすでに理解しているのであれば，見慣れた自分視点の映像よりも，異なる視点から見た自らの足の映像の方が珍しいため，そちらを長く見つめるはずです。実験の結果，3カ月の乳児が自分視点ではない足の映像を長く見ることがわかりました。3カ月になると，乳児がすでに自分の足に関する身体像を理解する，すなわち中核自己感を感じているものと考えられます。

以上のように，観察にもとづいて論じられてきた乳児の自己感の発達が，近年は実験室的状況によってより定量的に評価されるようになってきました。今後はこれまで提唱されてきた理論を，実験室的証拠にもとづいてより精緻化していくことが可能になると思われます。このように自己感の研究を進めていくことで，謎に包まれている私たちの意識や自我の起原についても迫ることができるかもしれません。

（高橋英之・岡崎善弘）

I-3　愛着（アタッチメント）と母子関係の成立

𝓔𝓹𝓲𝓼𝓸𝓭𝓮　人見知り

　生後3カ月のカズくんのお母さんに自宅に招待され，遊びに行った時のことです。あやすと愛らしく笑うカズくん，初めて会う私にもおとなしく抱っこされていました。

　それから約半年後，9カ月になったカズくんの家に再び招待されました。チャイムを鳴らすと早速お母さんに抱かれたカズくんがお出迎えしてくれます。久しぶりに会った（おそらくカズくんにとっては初めて会ったと体験されている）大人に，カズくんは強張った表情で，すぐにぷいっと顔を背けてお母さんに抱きつきます。お母さんは「あらあら，前に会ったでしょう。大丈夫，大丈夫」と優しく声をかけながら，しばらくカズくんを抱っこしていました。そこで，私がカズくんの大好きなおもちゃを右手に近づいていくとカズくんはどうやら興味をもっている様子。おもちゃと私を見ては，再び視線をお母さんに向けるカズくんに，お母さんはうなずき，「ほら，遊んでもらって」と言葉をかけます。しばらくこうしたやりとりを繰り返すと，カズくんもようやく安心したのか，私と2人で遊び始めました。それを見届けたお母さんは，キッチンに行き，料理の支度を始めました。視界にお母さんの姿がないことに気づいたカズくんの目には，みるみる涙があふれ，ハイハイでお母さんを追いかけます。再びお母さんに抱っこされたカズくん，ようやく泣きやみ，しばらくするとまた私と遊び始めました。それでも時々振り返ってお母さんの姿を確認するのでした。

　このような光景は，乳幼児がいる家ではよく見かけることでしょう。3カ月頃には誰にでも愛らしい笑顔を向けたカズくんが，9カ月頃になると，見知らぬ人（ストレンジャー）である私にはっきりと拒否的な反応を示し，母親を求めるという，いわゆる人見知り反応を見せます。人見知りは，母親と母親でない人をしっかり区別して認識していることを意味する，重要な発達です。ここでは，母子関係の成立と母子のきずなの形成について学んでいきます。

1 母子相互作用と母子関係の成立

　寝ていた赤ちゃんが突然泣いて足をバタバタさせると，お母さんが抱きあげて「お腹すいたのね」と穏やかな声で話しかける，視界にお母さんの顔が入ってきた赤ちゃんは泣きやんでじっとお母さんの目を見つめる……というように，乳児と母親は，誕生直後から，様々な形で相互に働きかけ，反応を引き出しています。母親は，出産前から出産後6カ月頃まで，原初の母性的没頭（Winnicott, 1987）と呼ばれる状態にあり，乳児の発するサインに非常に敏感な状態になっていると言われています。母親は乳児の身体や表情，動きから乳児の情動状態を読み取って対応し，その母親の働きかけに対して乳児もまた反応する，それがうれしくて母親はさらに乳児に働きかける，というやりとりを繰り返すことによって，母子の相互作用は活性化していき，親と子の心の結びつきが形成されていきます。

　生後3カ月頃の乳児には人の顔が特殊な意味をもち始め，大人の顔を見ると，微笑みかけるようになります。これは乳児の最初の能動的な応答（交流）です。このような乳児の反応をスピッツ（Spitz, R. A.）は，無差別微笑と呼びました（小此木, 2002）。しかし，親しい人と見知らぬ人を識別し始めると，無差別微笑は次第になくなっていきます。特定の対象（主に母親）に対してのみ微笑が示され，見知らぬ人に対しては怖がって泣き出すなどの拒否的な反応，いわゆる人見知り反応を示すようになります。こうした反応は8カ月頃にピークを迎えることから，8カ月不安とも呼ばれます。この反応が起こるのは，記憶している母親の顔と，目の前の見知らぬ人の顔が一致しないことの認識に基づくものと考えられています。つまり，この時期の乳児には，「母でないこと」の認識が成立しているのですが，これは，心のなかの母親像が明確になっていることを意味しています。

2 愛着（アタッチメント）の形成

　ボウルビィ（Bowlby, J.）は，子どもの母親に対する情緒的な結びつきに関する理論（愛着理論）を提唱しました。6カ月以降の乳児には，母親が部屋から出ていくときに泣き叫んだり追い求めたりし，母親が戻ってくるとしがみついたり喜んだりする行動が見られるようになります。このように，母親に接近したり，近接を維持しようとする乳幼児の行動は，愛着行動と呼ばれ，乳幼児はこうした行動を通して安全感を得ていきます。早期の母子関係には，特定の対象との近接

表 I-1 愛着の発達 (Bowlby, 1961；繁多，1987をもとに作成。)

第1段階 （誕生 ～生後12週頃）	周囲の人たちに対して，視線で追う，つかむ，手を伸ばす，微笑する，喃語を言う，などの行動をとったり，人の声を聞いたり顔を見ると泣きやむ。 母親と別の人を区別することができず，誰に対してもこのような行動を示す。
第2段階 （生後12週頃 ～生後6カ月頃）	人に対する親密な行動はますます増大する。 視線で追う，微笑する，喃語を言うなどの行動が母親に対する分化した反応として明確になってくる。
第3段階 （生後6,7カ月頃 ～2歳頃）	誰にでも示していた無差別的な親密な反応は減少し，母親と他の人への反応の違いが明確になる。 外出する母親を追うなど，母親への愛着行動が明確になり，母親を安全基地として外の世界を探索する。 母親以外にも特定の対象を愛着対象として選択し，愛着対象が広がっていく。
第4段階 （2,3歳頃～）	母親が必ずしも自分の近くにいなくても安心できるようになる。 母親の行動を観察しながら，母親も何らかの目標をもって行動していることやどのような手段を用いようとしているかを洞察できるようになり，子どもの行動は柔軟性を帯びたものとなる。

や接触を求める生物学的なシステムが強く働いており，乳児は母親との間に愛着（アタッチメント：attachment）を形成していきます。愛着とは一般に「ある特定の人間もしくは動物と，他の特定の人間もしくは動物との間に形成されている情愛のきずな（affectionate tie）」と定義づけられています（繁多，1987）。

愛着は，表 I-1 のように，4つの段階を経て発達していきます。最初は母親のみに特別な反応を示していた子どもも，やがて父親や祖母などの二次的愛着対象をもち始め，愛着対象に広がりが見られていきます。また，第3段階から第4段階にかけて，愛着対象を安全基地として利用できるようになると，外の世界で身体的・精神的に疲労したり，怖い思いをしても，なぐさめや安心を得られるため，愛着対象がいつもそばにいなくても過度に不安にならずにすむようになるのです。

3 愛着の個人差

それぞれの乳幼児と親との間に形成される愛着の質には個人差があります。この愛着の個人差は，エインズワース（Ainsworth, M. D. S.）が考案した「ストレンジ・シチュエーション法」という実験観察法によって，評価することができます（Ainsworth et al., 1978）。この方法では，初めての場所，同室にいる見知らぬ人（ストレンジャー）との対面，親からの分離，ひとり部屋に取り残される，などの

場面を設定し，子どもがどのようにふるまうかを観察することにより，愛着のタイプを測定しようとします。ストレンジ・シチュエーション法によって測定される愛着は，以下の4つに分類されています（数井，2005）。

a) 安定型（Secure）：親と一緒にいると初めての場所でも探索することができる。親が離れようとするとそれを止めようとしたり，親がいない間は泣く，ぐずるなどの行動を示すが，親が戻ってくると喜んで迎え，安心を取り戻し，再び探索行動を行う。安定型の親は，子どもの欲求や状態の変化に敏感であり，子どもとの相互作用が調和的である。

b) 回避型（Avoidant）：親との分離に際して反抗したり泣いたりすることもなく，見知らぬ人ともある程度の相互作用が起こる。親と再会しても，親から目をそらすなど，回避的な行動が見られる。回避型の親は，全般的に子どもの働きかけに対して拒否的にふるまい，子どもの行動を統制しようとする関わりが多い。

c) アンビヴァレント型（Ambivalent）：親との分離に際して激しい抵抗と不安を示す。親と再会しても，動揺はおさまらず，怒りを向ける行動が見られる。アンビヴァレント型の親は，子どもの信号に対する応答性が低く，応答がずれたり一貫性を欠いたりすることが多い。

d) 無秩序・無方向型（Disorganaized）：上記の3タイプへの分類不可能なタイプ。親との再会場面で，後ずさる，突然のすくみ，親に対する怯えなど，親への接近に矛盾した不可解な行動を見せる。無秩序・無方向型の親は，子どもにとって理解不能な行動を突然とることがあり，結果として子どもに恐怖感をもたらしていることが多い。

乳幼児期に養育者と形成された愛着は，その後の対人関係のもち方にも影響すると言われています。ボウルビィの理論では，子どもは，乳幼児期の養育者との関係性に基づいて，他者がどの程度応答してくれるか，利用可能なのかという，自己と他者の有効性に関する表象（内的作業モデル）を形成し，それが準拠枠となって現実の新たな他者との関係性を規定する，と考えられています。

近年では，乳幼児期に形成された愛着がその後どの程度安定して維持されるのかについての縦断研究（Simpson et al., 2007）や，母親の愛着が子どもの愛着にどのような影響を及ぼしているかという，愛着の世代間伝達に関する研究（数井ら，2000）が行われており，愛着パターンが変化する要因や世代間伝達のメカニズムについての知見も蓄積されてきています。

（前盛ひとみ）

Ⅰ-4　基本的信頼感

Episode 恐怖のなかの支え

　以下は，漫画家のひが栞さんによる東日本大震災で被災した体験記の一部です。

> 　強い揺れ（余震）の時は，避難所全体に「キャー」「ワー」と大勢の叫び声が響きます。私は，心臓がつぶれそうで声も出ません。
> （避難所に着いたら安心だと思ったのに…）
> （避難所に来たからといって，地震が止まるわけでも命が助かるわけでもないんだ）
> 追いつめられた私の頭の中で，いくつもの声がしました。心の叫びでした。
> （怖い）
> 避難所の中が明るくて子どもたちが起きていた時は，思いださずにすんだ最初の地震（震度6強）の恐怖がよみがえり，ガクガクと体が震えました。それでも，なぜかさびしくはありませんでした。
> （娘たちがすぐそばにいて，こんなにたくさんの人が同じ場所にいる）
> 避難所の天井が涙でぼんやりと見えました。
> （孤独じゃない）それが絶望に近い精神状態で，わずかな心の支えでした。
> 　　　　　　　　　　　（…中略…）
> 　震災直後，実家が北海道と遠いため行く先のない私は，母と同世代の人たちと話すだけで安心できました。母に似た小さな背中やエプロン姿を見ると，電話が通じなくて連絡をとれない母がそこにいるような気がしました。（ひが栞（2012）『生き残ってました。──主婦まんが家のオタオタ震災体験記』祥伝社）

　上記の記述からは，大震災という，自分を取り巻く世界が一変し，守りや安全感が失われた状況のなかでも，孤独でないこと，あたたかい実母のイメージを投影できる他者がいることがわずかな心の支えとして機能していることがうかがえます。こうした危機的な状況に直面した時，人が困難な状況にじっと耐えたり，もちこたえることができる心の働きとはどのようなものでしょうか。ここでは，乳児期に形成される基本的信頼感という観点から考えてみたいと思います。

第Ⅰ章 乳児期：人生への旅立ち

1 乳児期の心理社会的危機

エリクソン（Erikson, 1950）は，人生最早期である乳児期の心理社会的危機を，「基本的信頼感」対「不信感」としました。エリクソンによると，基本的信頼感（sense of basic trust）とは，「生後1年間の経験から獲得される自己自身と世界に対する一つの態度」であり，「他者に対しては筋の通った信頼（reasonable trustfulness）を意味するようなものを，自分自身に関しては信頼に値する（trustworthiness）という単純な感覚」（Erikson, 1959）を意味します。つまり，自分を取り巻く周囲の人や世界を信頼できるような感覚，心の深いところで自分を肯定できるような感覚を指しています。基本的信頼感が十分に形成されていると，たとえ失敗しても周囲の人に見捨てられることはないという感覚をもち続けることや，「何とかなる」「大丈夫」と気持ちを立て直すことができます。反対に，基本的信頼感が乏しいと，ちょっとしたことで不安をもちやすくなり，周囲が自分を敵視しているように見えたり，周囲から孤立しているように感じやすくなります。基本的信頼感は，その後の自我発達の基盤ともなる重要な感覚であり，青年期のアイデンティティの感覚の基礎となります。

2 母親との間で形成される基本的信頼感

基本的信頼感は，主に乳児期に母親的人物を通して形成されていきます。当然のことながら，乳児は誰かに世話をしてもらわなければ生きていくことはできません。乳児は便通，空腹，暑さ寒さなどに伴い，母親に様々な要求をし，母親はその要求を敏感に察知して，乳児にとって快適な状態を維持しようと努めます。その繰り返しのなかで，乳児は便通のよさ，ミルクを飲んだ時のくつろぎ，眠りの深さなどの心地よい体験を重ね，自分が要求すれば母親や世界は応えてくれるという，世界や他者に対する信頼，そして，そのように大事にされる価値のある自分に対する信頼を得ていくのです。この時期の子どもは，与えられるものを受けとり，自分のやりたかったことを自分のために誰かにやってもらうことを学ぶことが非常に重要です。そしてこれを達成した乳児には，「求めるものが得られるという確固とした信念」（Erikson, 1964）としての〈希望〉という人格的活力が獲得されます。

また，こうした信頼感が獲得されるにつれて，次第に乳児は，母親が目の前か

らいなくなっても，無闇に不安になったり，怒ったりせずに，母親の不在を受け入れることができるようになります。それは，母親という対象が，乳児にとって予測できる外的存在となったばかりでなく，内的な確実性をもったことを意味しています。つまり，見守ってくれるあたたかな母親のイメージが乳児の心のなかに存在しているために，一人ぼっちの不安な状況にも耐えて待つことができるようになるのです。エピソードに示されているように，成人した後も，非常に深刻で困難な状況を何とか切り抜けようとする時，内的なあたたかい母親像が心の支えとなっていたことがわかります。

　実の母親が乳児の要求に応える能力に乏しいと基本的信頼感は形成されないかというと，必ずしもそうではありません。「母性的人物」は必ずしも実の母親だけを指しているわけではなく，さらに，ライフサイクルのそれ以外の段階から得られる補償（縦断的補償：longitudinal compensation）も存在します。つまり，母親が育児に困難をきたしたとしても，父親や祖父母といった身近な大人があたたかく世話をしたり，幼児期以降に非常に信頼できる他者に出会うことによって，基本的信頼感を得ることができるのです。

3　不信感とは

　基本的信頼感の傷つきは，成人においては，周囲を信頼できない猜疑（さいぎ）的な態度や孤独感・孤立感，圧倒的に低い自己評価の念というように，不信感（basic mistrust）という形であらわれます。乳児期に，母親からのメッセージが自分の要求とズレることは，子どもにとって不信の経験となり得ます。しかし，日常生活において母親が常に乳児の要求を読み取ったり，応じたりすることは現実的に難しく，どんなに大事に育てられている乳児でも，時に不信感を経験していると考えられます。エリクソンの理論では，乳児期の心理社会的危機において，基本的信頼感が不信感を上回って優位な力をもっていることが重要なのであり，生活のなかで必然的に生じる不信感を学ぶことも大切であると考えられています。不信感を経験することで，他者とどうしてもわかち合えないことがあるのだという寂しさや孤独といった感情を学んだり，一体的であった母親からの分離に促進的に働く経験にもなり得るのです。

　しかし，不信感が基本的信頼感を上回ると，心理社会的な面に表れるパーソナリティは病理的なものとなります。人格障害や統合失調症といった重い精神病理

を抱えた人々には，周囲が悪意に満ちて見え，恐怖に怯えたり，大事な対象から見捨てられるのではないかという不安に支配されるような状態がしばしば見られます。こうした人々の心には不信感のテーマが中心的に存在しているのであり，これらの精神病理の回復や治療には，自分の近くの人や世界への信頼の回復を目指すことがもっとも大事なこととされています（鑪，2002）。

4 ライフサイクルにおける基本的信頼感のあらわれ

　エリクソンの個体発達分化の図式では，各発達段階における構成要素は，危機を迎える以前にも何らかの形で存在し，危機以後にも何らかの形で顕在化すると考えられています。つまり，基本的信頼感は，乳児期の危機に由来するものですが，その感覚はその後の発達段階においても持続されるものとして捉えられるのです。特に，「基本的信頼感」対「不信感」の危機は，青年期のアイデンティティの危機に伴い，「時間的展望」対「時間的展望の拡散」として顕在化すると述べられています（Erikson, 1959）。谷（1998）は，基本的信頼感と時間的展望との関連を検証し，基本的信頼感は，過去から現在までの自己の時間的連続性の感覚と密接に関わっていることを示しました。基本的信頼感が得られていない場合には，同時に自己の時間的連続性も得られないということを意味し，青年期に「自分が自分でないような気がする」「自分がない」などのアイデンティティの感覚における連続性と斉一性が拡散した状態が見られます。

　また，自我の統合が課題となる老年期においては，社会・世間・親的人物をあたたかいものとして感じ，感謝することが基本的信頼感のあらわれとして捉えられています（深瀬・岡本，2010）。さらに，人生の危機や心が弱った時にも，「基本的信頼感」対「不信感」のテーマが顕在化すると考えられます。脊髄損傷者の語りをエリクソンの8つの心理社会的危機の観点から分析した小嶋（2005）の研究では，損傷の早期には，生きる希望を失うような激しい絶望が体験され，基本的信頼感の揺らぎと問い直しがなされる，と考察されています。

　このように，基本的信頼感は，乳児期だけでなく，人の一生を通じて極めて重要な意味をもつと考えられます。

（前盛ひとみ）

Ⅰ-5　乳児期の発達的つまずきとケア

> **Episode　あるがままの子どもを受け止めるまで**
>
> 　Bくんは分娩時に頭蓋内出血で生まれました。母親のAさんは不安を抱えながら、誕生から1カ月で新生児集中治療室（NICU）を退院したBくんを育て始めました。
> 　「やっぱりすごく泣くし、追視もしない状態で。普通あやしたら見たりするのに、全然目が合わなかったんです。やっぱり変だって内心では思っていたんですけど、（誕生直後は入院していたため）関わりが少なかったから、見る力とか情緒的な面で弱いだけだよねって言い聞かせている状態だったと思います。」
> 　その後、生後4カ月時にBくんは脳性麻痺の診断を受けます。
> 　「喃語言ったり、声出して笑ったり、発達もあったし、調子がいい時には関わって楽しいけど、抱っこしても泣きやまないので、すごく辛い状態でした。でも、親がやればやるだけ子どもに返ってくるから、親が頑張らないといけないというのがどこかにあって、とにかく障害を克服しようと思って訓練を頑張ったんです。」
> 　しかし、ある訓練法を試した際にBくんにてんかんの発作が起こり、それ以来、Aさんは「あるがままのこの子を受け止めよう」という心境に変化したそうです。
> 　身体的、器質的な障害のある乳児の場合、診断に至る前も、診断を受けて以降も、親の不安や体力的・精神的な疲労、混乱は続きます。特に乳児期に発達のつまずきが見られる場合、親は発達の見通しのもてなさを感じやすく、強い不安を抱えることになります。
> 　子どもの発達に悩む親のなかには、発達のつまずきゆえに子どもとの良好な関係性の形成に困難さを抱える人もいます。また、逆に、親との関係性が脆弱なために、子どもの発達が滞ったり、症状が現れることもあります。ここでは、乳児期の発達のつまずきをどのように捉えればよいのか、そして乳児期の心理的援助にはどのようなものがあるのかを学んでいきます。

1 乳児期の心理的援助の基本姿勢

　乳児期の子どもの場合，臨床的な症状はしばしば哺乳・摂食（feeding）の問題や睡眠の問題，泣きなどの感情調整の問題として現れます。この時，問題となっている症状や行動だけでなく，その子と養育者との関係性，子どもの身体的な障害や発達障害の有無，心理社会的ストレスの強さ，その子の発達水準や標準からのずれや偏りなど，多面的・総合的に子どもを捉えることが必要となります。乳児期の子どもは特に，養育者との情緒的な関わり合いのなかで生活しており，相互に強く影響し合っています。そのため，子ども個人を取り上げるのではなく，養育者との関係性のなかで子どもを捉える視点をもつことが乳児期の心理的援助の基本となります。

2 関係性障害と母子同席心理療法

　乳児期には，子どもが様々な情緒信号を発し，親がその信号を理解・応答するといった相互のやりとりの繰り返しによって，親と子の心の結びつきができていきます。しかし，乳児側の要因（低出生体重児や先天性の障害等のために情緒信号を発信する力が微弱である，など），母親側の要因（育児不安が強い，被虐待体験がある，など），または母子を取り巻く環境の要因（母子の孤立，貧困など）によって，相互交流が滞り，健全な関係性の形成が困難になることがあります。

　乳児期では，多くの場合，養育者と乳幼児のペアを対象とした母子同席心理療法が選択されます。これは，母子を合同で面接することにより，母子の相互作用に焦点を当て，心理的な介入を行っていくものです。母子同席心理療法の具体的な方法としては，田中（1993）の「母子相互作用を活性化させるアプローチ」のモデルが参考になるでしょう（図Ⅰ-5）。

　また，母子同席心理療法には主に以下の3つの方法があり，問題の持続性や病理の深刻さなどによって選択されます（濱田，1998）。

①短期の危機介入：問題が急性にかつ外的な出来事への反応として起こった場合であり，母子双方に大きな問題はなく，養育能力にも問題がない場合に選択される。数回の焦点を絞った面接で問題の解決を図る方法。

②発達ガイダンス・支持療法：両親を情緒的に支援し親としての能力を高め，親子の心理的きずなを強化することを目的とするもの。ハンディキャップをもっ

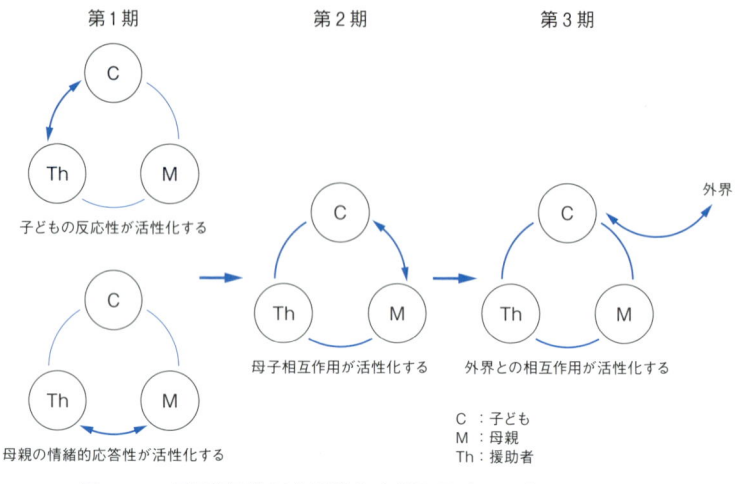

図Ⅰ-5 母子相互作用を活性化させるアプローチ（田中，1993）

た乳幼児の場合や，乳幼児にも親にも問題はあるが葛藤を扱う能力が十分でない場合に選択される。子どもの発達過程に沿って，子どもが要求しているものは何か，それにどう応えるかを具体的にガイダンスする。

③親-乳幼児心理療法：精神分析的心理療法の技法に基づき，親の乳幼児に対する投影同一化を扱い，親子間の関係性の改善を目指す方法。

このほか，親自身の抱えている問題の解決を支援する親の個人心理療法や，乳児の動作・姿勢へのアプローチにより心理発達問題の改善を目指す臨床動作法なども行われています。

3 リスクを抱えて生まれてきた乳児と親に対する心理的支援

（1）低出生体重児の場合

低出生体重児や先天性の疾患，障害などのリスクを抱えて生まれてきた子どもの場合，親も子も，生命の危機や心の危機，それに連動して親子の関係性の危機をはらんでいると言われています（橋本，2000）。こうしたリスクを抱えた新生児は，多くの場合，出生直後から新生児集中治療室（NICU）に入院することとなり，親と子は一定期間引き離されます。しかし，多くの健康な親は，周囲の十分なケアとサポートがあれば，ゆっくりとした時間の流れのなかで親子の関係性を築いていくことが知られています。橋本（2000）の「低出生体重児と親の関係性の発

達モデル」によれば，親の側からの子どもないしは関係そのものについての認知や意味づけが進む形で，親と子の関係性の発達過程が進んでいき，やがて子どもの成熟・発達と相まって両者の相互作用へと進行していきます。

　親子が一定期間離れているという事態だけで親子の関係性が悪循環に陥ることはありません。しかし，親自身の傷つきが未整理のまま，他の要因と結びついた場合に，関係が悪循環に陥りやすいことも指摘されています（永田，2011）。

　また，新生児期になんらかのリスクをもって生まれてきた子どもは，幼少期に落ち着きのなさや愛着行動の乏しさが認められたり（永田ら，2001），発達障害が疑われる子どもたちが数多く存在していること（永田，2006）が報告されています。さらに，虐待事例の検討において，虐待事例117例中，36例が低出生体重児で，13例が多胎，10例が先天異常を認めたという報告もあります（諏訪，1998）。このように，子ども側の要因と，親自身の葛藤の強さやサポート資源の乏しさといった他の要因が複雑に絡み合う場合には，先述した母子同席心理療法への導入や早期から予防的な介入を行う必要があると考えられます。

（2）先天性の障害のある子どもの場合

　障害のある子どもにおいて，発達の速度には個体間差・個体内差があり，親が発達の見通しをもちにくいことや，愛着関係の成立に困難をきたすことが珍しくありません。こうした親子への支援を行う際，援助者が親自身の傷つきや不安，混乱を受け止め，親子をあたたかく見守る存在となり，親子が関係性を築いていく過程を支えることがまず重要となります。たとえば田中・丹羽（1988）は，ダウン症の母子に対して，乳児期から児童期に至るまで，発達の節目ごとに現れやすい中心的課題をふまえながら母子相互作用に焦点を当てた援助を行っています。この援助過程を分析した結果，自ら働きかける力が健常児に比べてはるかに弱く，発達も遅いダウン症児の微妙な変化を母親が捉えるように援助を行うことが，愛着関係を促進し，子どもの精神発達を促すことへと導くのであり，そこに超早期からダウン症児の発達を援助する意味がある，と考察されています。

　障害児の親は，強い混乱期を乗り越えた後も，親としての自信のなさや不安を抱えやすい状態にあったり，発達の節目に再び傷つきや悲嘆が再燃することがあります。乳児期だけでなく，子どもの発達の状態像の変化に伴い，専門家のガイダンスやサポートを継続的に得られる体制をつくることが望ましいと考えられます。

〈前盛ひとみ〉

[第Ⅱ章]
幼児期：三つ子の魂

　我が国では古くから「三つ子の魂　百まで」と言われてきました。人々は経験によって，3歳頃までに人格の土台がつくられることを知っていたのでしょう。幼児期までに心の発達の基礎が形成されることは，今日，心理学の研究によってもしっかりと裏づけられています。3〜6歳頃までの幼児期には，身体機能や身体能力だけでなく，自我やことばもめざましく発達し，親子関係や子ども同士の関係なども質的に変化し，子どもの世界は大きく広がっていきます。また，発達的課題がうまく達成されないと，様々な臨床的問題の芽が生じる時期でもあります。本章では，幼児期の心の発達の特徴について学びます。

Ⅱ-1　身体能力・身体機能の発達

Episode　幼児の体力は低下しているのか

　近年，子どもたちの体力が低下していることが指摘されています。森ら（2010）は幼児を対象に1966年，1973年，1986年，1997年，2002年，2008年と約40年にわたって運動能力を調べています（図Ⅱ-1）。その結果，1986年から1997年にかけて運動能力が低下して以降は，低下した状態のまま現在に至っていることがわかります。一方，1966年や1973年と2008年を比較すると，ソフトボール投げのような特定の技能を要する運動や筋持久力が必要となる体支持持続時間は大きく低下しているものの，他の運動能力に関しては同程度あるいは2008年のほうがよい場合もあります。

　しかし，実は1966年と2008年を比べると子どもの体格は2008年のほうがよいので，体格がよいにもかかわらず，運動能力が同程度であるということは体力が低下していると考えられます。幼児の運動能力の低下を防ぐためにも，運動機会や環境を整備することが重要になってくるでしょう。

　では，そもそも幼児の運動能力はどのように発達していくのでしょうか。ここでは，幼児の身体や運動の発達について考えていきたいと思います。

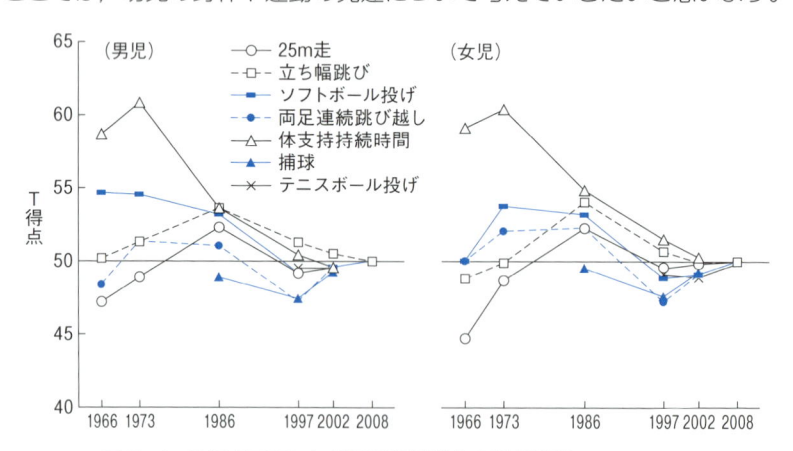

図Ⅱ-1　T得点で表した幼児の運動能力の時代推移（森ら，2010）

注：T得点は2008年の各運動能力の平均点を50として，他の年代の平均点を変換した得点。

1 身体の発育・発達

　身体の発育・発達は、一般的には頭部から足部へ、体幹から末端である四肢へと発達しますが、その発達の度合は身体の各部や器官によって変わってきます。スキャモン（Scammon, 1930）は身体の諸器官の発育状況を、4つの系統に分け、図Ⅱ-2のように発育曲線として示しています。図Ⅱ-2の数値は、20歳の発育を100として、各年齢の数値は100分の比で示されています。

　一般型とは、頭部、頭部を除いた体全体の大きさ、呼吸器、消化器、腎臓、筋肉、骨格などの身体組織の発育状況を示しています。7歳頃まで急激に成長し、それから12歳までは緩やかな変化になりますが、思春期を迎える頃にまた急激に発達するようになります。5歳児では筋肉の発育が成人の3分の1程度なので、筋力を重視するような運動にはまだ十分に対応できないと思われます。

　神経系型は脳、脊髄、視覚器、中枢神経系、末梢神経系などの発育を指します。頭部は出生後、他の身体器官とは異なり急激な発育を示します。5、6歳で神経系型の発育は80％を超えており、同じ速度で脳の重量も増加していきます。頭の大きさを示す頭囲等も大きく変わり、帽子のサイズが頻繁に変わることに驚く親も少なくないようです。

　リンパ系型は、胸腺、扁桃腺、リンパ節などが属します。リンパ系が幼少期に急速に発達するのは、この時期から小学校低学年にかけて抵抗力が弱いので、免疫力を高めるためでもあります。

　生殖系型は睾丸、卵巣、子宮、前立腺などです。思春期までは緩やかに発達しますが、思春期以降になると性差がはっきりと現れるようになってきます。

　以上のように、身体の発育・発達は時期によって、急速に発達するものが変わり、幼児期では、特に神経系型の発達が重要です。教育的な視点に立てば、神経系型を意識した働きかけが必要になると思われます。

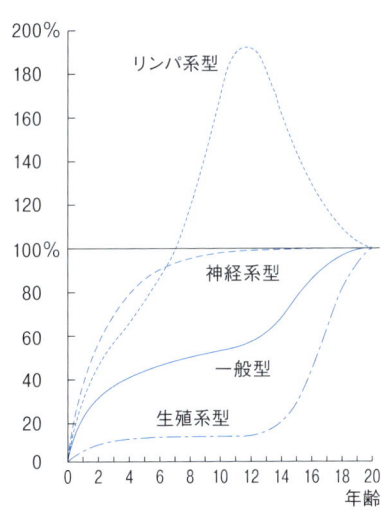

図Ⅱ-2　スキャモンの発育曲線
（高木, 2009）

2 粗大運動と微細運動の発達

　幼児期には身体機能だけでなく，運動能力も発達していきます。ここでは，粗大運動と微細運動に分けて見ていきます。

　まず，粗大運動ですが，代表的なものとして，歩く，走る，跳ぶといった運動が該当します。1歳頃になると，子どもは一人で歩き始め，2歳になると，その場でジャンプしたり，1秒程度ですが，片足立ちができるようになります。3歳になると，立つ，走るなどの基本的な動作はほぼ完成し，4歳頃には片足ケンケンなど，難易度の高い運動もこなせるようになります（臼井・岡田，2011）。

　また，神経系の成熟によって，幼児期には全身の調整力も向上していきます。調整力とは身体を調整する力を意味しますが，これが自分の身体の姿勢維持に発揮されれば平衡性と呼ばれます。他には，素早く動作を行うことに重点を置けば，敏しょう性，正確な動作を求められれば，巧緻性と呼ばれます。

　調整力の課題の1つとして，とび越しくぐりがあります。とび越しくぐりとは，30〜35cmの高さに張られた紐をとび越し，とび越した紐の下を今度はくぐって元の場所に戻り，再び紐をとび越す運動です。この動作を5回繰り返した際の時間を計測します。このとび越しくぐりを用いて幼児期の調整力を調べた研究があります（小林ら，1990）。その結果，3歳から6歳にかけて成績は急速に伸び，幼児期に調整力が発達していることが示唆されています。

　次に，微細運動も出生直後から発達が見られます。最初，掌を用いての随意性の把握運動が3カ月から4カ月で顕著に見られるようになり，7カ月頃からは各手指を用いての精密把握動作が出現します。10カ月を過ぎた頃には小さい物体に対して二指でつまむことができるようになります。その精度は5歳までに急速に発達し，2歳児から5歳児までの，2つのボタン止めを20秒以内にできる割合は，2歳児から順に，1％，25％，65％，76％と変化することが示されています（Case-Smith & Pehoski, 1992）。

　鉛筆などの操作についても，はじめは掌全体でつかみ，前腕全体を動かしていたものが，5歳になる頃には，指先の微細で巧みな動きで鉛筆を扱うことができるようになることも報告されています（野中，2003）。5歳以降はそれまでのように急速な発達は見られなくなりますが，8歳頃まで徐々に発達し続け，9歳以降になると成人とほとんど差がなくなることがわかっています（Denckla, 1974）。

以上のように，粗大運動も微細運動も，幼児期に特に発達します。この背後には，脳から手指に司令を送る経路である錐体路の軸索が3歳頃に完成することと小脳の発達が関係していると考えられています。

3 運動発達に関する指導

　ここまで，幼児期の身体と運動の発達について見てきましたが，では幼児の運動発達を促すためにはどのようなことが求められるでしょうか。これまでの研究から，運動発達を促すものの1つとして，環境の重要性が指摘されています。吉田ら（2004）や森ら（2004）は幼稚園・保育所に通う4〜6歳児を対象に，運動発達への家庭や幼稚園・保育所の環境の影響について検討しています。

　その結果，家庭環境に関しては，近所に安心して外遊びできる場所があったり，ボールや自転車など家庭にある運動遊具が多いほうが，運動遊びの機会，戸外遊びの時間や頻度が多くなり，運動能力が高くなることが示されています。また，きょうだいの数や一緒に遊ぶ友達の数が多かったり，核家族よりも3世代以上の家族構成のほうが，子どもの運動能力が高くなることも示唆されています。

　幼稚園・保育所の環境では，園庭が「普通（830〜1,591m^2）」の広さの園の子どもは，「狭い（817m^{2}以下）」園や「広い（1,604m^{2}以上）」園の子どもに比べて，運動能力が高いという結果が示されています。園庭が広ければよいわけではなく，子どもの運動能力に適した広さを保障することが大切であると考えられます。

　以上のことから，運動機会を保障する環境の確保およびその構成が重要であると思われます。また，直接的な指導に関しては，子どもたちの発達に合わせて調節力に焦点を当てた指導が望ましいでしょう。幼児期には，循環器や呼吸器の機能の発達が不十分であり，筋力も十分に発達しているわけではありませんので，急激な運動や極端に激しい運動は避けるべきです。

　調整力は1つの運動だけを繰り返しやっていても向上しません。よじ登ったり，ぶら下がったりする遊びや，押したり，くぐったり，跳んだりする遊びなど，動きの多様性を身につけることが，調整力の向上につながります。また，近年は多くの園で環境が整備されており，床や地面は平坦で段差も少なくなっています。しかし，あえて園庭の地面をでこぼこにしてみたり，段差を乗り越えられないと部屋に入れない日などを設定することで，子どもたちがより自分の身体に対する意識を強くもってくれるのではないでしょうか。

（浅川淳司）

Ⅱ-2　母親からの分離-個体化

> **Episode** 「いないいないばあ」が表す自我の発達
>
> 　皆さんは，赤ちゃんをあやす「いないいないばあ」という遊びを知っていますね。赤ちゃんの前でお母さんが自分の顔を両手で覆い隠して「いないいない」と唱え，「ばあ」と言うと同時に両手を顔からのけて赤ちゃんに顔を見せる遊びです。「いないいない」と言うと赤ちゃんはじっと両手で覆われたお母さんの顔を見て興味津々，「ばあ」という声とともにお母さんの顔が現れると，キャッキャッと喜びます。
>
> 　「いないいないばあ」を喜ぶのは，自我が芽生え始め，自己と他者の分離が始まる生後5，6カ月以降の赤ちゃんです。「いないいないばあ」をしている相手を「他者（自己とは異なる人物）」と認識し，「いないいない」という一時的な分離からの再会を予期した後に，「ばあ」と予想どおりに再会ができた喜びや興奮を感じているのです。
>
> 　また生後1歳くらいになった子どもは，机などのかげに隠れては飛び出し，自分から大人に対して「いないいないばあ」の行動をとるようになります。前者は受け身的な「いないいないばあ」，後者は積極的な「いないいないばあ」で，自我機能や運動機能の発達によって段階的に移行していきます。幼児の好きなかくれんぼうの遊びもこの延長上にあります。
>
> 　このような遊びで注目されるのは，関心のある対象（たとえば母親）が子どもから見えなくなった後に，再び見えるようになるという「不在」と「在」，喪失と獲得の繰り返しです。子どもが対象の不在に対処することや，内的な対象恒常性を獲得していくこと，自他の分化が進み自己を確立していくプロセスがそこに見られます。ここでは，0～3歳頃までの子どもの発達を母親との関係の変化から見ていきましょう。

第Ⅱ章　幼児期：三つ子の魂

1　乳幼児期に見られる母親からの分離と個体化

　まだ歩行のできない乳児は，どこへ行くにも母親にだっこされて移動します。しかし，ハイハイ，つかまり立ち，伝い歩きができるようになると，乳児は自分の力でどんどん自分の世界を広げていきます。0歳から3歳頃までの乳幼児の世界は，身体・運動・認知などの心と体の諸機能の発達によって，めざましく変化していきます。

　そのプロセスと特質を，母子関係の観察によって明らかにしたのが，マーラーら（Mahler et al., 1975）の研究です。彼女らの研究は，「分離‐個体化の理論（Separation-Individuation Theory）」と呼ばれ，乳幼児期の発達研究にとって画期的なものでした。

2　マーラーの「分離‐個体化の理論」

　マーラーは，保育所のプレイルームのような設定のなかで，出生直後から3歳代までの母子を，継続的に観察し，乳児が母親との一体の共生状態からしだいに分離していく「分離‐個体化」のプロセスが，生後4，5カ月から3歳までに見られることを明らかにしました（表Ⅱ-1）。

　マーラーは，乳幼児と母親の関係の発達の基盤として，1つは中枢神経系統の生物学的成熟に根ざす，認知・言語などの発達による「個体化（individuation）」と，もう1つは，実際に母親から身体的に分離する体験がもたらす感覚，つまり分離意識が自分と他者の識別を促していく「分離（separation）」の2つの軌道を仮定し，この2つがあざなえる縄のごとく，互いに作用し合うなかから対象表象（他者に対する感覚的な心像）と自己表象（自己に対する感覚的な心像）が発達することを実証的に示しました。

（1）正常な自閉期（0～1，2カ月）

　誕生後1カ月くらいまでの乳児は，自己と外界の区別はありません。心理的な反応よりももっぱら生理的な反応が優勢です。

（2）正常な共生期（1，2～4，5カ月）

　生後5カ月くらいになった乳児は，少しずつ身体の内部で起こっていることと外部で起こっていることを区別して経験できるようになります。たとえば，空腹感は体の内部から生じ，空腹を満たすものは自分の外部から与えられるという認

表Ⅱ-1　マーラーによる乳幼児期の分離-個体化のプロセス（前田，1985）

年　齢	発達期			状　態	他の概念（カッコ内は提唱者）
1〜2カ月	正常な自閉期			自己と外界の区別がない	未分化段階（Hartmann）
4〜5カ月	正常な共生期			自己の内界（あいまいなもの）へ注意 ↓ 緊張状態では外界へ関心を払う	欲求充足的依存期（A. Freud） 前対象期（Spitz） 3カ月無差別微笑
9カ月	分離-個体化期	分化期		母の顔，衣服，アクセサリーなどへの手さぐり（外界へ興味） 受身的な〈いないいないバァー〉	一次的自律自我 移行対象（Winnicott）
10〜12カ月		練習期	早期練習期	母親の特定化 ハイハイ，おもちゃへの関心 一時的に母から離れる―触れる	8カ月不安（Spitz） 情緒的補給（Furer）
15〜18カ月			固有の練習期	気分の高揚―自分の世界に熱中 ・積極的な〈いないいないバァー〉 ・母を忘れるが，時折，母に接近し補給する。よちよち歩き 気分のおちこみ，分離不安	母を離れての世界との浮気 　　　　　　（Greenacre） イメージすること（Rubinfine）
24カ月		再接近期		積極的に母に接近―後追い 　　　　　　（まとわりつき） とび出し （母は自分を追いかけてくれる） 言語による象徴的接近 　　　　　　（象徴的プレイ） 〈世界の征服〉	肛門期（S. Freud） 快感原則から現実原則へ 記憶想起能力（Piaget）
36カ月		個体化期		現実吟味・時間の概念 空想と言語の交流 建設的あそび―他の子へ関心 反抗	対象表象の内在化
+α月	情緒的対象恒常性			対象恒常性の萌芽 対象と自己の統合 ↓ 全体対象へ	

識が芽生え始めます。しかし，まだ自己と他者の区別はつかないため，母子一体感に包まれた共生関係にあります。

（3）分離-個体化期（5カ月〜3歳）

「正常な共生期」に見られた母子一体感から母子分離が生じる時期です。マーラーが詳細に明らかにした分離-個体化期は，次の4つの段階に区分されます。

①分化期（5〜9カ月）

母子一体の共生状態から「孵化」し，母親との最初のきずなとして，特定の人

物である母親への特異的微笑を示します。また母親以外の見慣れぬ人に対しては，「人見知り反応」を示し，母親以外の人を識別できていることがわかります。

②練習期（9～15カ月）

ハイハイができるようになり，母親から本格的に分離が可能になるにつれ，乳児には，母親と照らし合わせながら，外界を探索する能力が発達してきます。また，よちよち歩きができるようになると，自律的な行動が飛躍的にのび，母親からの情緒的な反応をよりどころにして，母親から身体的に分離して行動し，自我機能が急速に発達します。

③再接近期（15～24カ月）

よちよち歩きが上手になるとともに，母親からの分離意識と自己主張が芽生え，また一方では，まだ自分の欲求を独力で処理していく内的機能が未熟なため，子どものなかには分離不安が高まります。この矛盾した自立と依存の間で幼児は苦しみ，母親に受け入れてもらうことを強烈に求め，それが満たされないと見捨てられる不安に駆られ傷つきます。この時期には，「再接近期危機（rapprochment crisis）」と呼ばれる不安定な状態に陥りやすく，母親の情緒的な応答性が非常に重要な時期です。境界性パーソナリティ障害の根っこには，この時期に情緒的な母親の応答が十分に体験できなかったことがあると言われています。

④個体化期（個体化の確立と情緒的対象恒常性）（24～36カ月）

生後3年目になり，子どもの現実検討力，言葉能力などの発達により，母親からの分離に耐えられるようになります。これは，子どもの心の世界に，自己表象と対象表象がしっかりと区別されてくるためです。この時期になると，子どもは，母親が不在であったり，欲求不満を与えても，愛情の対象として母親が永続性をもち壊されることはありません。これが，情緒的対象恒常性（object constancy）の達成です。これに対応して，一貫性のある自己像が確立します。子どもは，心のなかに自分を支えてくれる母親像が存在するために，安定して母親から離れて集団内の活動に参加できるのです。

（岡本祐子）

II-3　対人関係の発達

> **Episode　ヒロくん，保育所に行く**
>
> 　3歳のヒロくんは，この4月から保育所に通うことになりました。2つ年上のお姉ちゃんと一緒です。保育所に行くことをとても楽しみにしていたヒロくんですが，お母さんがお仕事に行こうとすると「帰らないで」と駄々をこねて泣いてしまいます。お母さんが「お仕事が終わったらすぐ迎えに来るから」と，どうにかヒロくんを説得してお仕事に行くと，今度はお姉ちゃんにべったり。お姉ちゃんから全く離れようとしません。お姉ちゃんはヒロくんを一生懸命なぐさめました。そして，一緒に遊んでくれました。でも，ずっと一緒にいるわけにはいきません。お姉ちゃんだってお友だちと遊びたいのです。結局，ヒロくんは先生に抱っこされてどうにか1日を終えることができました。次の日もまたその次の日も……。
>
> 　1カ月くらい経つと，徐々にヒロくんにも変化が生じてきました。泣かなくなりました。先生の周りで遊べるようになりました。先生やおもちゃを介して，クラスのお友だちと触れ合うことができるようになり，保育所のなかで笑顔が見られるようになりました。
>
> 　1年後，ヒロくんは毎朝走って保育所の門をくぐります。みんなに「おはよう」を言って，大好きな砂場で仲良しのお友だちと一緒に遊びます。時々，けんかもします。年下のお友だちのお世話もできます。お母さんが迎えに来ても「もうちょっと」と言ってなかなか帰ろうとしないこともあります。
>
> 　幼児期には多くの子どもが幼稚園や保育所に通うようになり，初めて家族以外の人たちと関わるようになります。家族と離れるのはとても不安なことです。しかし，子どもは，友だちと遊んだり，けんかしたりしながら，同年齢の集団のなかでしか学べない多くのことを学んでいきます。ここでは，親子関係から友人関係への広がり，友人関係の発達的変化や友人との関わりを通じて獲得されるものについて紹介していきます。

第Ⅱ章　幼児期：三つ子の魂

1　親子関係から友人関係へ

　親子関係は子どもが最初に形成する対人関係です。なかでも母親との関係は，愛着や基本的信頼感の形成など，子どもの発達に大きな影響を与えます。乳幼児期には，家庭内の親子関係や家族関係（きょうだい，祖父母など）を中心に，対人関係が展開されます。

　幼児期（3，4歳頃）になると，多くの子どもは家庭を離れ，幼稚園や保育所に通い始めます。幼稚園や保育所は大勢の同年齢の子どもと接する初めての集団生活の場です。入園当初は1人で過ごしたり保育者と関わったりする時間が多いものの，徐々に子ども同士で交流する機会が増えていきます。こうした子ども同士の交流から友人関係は構築されます。

　親子関係は，援助する者とされる者，大人と子どもといった縦の関係であるのに対し，友人関係は互いに対等な横の関係です。親子関係からは学ぶことができないことを学べる存在として，友人は子どもの発達に重要な役割を担っています。

2　友人関係の発達的変化

　子どもはどのような基準で友人を選んでいるのでしょうか。また，年齢によって友人の選び方はどのように変化するのでしょうか。田中（1975）は，ソシオメトリックテストを実施し，子どもが友人を選択する要因について検討しました。その結果，①相互的接近：住所が近い，通学路が同じ，いつも遊ぶ，教室での席が近いなど，物理的距離に基づく外的要因，②同情・愛着：何となく好き，感じがよいという有機的好感，親切，快活，面白いなどの同情共感，かわいい，とても好きなどの愛着を含む情緒的要因，③尊敬・共鳴：学業成績や知的能力，人格が優れていることに対する尊敬，趣味や意見の一致，気が合うなどの共鳴というような内的要因，④集団的協同：教え合う，助け合う，1つの目標のために結束するなどの要因，の4つを挙げています。

　これらの要因の影響力は年齢によって変化することが報告されています（図Ⅱ-3）。まず，幼児期では①と②が友人の選択要因の半分ずつを占めますが，①は加齢とともに減少し，②も児童期をピークに次第に影響力が低下します。代わりに③が小学校1年生から見られるようになり，児童期から青年期にわたって影響力が上昇し，思春期以降は友人選択にもっとも影響を及ぼす要因となります。

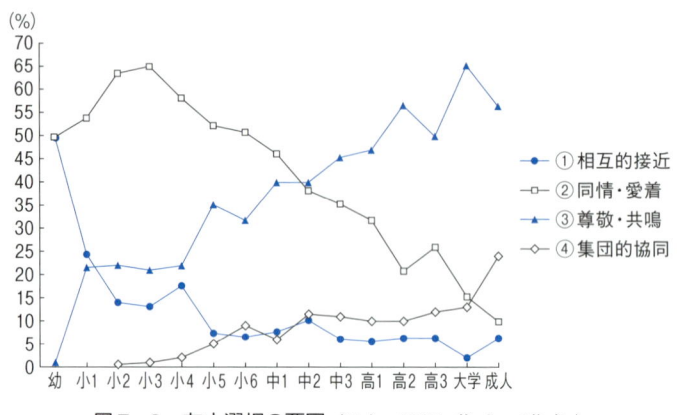

図Ⅱ-3　友人選択の要因（田中，1975に基づいて作成。）

④は児童期の後半あたりから現れ始め，青年期から成人期にかけて徐々に影響力が増加します。一般的に，幼児期の友人関係は，児童期以降と比較して一時的で不安定なものであると言われています（住田，2000など）。これは，幼児が友人を相互的接近のような偶発的で外的な要因に基づいて選択する傾向にあるからです。

3　友人との関わりから学ぶ

（1）けんかの役割

　幼稚園や保育所は，同年齢の大勢の子どもが一緒に生活をする場所であるがゆえに，けんかやいざこざがたびたび起こります。幼児期のけんか（いざこざ）は，主に，物や場所の占有，不快な働きかけ，ルール違反，遊びに関するイメージや意見のずれなどがきっかけで発生します（朝生ら，1986；斉藤ら，1986）。こうしたトラブルは，幼児の自己中心性（自分中心にしか物事を認識することができず，相手の立場から物事を考えることが難しいという幼児期の思考の特徴）が原因であり，お互いに自分の要求を主張し，相手の意見を取り入れることができないために生じてしまいます。また，感情を制御できず，気持ちを切り替えることができないことも，けんかの元になります。

　けんかは，ネガティブな行為として捉えられがちですが，心理学では，相互交渉の1つとして，子どもの社会的発達や人格発達に重要な意義をもっているとみなされています。たとえば，けんかを通じて，子どもは自分と他者の意見や気持ちが異なることに気づきます。そして，自分の考えを主張するだけでなく，相手

表Ⅱ-2　乳幼児期に見られる向社会的行動（新倉，1995に基づいて作成。）

援助行動	他の子の服の着脱を手伝ってあげる，競争などで友だちを応援してあげる，など。
分配行動	自分のおもちゃを友だちに貸してあげる，お菓子を分けてあげる，など。
協力行動	友だちと一緒に椅子を運ぶ，ブランコを交替して乗る，など。
共感行動	転んだ子を心配そうに見る，頭をなでたりして友だちをなぐさめる，など。

の言葉に耳を傾け，相手の立場で物事を考えられるようになり，お互いの意見を調整することを学びます。これを心理学では「脱自己中心化」と言います。また，自分の考えを相手に伝えたり，友人との関係をうまく構築したりするために，コミュニケーション能力を洗練させます。さらに，友人のことを考えて我慢したり，順番やおもちゃを譲ったりするなど，自己制御能力が養われます。謝り方や仲直りの方法といった社会的ルールもけんかを経験することで獲得されます。

（2）友人関係や集団生活で育まれる思いやりの心

　集団生活でのけんかや遊びを通じて，子どもは他者の気持ちを理解するようになります。他者の気持ちや立場を理解し，同じ気持ちを経験することは，他者を思いやる心や行動を培います。このような思いやり行動は向社会的行動と呼ばれ，「他者に利益となるようなことを意図してなされる自発的な行動」として定義されています（Eisenberg, 1992）。

　向社会的行動の出現は比較的早く，一般に1歳前後で現れ始めます。この時期の子どもは，痛がって泣いている他者に触れてなぐさめるといった向社会的行動を示します。また，1歳半を過ぎた頃には，親の手伝いを自発的に行うようになることが知られています。幼稚園や保育所に通い始めると，子ども同士の交流のなかで向社会的行動が見られるようになります（表Ⅱ-2）。

　向社会的行動は年齢とともに変化するとされています。その変化を左右する要因として，向社会的判断，役割取得能力，共感性の3つが挙げられます。向社会的判断とは，援助行動が求められているかどうか，求められているならどのように行動したらいいかを決める判断の枠組みを指します。役割取得能力は，他者の立場に立って状況を洞察する能力です。そして共感性は，他者の感情を知覚する際に，相手の感情を理解し，自分も同じ感情を共有することです。これらの要因の発達によって，向社会的行動は質的にも量的にも変化すると考えられています。

（渡邉大介）

Ⅱ-4　幼児の遊びの意味

> **Episode　秘密基地ごっこ**
>
> 　男児4人がジャングルジムの周りに自転車といすを並べて秘密基地ごっこをしている場面を紹介します。
> 　A：「いーれーてー」
> 　B：「早くなかに入るんだ！」
> 　A：「わかったー」（ジャングルジムに上る。）
> 　C：「ここは秘密基地なんよ。敵が来ても爆弾もご飯もあるから大丈夫！」
> 　D：「僕がご飯係。Bがリーダーで，Cが爆弾係だから，Aは見張り番ね。これで見張ったらいいよ」（サランラップの芯を渡す。）
> 　A：「わかったー，任せろっ！」
> 　B：「俺は今から出かけてくるから，戻ってくるまで基地を守っといてね」
> 　C：「じゃ，帰ってくるまで僕がリーダーになってもいい？」
> 　B：「俺がリーダーなんだぞ。だめー」
> 　C：「僕もリーダーしたいもん！　ちょっとくらいやってもいいじゃん！」
> 　B：「やだっ！　絶対やだっ！　だって，俺がリーダーなんだぞ。そんなん言うならもう一緒に遊ばんけんな」（自転車に乗って行ってしまう。）
> 　D：「（Cに対して）交代でしたらいいやん。今日はBにさせてあげよ？」
> 　C：「うん。じゃ，僕爆弾見てくる」（定位置に戻る。）
> 　B：「（少しして戻ってきたBはCに対して）リーダーしてもいいよ。ごめんね」
> 　C：「いーいーよー」
>
> 　こうした遊び場面は，子どもの日常にありふれており，大人からしてみれば「またやってるな」とたいしたことではないように感じてしまいます。しかし，子どもがこのように遊べるようになるためには，実に様々な能力が必要になります。ここでは，子どもの遊びの形態や種類の発達的変化，遊びを通して学ぶことについて見ていきます。

1 遊ぶということ

「子どもは遊ぶことが仕事」という言葉はよく聞きますが，遊びは子どもにとってどのような意味があるのでしょうか。勅使（1999）は，幼児にとっての遊びの本質を，積極性や意欲，創意性を形成する「楽しみや面白さの追究」，大人ではなく自分たちで決めたルールによって展開される「自主的，自発的な取り組み」，心身の発達や外界の事物に関する知識や認識あるいは言語などの獲得を促す「身体的，知的諸能力の発達の促進」，対人関係や社会性の構築に影響する「交友性や社会性の形成」と述べており，それぞれが相互に関連し，子どもの発達に作用すると指摘しています。また，子どもは，発達段階に応じて，遊びの形態や好みを変化させることがこれまでに明らかになっており，子どもの発達と遊びは強く結びついていることが見出されています。ここでは，子どもの発達と遊びの関係について，社会性の発達と認知発達の観点から説明していきます。

2 遊びの発達的変化

（1）遊びと社会性の発達

パーテン（Parten, 1932）は，保育所における幼児の自由遊び場面を観察し，社会性の発達の観点から，子どもの遊びの形態を次の6つに分類しました。そして，遊びの形態が段階的に変化していくことを明らかにしました。

①何もしていない行動：特に何かで遊ぶわけではなく，その時々で興味を引くものに注意を向け，そうでなければ，じっと立っていたり，部屋のなかを見回したりします。2，3歳以前にわずかに観察されます。

②ひとり遊び：他の子どもが近くにいても，お互いに関わりをもたず，自分の遊びに熱中します。2，3歳頃によく見られ，年齢とともに減少します。

③傍観：他の子どもが遊んでいるのを近くで眺め，その子に話しかけたり質問したりしますが，積極的に遊びに加わることはありません。2，3歳頃，出現頻度が高くなります。

④平行遊び：他の子どもの近くで，同じような方法で遊んだり，同じようなおもちゃを使って遊んだりしますが，子ども同士のやりとりはありません。2，3歳頃にもっとも多く見られます。

⑤連合遊び：他の子どもと一緒に集団で遊び，おもちゃの貸し借りや会話など子

ども同士のコミュニケーションが見られます。ただし，役割の分担はなく，各自が思い思いに行動するため，全体のまとまりはほとんどありません。3，4歳頃に多く観察されるようになり，年齢とともに増加します。

⑥協同遊び：共通の目的や目標を達成するために組織化された集団遊びであり，協力や役割分担が行われ，指示や命令を出す子どもやそれに従う子どもが現れます。3歳以前にはほとんど見られず，3，4歳頃に急激に増えます。

　パーテンは，遊びの形態が年齢とともに直線的に発達すると考え，社会性の発達という点で，ひとり遊びは集団遊びよりも未成熟な遊びだとみなしました。しかし，以降の研究（Smith, 1978など）では，ひとり遊びが必ずしも社会性の未発達さを反映するわけではないことが示されています。近年では，子どもは，友だちとつながりがもてず，一緒に遊ぶことができないからひとりで遊ぶのではなく，ひとりで遊ぶか友だちと遊ぶかを自分の意志で選択していると考えられています。

（2）遊びと認知発達

　ピアジェ（Piaget, 1962）は，子どもの認知発達段階と対応させて，遊びの発達を3つの段階に分けました。第1段階は，認知発達段階における感覚運動期と対応する機能遊びの段階です。この段階では，見たり，聞いたり，触ったり，舐めたりというように，自分自身の感覚を用いて楽しむ感覚遊びや，手足や全身を動かしたりボールで遊んだりというように自分の身体機能を用いて楽しむ運動遊びが見られます。

　第2段階は，前操作期に現れる象徴遊びの段階です。1歳半頃になると子どもは，表象や象徴機能の発達により，誰かのふりをする模倣遊びや，あるものを他のものにたとえる見立て遊びを行うようになります。そして3歳を過ぎると，見立てと模倣（ふり）を組み合わせ，友だちとイメージを共有し，空想の世界をつくり上げるごっこ遊びが頻繁に見られるようになります。

　第3段階は，具体的操作期に起こり，形式的操作期まで続くルール遊びの段階

▷　ピアジェの認知発達段階
　　人間の認知（思考）はいくつかの段階を経て発達するという考え。①感覚と運動の協応によって外界を認知する感覚運動期，②表象（イメージ）を思い浮かべることはできるが論理的思考（操作）ができない前操作期，③具体的，現実的な事柄については論理的思考ができる具体的操作期，④抽象的，仮想的な事柄についても論理的思考ができる形式的操作期の4つの時期に大別される。

です。この段階の遊びには，ルールに従って行動する，2人以上の子どもによってなされる，一緒に遊んでいる友だちと協力・競争する，役割を演じるといった特徴が挙げられます。5歳頃から，スポーツやオセロ，トランプなど，一定のルールのあるゲームを楽しむようになります。

上述の3段階は，その時期に出現する新しい遊びの典型を示したものであり，次の段階に移行することで前の段階の遊びが全く行われなくなるというわけではありません。また，それぞれの遊びが出現する年齢は厳密なものではなく，ある程度個人差が見られます。

3 ごっこ遊び

ごっこ遊びは幼児期の代表的な遊びの1つであり，子どもが大好きな遊びです。子どもは，1歳半頃から，自分の頭のなかに他者についての表象（イメージ）を思い描くことができるようになり，目の前に他者がいなくても，その表象をもとに他者を模倣することができるようになります。これを遅延模倣と言い，子どもが自分で体験したことを内面化し，表象として蓄積することが可能になったことを意味します。遅延模倣により，ふりや見立てができるようになり，3歳頃には，それらを内包したごっこ遊びが盛んに行われるようになります。

ごっこ遊びの展開には様々な能力が必要になります。「秘密基地ごっこ」のエピソードを例にとってみると，設定した状況（秘密基地）や演じる役割（リーダーや見張り番など）についての知識が要求され，それらにふさわしい行動をとる必要があります。また，イメージやストーリーを友だちと共有するために，見立てやふり（サランラップの芯が望遠鏡）を理解したり，他者の心を推察したり，自分のイメージを言葉や動作で表現する力も重要になります。イメージが合致しない場合やお互いの要求が衝突した場合には，調整するためのコミュニケーション能力が必要とされます。ごっこ遊びをよく行う子どもは，他者の心の理解に優れ，社会性が高く，他の子どもに人気があることが示唆されています（Harris, 2000；Howes & Matheson, 1992）。これは，ごっこ遊びを行うことで他者の気持ちや考えに触れる機会が増えることに起因していると考えられます。

（渡邉大介）

Ⅱ-5 幼児期の発達的課題と臨床的問題

> **Episode　反応性愛着障害**
>
> 　マサシ君とタケシ君はいずれも3歳の男の子で，保育所に通っています。保育所の先生は，マサシ君に対して少し手を焼いています。先生がマサシ君の世話をしようとすると，彼は先生を警戒するような顔で見つめ素直に応じません。本当は他の子どもたちのように甘えたいのでしょうが，先生が優しく声をかけてくれても腹を立てたり，嫌がって泣いたり，先生はマサシ君の気持ちがわかりません。
>
> 　一方，タケシ君は，マサシ君と対照的に，初対面の人にもなれなれしく近づき，過剰な親しみを表します。一見，社交的に見えるのですが，無警戒で相手をよく確かめようとしません。
>
> 　マサシ君とタケシ君の他者に対する態度は，一見正反対のように見えますが，これらはいずれも「反応性愛着障害」の特徴を示しています。「反応性愛着障害」には，マサシ君のような「抑制型」と，タケシ君のような「脱抑制型」の2つのタイプがあります。
>
> 　DSM-Ⅳ（精神疾患の診断・統計の手引）によると，反応性愛着障害が生じる原因として，安楽，刺激，愛着に対する子どもの基本的な情緒的欲求や身体的欲求が持続的に無視されたり，一次的な養育者（養父母）が繰り返し変わることによって安定した愛着形成が阻害されることが考えられています。わかりやすく言うと，乳幼児期に必要な世話が適切に受けられないことによって生じる問題です。
>
> 　このような反応性愛着障害は，かつてはホスピタリズム（施設病）として問題になりました。しかし今日では，一般の家庭で育てられている子どもにも多く見られると言われます。ここでは，幼児期の子どもが獲得すべき発達的課題と，それがうまく達成されない時に見られる臨床的問題について考えてみましょう。

第Ⅱ章 幼児期：三つ子の魂

1 幼児期の発達

　幼児期とは，およそ1歳から5，6歳（就学前まで）の時期を示します。幼児期の発達的な課題は，言葉の獲得と食事や排泄などの基本的生活習慣を身につけることです。幼児は，母親，父親などの家族だけでなく，保育所や幼稚園，近隣の人々など，家族以外の人達とも関わるようになります。友達や先生，近隣の人たちとも関係がつくれるように，生活習慣を身につけることが求められます。

　一般的に子どもは，1歳頃に歩き始め，言葉を話すようになります。自分の足で自由に移動でき，言葉で意思を伝えることができるようになった子どもは，「自分の力で何でもできる」という万能感にあふれています。また，3，4歳に達した子どもは，自己主張を始め，言い出したら聞かない，何でも相手の言うことに反対するという第一反抗期が見られます。これは，自己意識の現れで，自我が育っていくための大切な試みです。しかし，自己主張や意思の能力はまだ限られており，思い通りにいかない葛藤も生じてきます。「やりたい気持ち」と「できない現実」の葛藤にどのように対処するかが，幼児期の重要な課題になります。

2 自律性の獲得

　この葛藤への対処にとって大切なのが，自己制御機能の発達です。乳児は，自分の要求がすぐに通らないとかんしゃくをおこしますが，幼児は，言葉で自分の要求を表現し，予測して待てるようになります。

　幼児初期の重要なしつけの1つは，トイレットトレーニングです。「おしっこをしたいのを少し我慢して，トイレでできたらすっきりした。お母さんも喜んでほめてくれた」という体験を通して，子どもは，自分の行動や欲求を制御することを身につけていくのです。このような心の力を，自律性と呼びます。自己制御機能の向上と自律性の獲得は，幼児期初期の重要な発達課題です。

3 幼児期に生じやすい心理的問題

　幼児期に見られる心理的問題は，まずその原因から，そして器質因と環境因のバランスから捉えていくことが重要です。器質因とは，脳・神経系や筋・骨格系など，身体に原因があること，環境因とは，人間を取り巻く様々な物理的，心理的，社会的要素に原因があることを示します。表Ⅱ-3は，このような器質因と

表Ⅱ-3　乳幼児期の心理的問題（水野，2009）

（1）器質因が大きい問題 　　脳性麻痺，てんかん，遺伝疾患（ダウン症や脆弱X症候群 etc.），精神発達遅滞など
（2）器質因と環境因がそれぞれ関わっている問題 　　ADHD，広汎性発達障害，チック障害（トゥレット症候群 etc.），排泄障害（夜尿 etc.），緘黙など
（3）環境因が大きい問題 　　愛着障害（分離不安障害，反応性愛着障害），子ども虐待，情緒障害（かんしゃく，反抗 etc.）など

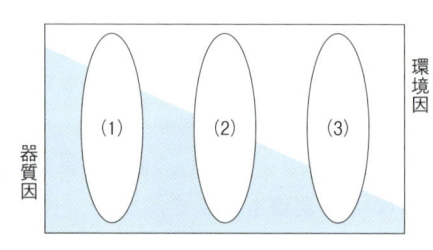

図Ⅱ-4　器質因と環境因のバランス
（水野，2009）

環境因のバランスという観点から分類した幼児期に見られやすい心理的問題です。

　幼児期はまだ，心と体が未分化で，環境にも大きく依存しています。そのため，心理的問題も体や環境への反応として生じることも少なくありません。さらに発達につれて，問題の現れ方も変化するため，明確な病気の形をとりにくいことも特徴です。表Ⅱ-3に示した心理的問題のうち，特に母子関係等，環境に大きな関連のある問題は，およそ次の3つに整理することができます。

（1）愛着に関する問題

　3，4歳を過ぎても強い分離不安が見られる時は，母親（養育者）との愛着関係が不安定であることが示唆されます。また，養育者が頻繁に替わったり，子どもへの虐待がある場合は，子どものなかに基本的な信頼感が育たず，人格の発達に大きな影響を与えます。

（2）自律性に関する問題

　幼児に，偏食，遺尿，遺糞などが見られる場合は，食事や排泄についての厳しいしつけと子どもの自己主張が対立し，葛藤が生じている可能性があります。

（3）環境へのストレス反応

母親がトイレットトレーニングを急いだり，子どもに弟／妹が生まれたり，幼稚園・保育所などの集団生活が始まるなど，幼児期の子どもは，様々なストレスにさらされることが少なくありません。その反応として，指しゃぶりなどの退行（赤ちゃんがえり），爪かみ，吃音，場面緘黙（かんもく），登園しぶりなどの問題が生じます。

4 幼児期の心理的問題に対するケア

表Ⅱ-3に示した心理的問題のうち，(1)器質因による障害がある場合，子ども自身には，医学的治療やリハビリテーション，療育などの身体的ケアが優先されます。心理的援助の対象は母親や家族が中心で，様々なショックを家族が乗り越えていくための支援，障害を抱えた子どもと日々，生活していく工夫を考えていく援助などがあります。

(2)のような器質因と環境因の両方が関わっている問題の場合，器質因に対しては主として医学的治療に任せ，心理的援助は，環境因に対して行われます。訓練だけでなく，心理教育や心理療法も重要な役割を果たします。

(3)の問題に対しては，心理的援助が重要な役割を果たします。親子関係やきょうだい関係など，家族内の心理的葛藤，保育所での集団生活でのうまくいかなさに伴って起こる様々な症状に対して，心理療法，遊戯療法，心理教育などを行います。

幼児期の心理的問題に対しては，幼児本人だけでなく，親子や家族全体，周囲の環境をも視野に入れて，問題を理解していく柔軟な姿勢が大切です。

（岡本祐子）

[第Ⅲ章]
児童期：学びと社会化

　児童期と言われる小学生時代，つまり6～12歳頃の時期は，子ども期の最盛期とも言えるでしょう。この時期には，小学校入学当初のまだ幼児の面影の残るかわいらしい姿から，大人の背丈近くまで背が伸び，思春期的な身体的特徴も現れ始め，精神的にも子どもらしさからの脱却が感じられる高学年まで，大きな変化が見られます。児童期の成長にとってもっとも重要な柱は，学校を舞台とした学習・学びと，友人関係・親子関係を通じての社会性の2つを身につけ発達させていくことでしょう。一方，かつて比較的安定した時期と言われた児童期にも，今日では様々な発達的つまずきが指摘されています。本章では，児童期の心の発達的問題について考えてみましょう。

Ⅲ-1　読み書きの力と計算力

> **Episode　早期教育は効果的か**
>
> 次の記事は，AERAの2010年4月26日号に掲載されていたものの抜粋です。
>
> > 題目：早期教育効果は小学生で消える
> >
> > お茶の水女子大学の内田伸子教授（発達心理学）は，文字の読み書きなどの早期教育に批判的だ。内田教授は昨年秋の東アジア学術交流会議で「幼児のリテラシー習得に及ぼす社会文化的要因の影響」調査を発表した。
> >
> > ちょうどその2カ月ほど前，文部科学省は全国学力テストの結果を分析し，親の所得が高いほど子どもの学力が高いという調査を発表していた。親の年収が1200万円以上では国語，算数の正答率が全体の平均より8～10ポイント高く，200万円未満では逆に10ポイント以上低かった。
> >
> > だが，内田教授の調査では，子どもの学力格差は親の所得格差ではなく，親子のかかわり方が大きく影響していた。たしかに「読み・書き」能力だけみれば，3歳では親の所得や教育投資額が多いほど高かった。しかし，その差は子どもの年齢が上がるにつれて縮まり，小学校入学前に消滅した。文字などの早期教育の効果はわずか，数年しか続かないのだ。
> >
> > すでに内田教授は20年以上前に実施した調査で，3，4歳で文字を習得している子と，習得していない子との差は，小学校入学後に急速に縮まり，1年生の9月には両者の差は消えてしまうということを指摘してきた。また，別の研究でも，漢字の習得では，早期教育を受けなかった子どもとの差は小学校2年生ごろに消滅し，むしろ国語嫌いは早期教育を受けた子に多かったということもわかっている（黒田実郎「保育研究」）。
>
> この記事を見ると，就学後の学習を無理に就学前に行う必要はないように思われます。現在，格差が広がるばかりの社会で，親の立場としては子どもに少しでも良い教育をと考えるのは当然のことかもしれませんが，まずは子どもたちの読み，書き，計算の発達の姿を知る必要があるでしょう。

第Ⅲ章　児童期：学びと社会化

1　読み書きの力の発達

　日本の子どもの多くは，学校で国語の授業を受ける前から，文字の世界に足を踏み入れています。実際に，約1,200人の幼児を対象にひらがな（清音，撥音，濁音，半濁音を含む）の読み書き能力を調べた研究があります（島村・三神，1994）。

　図Ⅲ-1を見ると，ひらがなの読みに関しては，3歳から5歳にかけて読めるひらがなの数が増えていき，5歳児になると，70％近い子どもたちがすべての文字を読めるようになることが明らかにされています。一方，ひらがなの書字に関しては，年齢に伴って書ける文字は増えていくものの，5歳児になっても半数以上の子どもがすべてのひらがなを書けるわけではありません。これらの結果から文字の読みのほうが書字よりも早く発達することがわかります。日常場面では，文字を見ることのほうが多いですし，文字を書くとなると鉛筆を操作するような別の能力も必要になってくるため，書きの発達のほうが遅れるのだと思われます。

　就学前の時点で文字を読んだり書いたりすることが可能であることを示しましたが，就学後には，子どもたちは文字の機能に気づくようになります。内田（1989）によれば，小学1年生になると，読み書きの力を「いいこと」と捉える子どもが増え，その理由として「本が読める」や「手紙が出せる」など，文字の道具的価値に言及するようになります。このような回答は就学前の子どもではほとんど見られていませんでした。子どもたちは，就学後の体系的な国語教育の過程で，文字に対する意識を変化させるようです。

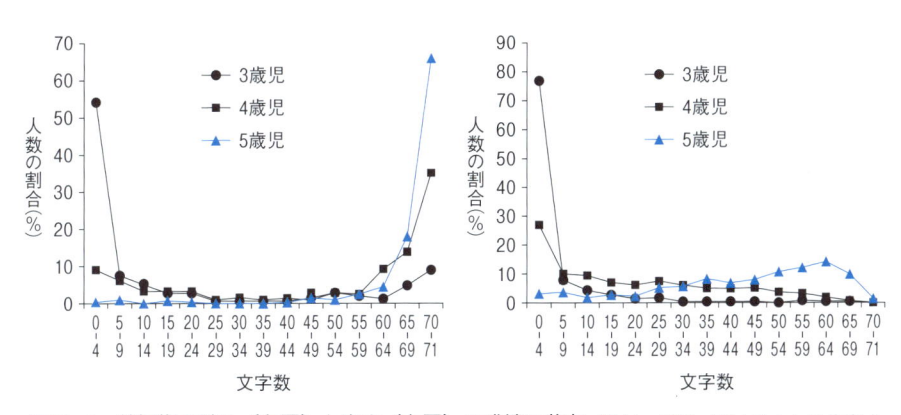

図Ⅲ-1　幼児期の読み（左図）と書き（右図）の成績の分布（島村・三神，1994をもとに作成。）

では，このような文字を読み書きする力の発達はどのような能力に支えられているのでしょうか。3歳から5歳の子どもを対象にひらがなの読みの習得とそれに関わる認知能力の関係を検討した垣花ら（2009）は，清濁音の読み成績に音韻意識の成績が影響を与えていることを報告しています。また，カード上に文字や数字を配列し，それを読み上げる速度と読みの流暢さの間にも関係があることが示唆されています（Kobayashi et al., 2005）。

学童期に目を向けてみると，小学1・3・5年生を対象に読解能力の発達を縦断的に分析した高橋（2001）は，語いの獲得が低学年から高学年までの読解力の成績を規定することを見出しています。さらに，学童期の語いは，その前の時期の読解能力によっても説明されており，読書を通じて語いを増やし，それがまた読解力を高めるという相互的な関係が形成されていることが示唆されています。

書字に関しては，聴覚能力に加えて，視覚と運動の協応や作動記憶も関係することが報告されています（加藤ら，2010）。これは前述したように，書字が文字を認識するだけでは十分とは言えず，実際に書くという行為を支えるための能力も必要になってくるためだと思われます。

2　計算力の発達

7歳児までの計算能力の発達の概要を表Ⅲ-1に示します。これまでの研究から，人間が3以下の具体物の数を比較することが生まれながらにして可能であること，また，その弁別能力を生かして1＋1や2－1のような簡単な計算の結果を正しく推論できることも明らかにされています（Dehaene, 2011；Wynn, 1992）。

しかしながら，これらの生まれながらに有している能力は4以上の数に適応することができません。そこで，子どもたちは数えるという行為を通じて，数の理解を拡張していきます。数えるとは，ただ数を唱えるという単純な行為ではありません。正確に数えることができるようになるためには5つの原理を理解する必要があると考えられています（Gelman & Gallistel, 1978）。それは，安定した順序，1対1対応，基数性，順序無関連，抽象性です。

安定した順序は，用いられる数詞が常に同じ順序で配列される原理，1対1対応は，物と数をひとつずつ対応させる原理です。基数性は，あるものを数え終えた時に，最後に言った数がその集合の大きさを表すという原理，順序無関連は，ものを右から数えても左から数えても全体の集合の数は同じという原理，抽象性

表Ⅲ-1　乳幼児期における計算能力の発達の概要（Butterworth, 2005を一部改変。）

年　齢	節目となる出来事
0カ月	小さい数の集合（3以下）なら弁別できる。
4カ月	1を加えたり，引いたりすることができる。
11カ月	増加する数の連続と減少する数の連続を区別することができる。
2歳	数詞の連続を学び始め，1対1対応ができるようになり始める。
2歳半	数詞が1以上を表していることを認識する。
3歳	小さな数の対象物を数えることができる。
3歳半	対象や数詞に1つ足したり，それらから1つ引いたりできるようになる。
4歳	加算の補助のために指を使う。
5歳	合計を数えることなしに小さな数を足せる。
5歳半	足し算の数が交換可能であることを理解する。
6歳	ピアジェの数の保存概念の獲得。
6歳半	足し算と引き算の相補性を理解する。
7歳	記憶からいくつかの計算的事実を検索できる。

は，数えるものの色や形が変化しても，数は変わらないという原理です。

　正確に数えることはほとんどの子どもにとって計算の基礎となります。計算を学習する初期の段階では，手指を使って数えることで計算します。たとえば，3＋5では，子どもは手指を1本ずつ「いち，に，さん」と数え，それから「いち，に，さん，し，ご」と数えます。その結果，2つの集合は目に見えるようになり（一方の指で3，他方の指で5），最後にすべての対象を再び数えて答えを出します。これをCounting-all方略（指を1本ずつ折って数を数える方法）と言います。

　学習が進むと，足される数を数える必要がないことに気づき，3から始めて，足す数だけ手指で表し「よん，ご，ろく，しち，はち」とひとつずつ数え足すようになるでしょう。これをCounting-on方略（指を一度に立てて数を数える方法）と言います。さらに，3＋5と5＋3が同じであることを理解すると，計算する際にも大きな数に小さな数を数え足すようになります。このように少しずつ手指などで数えることがなくなっていき，最終的に頭のなかで数字を操作したり，記憶した計算結果を引き出したりすることで計算を行えるようになります。

　以上のことから，就学前の時点ですでに子どもたちは簡単な計算はできるようになり，小学校低学年の時期を通して徐々に発達していきます。無理にドリルなどを行わなくても，子どもたちは自分の手指で数を数えたり，遊びのなかで物を分配することなどを通じて，数に触れ，その世界を広げていっているのです。

（浅川淳司）

Ⅲ-2　社会性の発達と友人関係

Episode　現代の小学生の遊びの実態

　現代の小学生の遊びにはどのような特徴があるのでしょうか。小学生の遊びの実態を調べた鶴山ら（2008）の調査結果からは，次のようなことが明らかになっています。

- 現在行っている遊び：ゲームがもっとも多く40.6%を占める。
- 放課後の過ごし方：ゲーム・パソコンが27.8%，習い事が23.3%，テレビ・DVDを見るが23.3%と全体の7割を占める。
- 一緒に遊ぶ友だちの数：1〜3人がもっとも多く54.5%と半数を占める。

　この結果からは，現代の子どもは，比較的少人数で，室内でゲームなどをして遊んでいるという傾向が読み取れます。放課後になると公園や小学校の運動場を大勢で走り回って遊んでいた筆者の小学生時代とはずいぶん遊び方が変わったという印象を受けます。こうした遊びの変化の原因としては，少子化，遊び場所や時間の減少，ゲームやパソコンの普及など，子どもを取り巻く環境の変化が考えられます。

　友だちとの親密な関わりが子どもの発達に大きな影響を及ぼすことはよく知られています。特に児童期では，同年齢の仲間集団で結成されるギャング集団（後で詳しく紹介します）での活動が，社会性の発達や人格の形成に非常に重要な役割を担っていると考えられています。しかし，現代の子どもは，生活環境の変化から，集団で遊ぶことが少なくなっており，対人関係を学ぶ機会が減少していることが問題視されています。そして，こうした人との関わりの不足が，社会への不適応を引き起こす一因になるという指摘もなされています。

　ここでは，いくつかある社会性の諸側面のうち，道徳性と攻撃性について概観します。また，児童期の子どもの社会性の発達を左右する仲間集団（ギャング集団）についても考えてみたいと思います。

第Ⅲ章　児童期：学びと社会化

1　社会性の発達

　子どもは社会のなかで生活し，成長します。その社会のなかでよりよく生きるためには，自分が所属する社会の生活習慣，価値規範，行動様式，言語などを身につけ，ふさわしい行動をとる必要があります。このような過程を社会化の過程と呼び，社会化を通じて，子どもは社会性を獲得していきます。

　社会性は，個人が自己を確立しつつ，人間社会のなかで適応的に生きていく上で必要な諸特性（繁多，1991）と定義されます。社会性にはいくつかの側面が存在しますが，ここでは道徳性と攻撃性の2つを取り上げます。この他，Ⅱ-3で紹介した向社会的行動も社会性の一側面とみなされています。

（1）道徳性

　道徳性とは，社会一般に受け入れられている規範や慣習を尊重する意識，あるいは道徳的な問題を解決する能力を指します（二宮，1999）。心理学では，情緒（罪悪感など），行動（我慢など），認知（善悪の判断など）の3つの側面から道徳性を捉えることが多く，これらが相互に関連することで，道徳性が形成されると考えられています。特に認知的側面に焦点を当てた立場は認知的発達理論と呼ばれ，道徳性の発達に関する研究の中心的役割を果たしています。

　認知的発達理論における代表的な研究者としては，ピアジェ（Piaget, J.）とコールバーグ（Kohlberg, L.）が挙げられます。ピアジェは，道徳の本質は規則に対する尊敬にあると考え，子どもの規則に対する認識について調べました（Piaget, 1932）。その結果，規則の認識は，10歳前後で，拘束的・他律的な段階（規則は大人が決めた絶対的なもの）から協同的・自律的な段階（規則は仲間との合意によって形成されるもの）へと移行することを明らかにしました。また，善悪の判断についても，10歳を境に，行為の結果に基づいて判断する客観的責任概念から，行為の意図や動機に基づいて判断する主観的責任概念に変化すると考えました。

　コールバーグは，ピアジェの考えを発展させ，青年期以降の道徳性の発達を含む独自の理論を展開しました（Kohlberg, 1971）。彼は世のなかに存在する普遍的価値（生命，法律，財産など）が対立するモラル・ジレンマ場面を提示し，行為の是非の判断とその理由（判断の基準）を尋ねました。そして理由を分析することで，3水準6段階の道徳判断の発達段階を導き出しました（表Ⅲ-2）。この発達段階は，罰に対する怖れや自分の欲求，損得に言及する前慣習的水準から人間

表Ⅲ-2　コールバーグによる道徳判断の発達段階（Kohlberg, 1971に基づいて作成。）

水準と段階	概　要
Ⅰ．前慣習的水準 　段階1：罰と服従への志向 　段階2：道具主義的な相対主義志向	行為の善悪は，褒められるか罰せられるかという行為の結果をもとに判断する。 正しい行為とは，自分（場合によっては他者）の欲求や利益を満たすものである。
Ⅱ．慣習的水準 　段階3：対人的同調，「よいこ」志向 　段階4：「法と秩序」志向	善い行為とは，他者を喜ばせ，助ける行為であり，他者から是認される行為である。 正しい行為とは，義務を果たし，規則や権威を尊重し，与えられた社会秩序を維持することである。
Ⅲ．慣習的水準以降，自律的・原理的水準 　段階5：社会契約的な法律志向 　段階6：普遍的な倫理的原理の志向	正しい行為とは，個人の権利や社会全体によって吟味され一致した基準によって定められる。一方で，法律は絶対的なものではなく，変更可能なものであるとみなす。 正しさは，倫理的包括性，普遍性，一貫性に照らし合わせて，自分自身で選択した「倫理的原理」に従う良心によって定められる。

関係や社会的な義務，法の遵守に言及する慣習的水準を経て，良心や正義，人間の尊厳といった原理に言及する自律的・原理的水準へと至るものとなっています。

(2) 攻撃性

　攻撃行動とは，他者を傷つけようという意図を伴った行動のことを言い，こうした行動を引き起こす内的過程を攻撃性と呼びます。多くの場合，攻撃行動は親や仲間のような身近な人間の行動を観察し，模倣することで獲得されます（モデリング）。また，映画や漫画における攻撃行動もモデルになり得ます（Bandura, 1977）。

　攻撃性は反応的攻撃と能動的攻撃の2つに大別されます（Crick & Dodge, 1996）。反応的攻撃は，怒りや敵意といった否定的な感情を伴う，欲求不満や防衛反応が引き金となって生じる攻撃であるのに対し，能動的攻撃は，自分の目的を達成するために攻撃を道具的に用いる攻撃であり，否定的な感情が必ずしも含まれるわけではありません。

　攻撃行動は攻撃の形態によって顕在性攻撃と関係性攻撃の2つに分けられます（Crick & Grotpeter, 1995）。前者は，叩く，蹴るといった身体的攻撃や悪口を言うなどの言語的攻撃を包括したものであり，男子によく見られます。一方，後者は，仲間はずれや無視，陰口など仲間関係を操作することで他者に危害を加えること

を意図したものであり，女子によく見られます。こうした攻撃行動は幼児期という早い段階から存在し，児童期以降も持続することが明らかになっています（Crick et al., 1997；磯部・佐藤，2003）。

攻撃性は社会性のネガティブな側面であり，攻撃行動が多いと周囲の人との軋轢が生じてしまいます。社会生活を円滑に営むためには，自己制御機能を発達させ，攻撃性をはじめとした感情や行動をコントロールする必要があります。自己制御機能は，自己抑制と自己主張の2側面からなり，両側面のバランスのとれた発達が重要になります（柏木，1988）。

2 児童期の仲間集団

小学校の中，高学年頃には，子どもは気の合う仲間と4～8人程度の小集団をつくって遊ぶことが多くなります。このような集団をギャング集団と呼び，この時期をギャング・エイジと呼びます。ギャング集団は，同性，同年齢のメンバーで構成される場合がほとんどであり，特に男児によく見られます。集団内の仲間意識や結束力は強く，極めて閉鎖的であり，仲間以外の子どもは集団に参加することができません。こうした強い閉鎖性や排他性によって「われわれ意識」が形成され，自分たちで集団内のルールを決めたり，活動計画を立案，実行したりします。さらに，大人からの干渉を極力避けようとすることも，この集団の特徴です。

ギャング集団での活動を通じて，子どもは，集団内の規律や慣習の遵守，仲間との協力や役割分担，責任感や義務感といった社会性を培い，それと同時に集団生活を送る術を学びます。子どもにとってギャング集団は，言わば小さな社会であり，子どもの社会化の過程や人格形成において非常に重要な意味をもつとみなされています。その一方で，ギャング集団は，大人の目が届かないため，時として反社会的行動を促進することもあります。

ところが近年では，生活環境の変化から，ギャング集団の形成が困難になってきているとの指摘があります（金城，2002）。その理由としては，時間的理由（塾や習いごとの時間の増加に伴う遊び時間の減少），空間的理由（都市化による遊び空間の減少），人的理由（少子化による遊び仲間の減少，テレビゲームの普及などによる遊びの形態の変化）が考えられます。こうしたギャング集団の体験不足は，対人関係を学ぶ機会の減少につながり，社会性の欠如や集団生活への不適応を引き起こす可能性があると懸念されています。

（渡邉大介）

Ⅲ-3　学校への適応

> **Episode**　学習性無力感——頑張ってもムダだから頑張らない？

　「これは，どうしても苦手。頑張ってもできる気がしない」というものはありませんか？「頑張っても，どうせスポーツはできない」「頑張っても，友だちと仲良くなれない」「頑張ってダイエットしても無駄だ」などです。

　子どもたちのなかにも，たとえば「算数は頑張って勉強したってダメ。できない」という子がいます。このような子は，「頑張って勉強しても，算数が全然わからない」という経験を重ねることで，「どうせ算数を勉強しても無駄だ」ということを身につけてしまっているのかもしれません。そのような場合，簡単な問題，できるはずの問題を見ても「どうせダメだから」とあきらめてしまうことがあります。これを学習性無力感と呼びます。「自分が行動しても，望む結果が得られない」という経験により，「どうせ行動しても無駄だ」ということを学習してしまうのです。

　学習性無力感について調べた実験を紹介しましょう。少しかわいそうな実験に思えるかもしれませんが，セリグマンとメイヤー（Seligman & Maier, 1967）は，犬に電気ショックを与える実験をしました。Ａグループの犬は，うまくボタンを押すと，その電気ショックから逃れられる状況に置かれました。でも，Ｂグループの犬は，何をしても電気ショックから逃れられないという状況にしばらく置かれました。その後，犬を別の装置に入れ，また電気ショックを与えました。でも，今度はどちらのグループの犬も，電気ショックから逃れることができるようにしておきました。犬たちは，ちゃんと電気ショックから逃れることができたでしょうか。実験の結果，Ａグループの犬は，逃れることができた回数が多かったのですが，Ｂグループの犬は，逃れることができた回数が少なく，逃れようとせずにあきらめてしまうことも多かったのです。

1 学校という場所

　子どもによっては，学校という場所は必ずしも適応しやすい場所ではありません。学校では勉強している時間がもっとも長いのですが，エピソードのところで挙げたように「勉強しても，どうせできない。無駄だ」と思っていると，授業時間は苦痛かもしれません。また，学校で守らなければならない規則になじめない子どももいます。最近は，家庭で欲求を抑制する機会が少ない子どもが多いとも言われています。そのような子どもは特に，小学校に入学して，いろいろな規則を守らなければならないことを理不尽に感じやすいと考えられます。そこでここでは，学校における適応に関連して，学習意欲と規範意識を取り上げます。

2 子どもの学習意欲

（1）内発的動機づけと外発的動機づけ

　好きな教科の勉強は嫌ではないかもしれませんが，嫌いな教科は，親や先生に言われて仕方なく勉強するという子どももいるでしょう。

　学習に自発的に取り組み，学習自体がおもしろいという場合，それを「内発的動機づけ」と呼びます。おもに他者からのプレッシャーによって学習に取り組み，学習自体ではなく他の何か（たとえば「先生にほめられる」）が目標である場合，それを「外発的動機づけ」と呼びます（桜井, 2004）。

　そして最近では，外発的動機づけのなかにも，「おもしろくはないけれど，自分にとって大事だから勉強する」のように，より内発的動機づけに近いものがあると考えられています（Ryan & Deci, 2000）。

（2）自己効力

　動機づけは，行動の結果をどのように予測するかによって変わってきます。うまくいくと予測するかどうかによって，自己効力，つまり「自分には，ある行動をうまくやり遂げることができる」という自信のようなものに違いが生じます（藤田, 2009）。自己効力が高いほうが，動機づけは高まりやすくなります。

　バンデューラとシャンク（Bandura & Schunk, 1981）の行った実験を紹介しましょう。算数が苦手で算数に興味もない児童に，引き算の補習を受けてもらう実験でした。児童40名を，次の4グループに割り当てました。

- 近い目標グループ：1日6ページを目標に学習する。

- 遠い目標グループ：7日で42ページを目標に学習する。
- 目標なしグループ：目標は立てずに学習する。
- 統制グループ：補習を受けない。

　補習を行う前と後に，この4グループの引き算テストの成績と，引き算に関する自己効力を調べました。すると，統制グループの児童は成績も自己効力もほとんど変わりませんでした。遠い目標グループと目標なしグループの児童は成績も自己効力も上がりましたが，近い目標グループの児童は，その2グループよりも上がりました。児童にとって，目標がわかりやすく，その日のうちに達成感を味わうことができたためだと考えられます。

(3) 原因帰属

　動機づけは，学習の成果をどう受け止めるかによっても変わってきます（田中，2007）。「能力があるから成功した」とか「勉強しなかったから失敗した」など，成功や失敗の原因を何かに帰属することを原因帰属と呼びます。

　ワイナー（Weiner, 1972）は，学業達成行動に関する原因帰属について，統制の位置と安定性の2次元を設定しました（表Ⅲ-3）。統制の位置とは，原因が自分のなかにあると考えるか（内的），自分以外にあると考えるか（外的）です。安定性とは，その原因が安定していて変化しにくいものと考えるか（安定），不安定で変わりやすいものと考えるか（不安定）です。たとえば能力は，自分のなかにあるもので簡単には変化しにくいもの，となります。

　成功した原因を努力に帰属すると（たとえば「テストで良い成績をとれたのは頑張って勉強したからだ」），次も頑張って勉強しようと思いやすくなります。失敗した原因を能力に帰属すると（たとえば「テストで悪い成績をとったのは，頭がよくないからだ」），頑張って勉強しようとは思いにくくなります。

(4) 学習性無力感

　エピソードに挙げた学習性無力感に戻りましょう。このような無力感に陥った

表Ⅲ-3　ワイナーによる原因帰属の要因
(Weiner, 1972より作成。)

統制の位置		安定性	
		安定	不安定
	内的	能力	努力
	外的	課題の困難度	運

子どもには，成功体験をもたせ，自己効力を高めることが必要だと考えられています。そのためには，課題の難しさを考慮する必要があります。また，失敗しても，「それは努力不足が原因だ」というように原因帰属の仕方を変えることによって，あきらめやすさが減る可能性もあります。

3 子どもの規範意識

（1）義務やきまりを守ることの大切さの発達的変化

　最近，子どもたちの規範意識が薄れていると指摘されることがあります。学校生活のなかでは，たとえば掃除当番や日直のような集団の義務を果たさなかったり，集団のきまりに従わなかったりする場合，「規範意識が低い」とみなされるのではないでしょうか。山岸（2007）は，個人の約束と集団の義務の両方がある場合にどうするか，その判断理由が学年とともにどう変化するかを調べています。その結果，小学校 6 年生より 4 年生のほうが，「当番をさぼってはいけないから」などのように集団の義務やきまりを判断の理由に挙げる傾向が強いという結果でした。では，6 年生は 4 年生より規範意識が低くなってしまうのでしょうか。しかし調査における 6 年生の回答を見ると，「掃除を終わらせてから行く」のように約束と集団の義務を調整し両立させようとする回答が多くなっていました。義務やきまりを守ることはもちろん重要なことですが，認知発達の観点では，義務やきまりに従順であれば規範意識が高いとは必ずしも言えないと考えられます。

（2）規範意識をもたせるために

　上の山岸（2007）の結果からもわかるように，規範意識を育成する上では，子どもの心や行動の実態を把握することが重要です。また，児童の場合は家庭でのしつけが中核となりますが，それを社会に生きる人間の生き方として深めていく役割が，学校にあると言えます（国立教育政策研究所，2008）。

　具体的には，たとえば，ディベートなどを行って社会規範について考えさせるという方法が考えられます（広島県教育委員会，2010）。または，規範への自我関与度を高めるという方法もあります（黒川，2010）。規範をつくるという段階で，子どもたちが意見を出し合って決めたりポスターや標語をつくったりすることで，規範に対する意識が変化すると考えられます。また，規範を守った場合の賞賛や，規範を守らなかった場合の罰は，自分が受けなくても効果があります（黒川，2010）。これはモデリング学習と呼ばれます。

（森田愛子）

Ⅲ-4　児童期の発達的つまずきとケア

> **Episode**　場面緘黙
>
> 　A子ちゃんは小学1年生の女の子です。A子ちゃんの家族は両親と祖父母，2つ下の弟の6人家族です。家でのA子ちゃんは弟と喧嘩をすることもありますが，しっかり者のお姉ちゃんらしく振る舞い，弟の面倒をよく見ています。お母さんは仕事で忙しく，食事の準備などの家事は，ふだんはおばあさんがやっています。おばあさんは気が強く，しつけに厳しいため，A子ちゃんも食事のマナーでよく注意されました。お母さんはそんなおばあさんに対して，自分の子育てを責められているように感じ，また日頃家事を任せている罪悪感もあり，肩身が狭い思いをしていました。
>
> 　保育所に通い始めたA子ちゃんは，預けられる際にお母さんから離れるのを嫌がり，よく泣いていました。お母さんは仕事の時間に遅れないように，心を鬼にしてA子ちゃんを先生に預ける毎日でした。保育所の先生からはA子ちゃんが「おとなしすぎる」と言われることがありました。A子ちゃんはトラブルは起こしませんが，自分からお友だちと関わることが少ないと言われていました。それでも休まずに保育所に通い，家では弟と楽しそうに遊ぶ様子に，お母さんはA子ちゃんが引っ込み思案な性格だから保育所に慣れるまで時間がかかるのだろうと思っていました。
>
> 　小学校に入学してしばらくたった時，担任の先生はA子ちゃんの極端な「おとなしさ」に違和感をもつようになりました。そして，先生の指示にうなずいたり，指示に従った行動はできていますが，一度も声を聞いたことがないことに気がつきました。みんなが先生の冗談に笑っていても，A子ちゃんの表情は硬いままです。それから担任の先生はA子ちゃんの様子を注意深く観察し，友だちに対しても言葉を発していないこと，けれども言葉の意味は理解できていることがわかりました。これは以前，別の先生から聞いたことのある場面緘黙の状態であることに思い至りました。

1 児童期の心理的問題

　保育所・幼稚園を終え，小学校に入学すると，子どもたちは学校という場を初めて体験することになります。学校は知識を学ぶ場，社会的なルールを身につける場であり，仲間関係を育む場でもあります。大勢の同級生のなかで自己主張をすることも身につけ，お互いの意見を尊重し合う必要もあります。自分の欲求を抑え，決められたルールに従うことも学校ではとても重要になってきます。これらを難なくスムーズにこなしていく子どももいますが，こうした学校という場からはみ出したり，決められたルールに従うことができない子どももいます。

　小学校低学年で学校に行き渋る子どものなかには，母親との分離不安が強い場合が見られます。分離不安とは，養育者（おもに母親）がそばにいないと不安になることで，通常3歳くらいまでに見られるものです。分離不安が強くなりすぎると，学校に登校する際，母親と一緒でないと登校できなかったり，母親から無理に引き離そうとすると泣き叫ぶということもあります。分離不安そのものは正常な発達のプロセスで生じるものですが，それが新たな環境に直面した時や何らかのストレスを体験した際に強くなるなど，環境の変化で活発化することがあります。学校という新たな場に入っていく際，子どもの不安が高まり，分離不安が再燃し，母親へのしがみつきや学校に行き渋るという形で現れると言えます。また一方で，親の側も学校で我が子がうまくやっていけるのか，友だちができるのかなど不安を抱きます。こうした親側の子どもに対する不安を，子どもが察知し，子どもの不安が高まるという場合も見られます。親にとっても自分の子どもの成長と学校を信頼し，心理的に分離できるかが試される時期と言えます。

　また，児童期に現れやすい問題に，場面緘黙が挙げられます。場面緘黙は選択性緘黙とも呼ばれ，正常な言語能力をもっているにもかかわらず，話すことが求められる社会的な場面で話すことができない状態を指します。たとえば，家ではおしゃべりなのに，家から一歩外に出ると完全に黙ってしまうなど，特定の場面で話すことができなくなるのが特徴です。場面緘黙の発症は保育所や幼稚園などの集団生活の開始から始まることが多く見られますが，家庭では問題なくしゃべっているために親が気づきにくく，また園や学校でも「おとなしい子」として迷惑がかかりにくいため問題視されにくいとも言われています。

　これらの子どもの問題の背景には心理的な要因，発達的な要因，学校や家族な

ど環境の要因などが考えられますが，実際には単一の要因ということは少なく，これらが複雑に重なり合っていると考えられます。エピソードに挙げたA子ちゃんの事例は場面緘黙の症状ですが，保育所や小学校という外の世界は，A子ちゃんにとって緊張を崩すことのできない不安な場として体験されているようです。児童期には安心できる家や親から離れ，学校という場で自分を表現することや，家庭とは別の新たな居場所をつくることが子どもにとって大きな課題と言えます。

2 発達障害

　学校生活で決められたルールを守ったり，友だちとの関係を形成することに困難さを示す子どもたちのなかには，何らかの発達の偏りが見られることがあります。私たちは誰でも，計算が苦手だけど足が速かったり，絵は得意だけど漢字を覚えるのは苦手など，得意なことと苦手なことがあります。これらの得意不得意の背景には，私たちのもつ様々な能力の発達のバランスが関係しています。そしてこの発達のバランスの偏りにより，本人や周囲に何らかの不都合が生じるような場合があり，このような状態を発達障害と呼びます。

　発達障害とは，知的発達全体の大きな障害はなくても，脳の高次機能がうまく働かないことで日常生活上に様々な問題が生じるものです。発達障害には，学習障害，注意欠陥/多動性障害，自閉症スペクトラム障害などが含まれます。

　学習障害（LD）とは，全般的な知的発達に遅れはありませんが，聞く，話す，読む，書く，計算する，推論するといった能力のいずれかの習得と使用に困難を示す障害です。たとえば，漢字を覚えられずに何でもひらがなで書く，計算はできるけれども文章問題などの応用問題になると解けなくなるといったケースが見られます。

　注意欠陥/多動性障害（ADHD）とは，不注意，衝動性，多動性を特徴とする行動の障害です。学校で起きやすい問題行動として，授業中にじっと座っていることができない，忘れ物が多い，何度注意されても同じ失敗をしてしまう，順番を待てないといったことがあります。ADHDは不注意優勢型，多動性・衝動性優勢型，混合型の3つのタイプに分けることができます。

　自閉症スペクトラム障害には，アスペルガー症候群，特定不能の広汎性発達障害などが含まれます。社会性の障害，コミュニケーションの障害，想像力の障害が特徴で，暗黙の了解が通じない，場の空気が読めない，予定の変更にパニック

になるなど，見通しがつかない状況が苦手，特定のものへの強いこだわりなどが見られます。

3 発達障害の二次障害

　これらの障害はそれぞれの特徴が重なり合っていたり，環境によって目立つ症状が異なっているため，障害の特定が困難な場合もあります。また，発達障害のある子どもは乳幼児期の心身の発達の一部に遅れが見られることはあっても，その子の個性として受け止められ，本人も家族も発達障害とは気がつかないまま大人になることもあります。そのため発達障害は，「障害らしくない障害」「見えにくい障害」（鳥居，2009）と言われています。

　しかし，見えにくい障害であることが，できなさを本人の努力不足と捉えられてしまったり，何度も同じ注意を受けることで，自信をなくしてしまうということにつながってしまいます。たとえば，学習障害の場合，他の能力に問題がないため，特定の教科だけが苦手なことは本人がさぼっているから，やる気がないからと周囲から受け止められることが少なくありません。また自閉症スペクトラム障害は，友人関係を築く上で重要な場の空気を読むことが苦手なため，人の嫌がることを言ってしまい，「変なやつ」「嫌なやつ」と思われ，仲間外れにされてしまったり，場にそぐわない言動で先生に注意されるということが起こりがちです。

　このような発達障害の特性に対して周囲の理解のない対応が続くことは，子どもの劣等感を強めたり，周囲に不信感を抱き反抗的な行動が生じるようになるなどの二次障害を生じさせます。齊藤（2009）は，発達障害のある子どもの多くに，社会不安障害とは呼べない程度の社会的回避や，軽度の強迫症状，うつ病とは言えない程度の落ち込み，軽度の反抗，行為障害とは言えない程度の反社会的行動化（親の財布からお金を抜く行動が1，2回あった程度）などの二次障害が存在すると述べています。そして発達障害の二次障害は子どもと環境との相互作用の結果として捉えています。

　こうした二次障害を予防するには，子どもの肯定的な側面に注目し伸ばすことが大切です。また，発達障害の子どもに関わる保護者や教員もまた子育てや教員としての能力に自信をなくしていることも少なくありません。子どもに関わる周囲の人がお互いにサポートし合いながら長期的，継続的な支援を行うことが大切になってきます。

〈上手由香〉

[第Ⅳ章]
思春期：子どもから大人へ

　思春期に体験した心と体，人間関係などの変化は，皆さんの記憶に鮮やかに残っていることでしょう。急に異性が気になり始める。自分がクラスメートにどう見られているか，気になって仕方がない。親の心配りがうっとうしく感じられ，乱暴に「ほっといて！」と言ってしまう。今までは居間で母親と過ごす方が心地よかったのに，自室に1人でいたいと思うなど。これらは，子どもの自分から大人の自分への移行に伴う非常に意味のある経験なのです。思春期は，心身の変化とともに，自己意識，親子関係，友人関係も質的に大きく変容し，不安定な時期です。悩みや心理的な失調も少なくありません。本章では，このような思春期の変容について考えてみましょう。

Ⅳ-1　思春期の心と体の変化

Episode　身体の変化

　Aちゃんは小学5年生です。ある日，お風呂から上がって着替えている時に，自分の胸に小さなしこりのようなものができていることに気がつきました。触ってみると少し痛みを感じます。「これ何だろう？」，急に不安な気持ちになりました。「もしかして病気なのかな？」と思い，お母さんに相談してみました。「私の胸に何かできたみたい」不安そうなAちゃんに，お母さんは優しく説明してくれました。これは病気ではないということ，子どもの体から大人の女性の体に変わっている証拠だということ。「もっと胸が膨らんできたら，その時は一緒にブラジャーを買いに行こうね」。

　お母さんの言葉にAちゃんは自分が病気でなかったことがわかり，ほっとしました。そういえば学校でもブラジャーをしている友だちがいることを思い出しました。Aちゃんは病気の不安はなくなりましたが，なんだか恥ずかしいような気持ちがします。

　それからというものAちゃんは，体育の時間の着替えが急に嫌な気持ちになりました。自分の身体を人に見られたくないような気がします。

　また，しばらくたった頃，学年の女子だけが集められて保健室の先生から，女性の月経や男性の精通について教わりました。そして男性と女性では身体のメカニズムが違うことを知りました。月経がどんなものなのかはまだピンと来ませんでしたが，自分の身体の変化は大人になる上で自然なことなんだということがわかりました。また，異性に対する恋愛感情についても教わりました。Aちゃんの周りの女の子は好きな人がいたり，バレンタインに男の子にチョコレートをあげたりしています。クラスで「付き合っている」カップルもいます。Aちゃんが好きな漫画でも主人公は恋をしています。Aちゃんは男の子が苦手で，話そうとすると緊張して言葉が出なくなってしまいます。でも自分もみんなと同じように早く好きな人をつくらないといけないのかなと不安な気持ちになりました。

1 子どもから大人の身体へ

　私たちの身体は一生の間で変化を重ねていきます。そのなかで子どもの身体から大人の身体へと大きく変化を遂げる時期があります。まず生後3歳までの間に身長が大きく伸び，その後ゆるやかに成長していきます。ここでの子どもの身体の成長はおもに体重の増加と身長の伸びに現れます。やがて小学校高学年頃から第二次性徴と呼ばれる急激な身体の変化が現れます。この時期になると性ホルモンの分泌により，男女それぞれが特徴ある体型に変化していきます。女性は胸が膨らみ，腰や臀部が丸みを帯びた体型に変化します。そして排卵が誘発され，月経が開始します。男性は筋肉のついた体つきになり，ひげが生え始めたり，声変わりが起こります。また陰茎や睾丸が発達し，精通が現れます。この第二次性徴が始まり，子どもから大人の身体に変化する時期を思春期と呼びます。

　しかしここでの身体の発育は個人差が大きく，同じ中学1年生でも背が低く小学生のように見えることもあれば，発育が早く，大人のような体つきに見える場合もあります。また私たちの身体の発育は，時代の情勢や食習慣などの文化の影響を受けて変化していきます。先進諸国など，都市部の子どもの間で第二次性徴の発現が早まっていることも指摘されており，これを発達加速現象と呼びます。

2 ジェンダー・アイデンティティ

　自分が男か女かどうかは幼児の段階で認知するようになりますが，自分自身の性的な関心や意識が統合されるのは思春期を含めて青年期の重要な課題です。ここで言う生物学的な性差をセックス，文化的・社会的に特徴づけられた性をジェンダーと呼びます。そして自分が男性・女性のどちらのジェンダーに属しているかという認知をジェンダー・アイデンティティ（性同一性）と呼びます。また，社会規範やステレオタイプに従って，男性らしさや女性らしさといった生物学的性別を社会のなかで表現する方を性役割と呼びます（クロガー，2005）。

　伊藤（2000）は性役割の発達過程に3つの側面があるとしました（図Ⅳ-1）。性役割の基盤となるのは，子どもを取り巻く外部の環境である「社会的要因」です。両親をはじめとする周囲の人々が子どもの性別に基づいた様々な期待や働きかけを行います。さらに3〜4歳の仲間集団で同性集団が急激に形成され，子どもたちが遊びを通して性役割を相互に強化し合います。テレビや絵本，マンガな

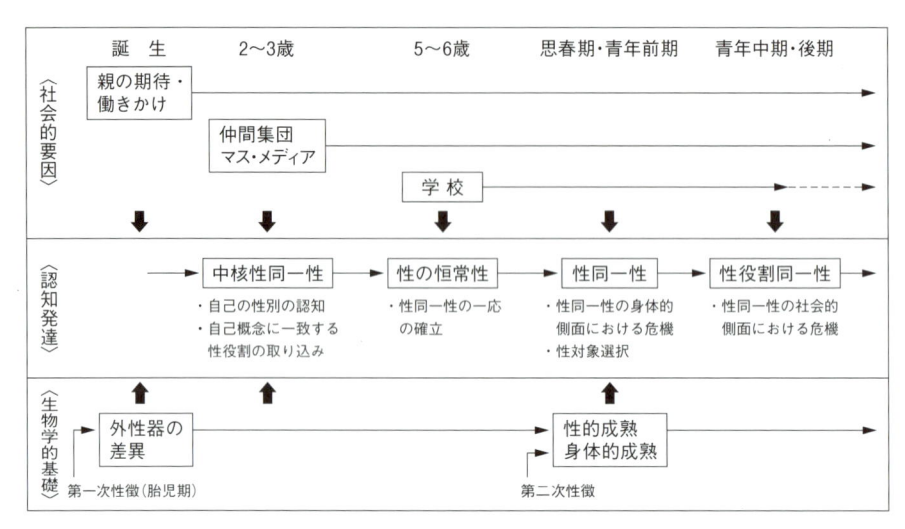

図Ⅳ-1　性役割の発達／性同一性の形成過程（伊藤，2000）

どのヒーローやヒロインを通じて，男性と女性の「あるべき姿」を提示することもここに含まれます。そして，第二次性徴に見られる性的成熟を含んだ生物学的基礎により，自己意識や異性意識が呼び覚まされ，認知発達のなかで，自己概念に一致した性役割の取り込みを行っていくとされています。

　思春期の女の子のなかには，自分のことを「ボク」と呼んだり，男性的な服装を好んで着用する子どももいます。ここには女性は女性らしく振る舞うというステレオタイプ的な性役割に対する抵抗感の現れや，性的な存在として見られることへの嫌悪感が隠されていることがあります。社会や親から影響を受けたステレオタイプ的な性役割観をそのまま取り入れるのではなく，自己との折り合いをつけ，また社会的にも認められるかたちに統合していくことが思春期の重要な課題となります。しかしなかには，身体は男性だけれど心理的には女性といったように，自分の生物学的性別とジェンダー・アイデンティティが合致しない場合があります。これは性同一性障害と呼ばれ，思春期の身体的成熟への嫌悪感や，同性への恋愛感情などで自覚される場合もあります。

3　外見へのこだわりと性へのめざめ

　自分の身体が大人へと変化していくことは思春期の子どもにとって様々な困惑

や戸惑いを生みます。胸の膨らみに恥ずかしさを感じたり，身体の変化が友だちと比べて「早い」のか「遅い」のかが気になるなど，周りと自分を比べて一喜一憂することもあります。

　上長（2007）による中学生を対象とした調査で，男子では早熟であると「感じている」者ほど身体満足度が高く，抑うつ傾向が低いという結果が得られました。一方女子は，「実際に」早熟な者ほど現在の体重を重いと感じており，身体満足度が低く，さらにこの身体満足度の低さが学校行事の時にみんなと一緒にお風呂に入らないなどの露出回避行動をとらせ，抑うつ傾向の高さと結びつくという結果が得られました。身体の発育の遅い早いで私たちが一喜一憂するのは，社会文化的な理想体型と関連しています。これまでの研究で，男性の理想的な体型は筋肉質で肩幅が広いものとされており，それがその人の強さや有能さといった男性らしさと結びついているという結果もあります。また現代社会では，女性は痩せている方が美しいとされる風潮があります。そのため，女子は思春期に丸みを帯びた体型へと変化しますが，この正常な身体発育は，痩身を美とする社会的価値観と相容れず，早熟の女子は身体満足度が低いと考えられます（上長，2007）。

　またこうした体型や容姿が気になることの背景には，思春期の性的な欲求の芽生えも関係しています。異性を見ると胸がドキドキしたり，顔が赤くなったり，自分のなかにそれまでになかった性的な衝動を感じ戸惑うこともあります。また，恋愛への関心が高まり，自分が異性から見て魅力的かどうかといったことが気になるようになります。一方，現代では子どもたちは性に対する情報をインターネットを通して容易に入手することができます。木原（2006）は現代の中・高校生への調査から，性経験の初交年齢が低年齢化していること，若い世代ほど性関係に至るまでの期間が短く，交際期間も短くなり，交際相手が短期間で変わっていくことを挙げています。そしてこのような若者の性行動の特徴を，無防備な性的ネットワークの発達と述べています。性に関する情報の氾濫や，若者の性行動をタブー視する意識が社会的にも低下したことは，恋愛関係での相手との関係の成熟を待つよりも，若者を安易な性行動に走らせることにもつながっています。

　一方，「草食系男子」という言葉が流行したように，恋愛関係に関心のない若者の増加が話題となりました。一部の若者が短期間に多数の恋愛を繰り返し，もう一方では全く異性と交際したことのない若者が大勢いるという，恋愛の二極化も指摘されています。

（上手由香）

Ⅳ-2 思春期の親子関係

> **Episode 反抗期**
>
> 　大学生に自分の思春期の親子関係を振り返ってレポートを書いてもらったところ，次のような記述が見られました。
>
> 　「小さい頃は私にとって親は絶対的に正しい存在で，自分のまちがいを正してくれる存在だったのに，中学生の時，すごく幻滅しました。『あ，この人も人間なんだな』って思ったことを思い出しました。」
>
> 　「私は高校の時に親に反抗的でした。何でも自分でできる，親から自立したいという思いが強く，心のなかで思っている事を素直に言えずに悩んでいる時期が多かった気がします。」
>
> 　この2人のレポートでは，思春期に入り，親に対してそれまでにはない幻滅を感じたり，親から自立したいという思いが反抗的な態度につながっています。
>
> 　「私が思春期の頃，2歳上の姉が荒れているのを見て，私は親に負担をかけないようにと，自分の思いを抱え込む性格になってしまいました。」
>
> 　「中学や高校の時には，親に反抗するよりもあまり迷惑をかけたくないと思っていました。やつあたりすることもあったけど，心の底では申し訳ないと感じていました。」
>
> 　「思春期と言えば反抗期だと思っていたけど，自分には反抗期がなく，どちらかというと人の目を気にしすぎて落ち込んでいました。」
>
> 　「私はあんまり反抗期はなかったと思います。でも思春期の悩みはたくさんありました。人にはわかってもらえないモヤモヤとかムシャクシャした気持ちがあったのを覚えています。」
>
> 　これらのレポートを見ると，思春期は親に対する反抗期と言われますが，実際に誰もが反抗的な態度を取るわけではないようです。親に反抗することに罪悪感をもったり，他のきょうだいとのバランスを見て，反抗しなかったりということもあるようです。そして何よりも自分自身に苛立ちを感じることが，思春期の心理の特徴と言えるのかもしれません。

第Ⅳ章　思春期：子どもから大人へ

1 親からの自立

　宮崎駿の映画『魔女の宅急便』（東映，1989）では13歳になった主人公の少女キキが故郷を離れ，魔女になるための修行の旅に出ます。キキは両親や慣れ親しんだ故郷から離れ，1人での生活を始めます。そこで新たな出会いや失敗や落ち込みを体験しながら，自分の力を発揮し，街の人に受け入れられていきます。また村上春樹の小説『海辺のカフカ』でも同じく主人公の少年は15歳の誕生日に家を出ます（村上，2002）。そこで父なるもの，母なるもの，そして自分という存在と向き合うテーマが展開します。これらの物語に見られるように，思春期は親からの心理的な分離の時期と言われています。そしてこの親との関係の変化が，自分自身の心の世界を形作ることに重要な意味をもちます。

　子どもの頃は親の価値観は絶対的なもので，いわば親の価値観にすっぽりとはまり込んだ状態です。その後の認知機能の発達や，家庭以外の場での世界の広がりにより，子どもは様々な価値観に触れます。こうして次第に親の価値観が絶対的なものではないことに気づいていきます。それまで疑うことのなかった親の価値観が絶対ではなくなり，親のなかの矛盾に目が向くようになります。思春期は自分の親が完全ではなかったことに気づき，1人の人間として立ち現れてくる時期とも言えます。しかし，このことはそれまで信じていた世界が崩れることでもあり，思春期の子どもにとっては心を激しく揺さぶられる体験となります。

　思春期の親子関係について，ブロス（Blos, 1962）は乳児期に続く第2の分離－個体化期とし，愛情対象としての両親の放棄を成し遂げなければならないとしています。また，マスターソン（Masterson, 1972）は思春期の親からの分離には，幼児期の母親からの分離に際して生じる見捨てられ不安とそれに伴う再結合のためのしがみつき，その失敗に対する抑うつが生じるとしています。このように親からの心理的な自立はスムーズに進むわけではなく，葛藤をはらみながら試みられると言えます。

　親からの自立の心理的プロセスとして，平石（2011）はスタインバーグ（Steinberg, 2008）の自律性（autonomy）の概念を紹介しています。スタインバーグは自律性を「情緒的自律性」，「行動的自律性」，「価値的自律性」の3種類に分類しています。情緒的自律性は，親への脱理想化（親も時々間違いをする人間であるとみなすこと），親を普通の人としてみなすこと（親が個別の人生をもつ普通の人々であると

93

いう認識），親への非依存（青年が親に依存することなしに自分自身で物事を行うこと），個体化（青年が親との関係のなかで自らを個別な存在であると感じられること）が含まれます。行動的自律性とは，自立した自己決定，意思決定をし，それに従った行動がとれる力をもっていることを指します。これは1人で決定できるということだけではなく，大人や仲間といった他者からの圧力にさらされても同調したり屈したりすることなく，意志をもって決定したり行動できるということも意味します。また価値的自律性とは，道徳的推論や道徳的行動，個人的信念，政治や宗教に関する考えや行動の発達を意味します（平石，2011）。

このように思春期には親や社会といった大人からそれまでに取り入れてきた価値観から離れ，自分自身の価値観の探求を行う時期と言われています。

2　第二反抗期

思春期の親からの心理的分離のプロセスのなかで，親や教師など周囲の大人や社会に対して，反発を抱いたり，反抗的な行動が現れることがあります。これを2，3歳頃の幼児期に自己主張の芽生えにより生じる第一反抗期に対して，第二反抗期と呼びます。しかし反抗の現れ方は様々で，親との激しいけんかを繰り返す場合もあれば，エピソードにあるように，あからさまな反抗的な態度としては現れない場合もあります。また思春期の子どもをもつ親にとっては，それまでの子どもらしい素直さがなくなったことで，我が子がまるで未知の存在になったように感じることもあります。親にとっても心理的な子離れの時期であり，親子がそれぞれ個と個としての新たな関係性を構築する時期を迎えます。

かつては，親からの情緒的離脱がなければ，自立を達成することはできないと考えられていました。しかし，近年の多くの調査から，青年が親との間に良好な関係を保ちながら適応的な自立をしていることが報告され，親からの分離の必要性を疑問視する考え方もあります（山田・宮下，2007）。エピソードにもあるように，大学生に反抗期を振り返ってもらうと，反抗期らしい反抗期はなかったという答えが少なくありません。

コールマンとヘンドリー（Coleman & Hendry, 1999）は青年期の若者が親から完全に分離してしまうのではなく，親子が意見を異にする問題がたくさんある一方，全体的には親子関係はむしろ肯定的であり，大多数の家庭では世代間で大きな対立が起こっているわけではないと述べています。そして，親子間の対立が

第Ⅳ章　思春期：子どもから大人へ

もっとも多くなるのは，両親の関係がよくない場合など，環境要因により家庭内にストレスがある場合とされています。

また酒井ら（2002）は中学生の親子間の信頼関係と学校での適応を調べています。その結果，子どもの学校適応に影響を与えているのは，親が子どもに抱く信頼感ではなく，子どもから親に抱く信頼感であるということがわかりました。さらに，親子が相互に信頼し合えている家庭の子どもは，学校での適応が比較的よく，反対に，親子間での相互の信頼が低い家庭の子どもは不適応な傾向にあることも示されました。これらのことから，親からの自立の過程において特に重要となるのは，思春期の子どもが親への幻滅を体験しながらも，親に対する信頼感をもち続けられることであったり，安定した家庭の基盤があることと考えられます。

3　現代社会と変わりゆく親子関係

一方，現代社会の親子関係の変化が，反抗期の消失や平穏化をもたらしているという意見もあります。滝川（2004）は，反抗期と称されるように，波乱と葛藤に満ちたこれまでの古典的な思春期像が一般的でなくなり，思春期の葛藤がより穏やかなかたちで経過するようになったと述べています。そして現代家庭では，強圧的な父親や子どもを顧みるいとまのない母親の姿が一般的でなくなったことから，養育者との対決的な反抗よりも，養育者との一体性からの離脱という色彩が強まったとしています。

また，思春期の母親世代である現代の中年期の女性のなかには，娘世代と同じような若々しいファッションに身を包み，自分の体型維持のためにダイエットに励む姿も少なくありません。こうした親側の変化が思春期の子どもとの対立を減少させているとも考えられます。上別府・山本（2008）は，反抗期の消失について親の世代が思春期へ退行していることを指摘しています。この場合，親の側から見て，子どもの言動が気になることも少なく，子どもたちの側からは，親の価値観に対して体当たりで異議を唱えるような必然性は少なくなります。したがって，思春期の子どもが親に対してどの程度反抗するかは，親の側の「思春期化」あるいは「思春期への退行」の程度によるところが大きいと述べられています。このように思春期の子どもの自立と葛藤には，親側の心理的成熟や子どもへの態度が大きく関係しており，その時代の社会情勢の影響も含まれてきます。

（上手由香）

Ⅳ-3　思春期の友人関係

𝓔𝓹𝓲𝓼𝓸𝓭𝓮　女子のグループの悩み

　梨木香歩の小説『西の魔女が死んだ』(梨木，1994) では，主人公の中学生まいは，クラスの女子の人間関係に悩み，学校に行けなくなってしまいます。学校を休んでいる間，まいは祖母の家でしばらく暮らすことになり，そのなかで「何事も自分で決める」ということを学んでいきます。自然豊かな祖母との生活でまいの心も次第に解きほぐされていきます。そんななか，まいは祖母に，次のような学校の友人関係の悩みを語ります。

　「女子の付き合いって，独特なんだよね」「クラスの最初にバタバタッて幾つかのグループができるんだ。休み時間に一緒にトイレに行ったり，好きなスターの話とかするんだけどさ」「その波に乗ったらそんなに大変じゃないんだよ。最初の気の合いそうな友達のグループに入るまでがすごく気をつかうけれど。去年まではわたし，すごくうまくやれたのよね。でも，何だか今年は，そういうのが嫌になったんだ」「グループになりたいなって思う子の視線を捉えてにっこりするとか，興味もない話題に一生懸命相づちを打つとか，行きたくもないトイレについて行くとか。そういうのが，何となくあさましく卑しく思えてきたんだ」「それで，今年はもう一切そういうのやらなかったんだ。そうしたら，去年まで仲が良かった子まで，ほかのグループに入っちゃって，結局一人になっちゃったんだ」「その子がわたしと話をしたいと思っても，そのグループの子が呼んだらすぐそっちに行かないといけないんだ。つまり，どっちを大事に思っているかという忠誠心がそこで問われるんだよね」。

　この言葉には，思春期の女子グループの苦労があらわれています。グループに所属し，そこでうまくやっていくことは平和な中学生活を送る上で死活問題です。それでいてグループの関係を維持することは難しく，内心では不満や不安が渦巻いています。グループでの行動に本当は不満をもちながらも，そこから抜け出す勇気はない，そんな中学時代を送った人も少なくないでしょう。

第Ⅳ章　思春期：子どもから大人へ

1　同性のグループの役割

　思春期は親からの心理的な自立が始まると同時に，友だちとの関係が重みを増していきます。小学校高学年の前思春期と呼ばれる時期には，ギャング集団やチャムシップと呼ばれる同性のグループでの関係が心の発達に重要な役割をもつようになります。たとえば男の子がグループでいたずらや万引きなどの反社会的な行動をしたり，また，女の子が友だちと同じ文房具をもちたがったり，交換日記を始めるなどの行動が見られます。この時期には同性のグループの結束力が高まり，グループのなかだけで通じるルールをつくったり，秘密を共有する，同じ遊びをするといった同質性を重視した関係が見られるようになります。そして，同性・同年輩のグループでの閉鎖的な関係が，大人から離れた子どもだけの世界をつくり上げます。サリヴァン（Sullivan, 1953）はこの時期に同性の友人との親密な関係（チャムシップ）をもつことの重要性を指摘し，親友の目を通して自分自身を見つめることが自己像の形成に重要であると述べています。

　酒井ら（2002）の調査では，中学生の親子関係と親友との信頼関係が学校での適応に及ぼす影響を検討しています。その結果，親子間に相互の信頼関係があまり形成されていない家庭の子どもであっても，親友との信頼関係の高さが学校での適応をよくするという結果が得られました。このように前思春期から思春期にかけて親密な友人関係が形成されることは，それまでの生育環境で不適応を感じていた子どもにとって，心理的な安定をもたらす可能性があると言えます。

　しかし，この時期に仲間集団から排除されることは子どもにとって，強い挫折感と孤独感をもたらすことにもなり，このことが不登校などその後の問題へとつながることもあります。そのため，仲間と認められるように過剰に周囲に気を配るなどの過剰適応に陥ったり，そのことで疲弊し，傷つきを体験することも少なくありません。また，大人への不満をもつ子どもがグループで集まることで，非行など反社会的な行動に走る危険性もあります。

2　仲間関係の変化

　前思春期は「みんなと一緒」が重要な仲間関係ですが，この同質性を重視した関係は次第に変化していきます。ブロスは思春期前半に生じる同性の仲間は，それまでの冒険の仲間であるギャング集団や秘密を共有するチャムシップとは異な

表Ⅳ-1　同調性尺度の項目 (石本ら，2009)

項　　　目
できるだけ友人と同じように行動したい
何をするにも皆と一緒だと安心する
仲間はずれになるのは絶対に嫌だ
流行遅れになるのは嫌だ
仲間はずれにされたくないので，話を合わせる
友人と同じことをしていないと不安だ
友人と意見が違うと自分の意見を変える
友人の考えよりも自分の考えに従って行動する
友人と話が合わないと不安だ
いつも自分の考えや意見をもっている

図Ⅳ-2　友人関係スタイルの分類 (石本ら，2009より一部抜粋。)

同調性が高く心理的距離が遠い：表面群
同調性が高く心理的距離が近い：密着群
同調性が低く心理的距離が遠い：孤立群
同調性が低く心理的距離が近い：尊重群

り，理想を共有したり，理想化し合うような友情の形成を求めると述べています（Blos, 1962）。また保坂（2010）は，思春期前半の互いの共通点や類似性を確かめ合い，仲間との一体感を確認し合う関係が，思春期後半になると，お互いの価値観や理想などを語り合う関係性へと変化し，お互いの違いを認め合える相互に自立した関係性へと変化していくと述べました。

石本ら（2009）は中学生と高校生の友人関係を比較しています。ここでは友人への同調性を表Ⅳ-1のような項目で調べ，同調性の高低と心理的距離の遠近で図Ⅳ-2に示した4つに友人関係スタイルを分類しています。その結果，中学生は密着的でいつも一緒にいるような友人関係が学校適応や心理的適応の維持に貢献しますが，高校生にとってはただ一緒にいるだけの関係ではなく，図Ⅳ-2の尊重群のような互いを認め合える友人の存在が必要であることがわかりました。また，友人との心理的距離が遠く同調性が高い表面群では，心理的適応がよくないという結果となりました。

髙坂（2010）は，「同性友人との関係において友だちから異質な存在としてみられることに対する不安」である被異質視不安と「同性友人との関係において自分とは異質な存在を拒否しようとする傾向」である異質拒否傾向の変化を研究しています。その結果，被異質視不安は中学生よりも大学生の方が低く，青年期を通して低下していくことがわかりました。

このように思春期前半に見られる友人関係への過剰なほどの没頭や同調は，思春期の後半になると友人との間に相互に自立した心理的距離の取り方ができるように変化していきます。

3 現代社会と友人関係の変化

　友人関係の重要性は時代を問わず思春期の重要なテーマであると言えますが，その関係性は時代とともに様相が異なってきます。現代の若者の特徴としてよく指摘されることに，友人関係の希薄化が挙げられます。土井（2008）は，現代の若者の友人関係を「優しい関係」とし，高度なコミュニケーション能力を駆使して絶妙な距離感覚を築き，互いに傷つく危険を回避するために，人間関係を儀礼的にあえて希薄な状態に保っていると述べました。

　また岡田（2007）は現代の若者を次の3つに分けて捉えています。
①群れ指向群（表面群）：この群は友だち関係ではあまり深刻にならず，楽しい関わりを求めることを中心としています。「遊び仲間」として友人を選び，社交的で周りの人ともうまく付き合えます。
②関係回避群：傷ついたり傷つけられることを恐れ，他者との関わりから引いてしまうタイプです。岡田はこの群を「ふれ合い恐怖」的な傾向が強いとし，自分自身に対する否定的な見方をするなど心理的に不安定な面をもつ反面，他人の目に映った自分の姿についての不安や，自分自身の内面的な不安をあまり感じていないというように，自分の状態を明確に自覚していない面があると述べています。
③個別関係群（伝統群）：友だちと深く関わり，自分自身に内省的になるなど，青年心理学がこれまで述べてきた青年像に合致する若者です。

　岡田は，これら3つのタイプの若者の存在から，すべての若者が人間関係が希薄で表面的な関わりをもつだけになってしまったわけではなく，現代の若者のイメージは，様々な若者のイメージが複合されたものであると述べています。

　また現代の思春期の友人関係を考える上で欠かせないものに，インターネットや携帯電話といった電子メディアがあります。内閣府（2011）の調査では，「自分専用の携帯電話」の所有が小学生では16.6％，中学生では42.8％となり，高校生では95.1％に及びました。これを見ると，高校入学と同時に携帯電話は必需品へと変わり，携帯を介した友人関係の構築も避けて通ることはできないと言えます。しかし，電子メディアは思春期の子どもにとって魅力的なツールであると同時に，ネット上での陰口など，新たな不安も生み出しています。

（上手由香）

Ⅳ-4　自己へのめざめと悩み

> **Episode　自意識の高まり**
>
> 　B君は中学2年生の男の子です。お母さんから見ると最近のB君は何だか様子が変です。朝の支度では，鏡の前で何分も髪のセットをしています。これまで服装には無頓着で，お母さんが買った服を素直に着ていましたが，最近はお母さんの選んだ服が気に入らないことが多いようです。「この色は嫌」など注文が多いため，お母さんは一緒に買い物に行こうと誘いますが，頑なに断ります。どうやら同級生にお母さんと一緒にいる姿を見られるのが嫌なようです。小学校の頃は，いつもお母さんについて回っていたのに，最近ではお母さんが話しかけても，「うるさい」と素っ気ない答えが多くなりました。
>
> 　Cさんは中学3年生の女の子です。小学校の頃から漫画を書くのが好きで，部活では美術部に入っています。最近では好きな漫画のキャラクターを登場させ，自分のオリジナルのストーリーをつくることもあります。小学校の頃は漫画家になるのが夢でしたが，美術部に入り，自分よりもずっと上手に書ける人たちがいることを知り，漫画家になるのはあきらめてしまいました。美術部の仲間とはゲームや漫画の好きなキャラクターの話で盛り上がりますが，クラスでそういう話題をすると「オタク」に見られてしまうので，話さないようにしています。
>
> 　Dさんは高校1年生の女の子です。ひょうきんな性格で，テレビのお笑い芸人の真似をしては，友だちを笑わせるのが得意です。同じグループには中学から進学した友だちと高校から新しくできた友だちが組み合わさっています。学校では明るいDさんですが，最近そんな自分に疲れることがあります。高校からできた友だちにちょっとした悩みを口にした時，「そんなふうに暗いのはDらしくないよ」と言われたこともひっかかりました。「私らしいって何だろう？　元気で明るいだけじゃないんだけどな」と思います。そう思うと，みんなの前で明るくふるまう自分が嘘の自分のように思えてきました。

1 自己への関心の高まり

　思春期は高度な認知機能や言語能力が発達する時期です。コールマンとヘンドリー（Coleman & Hendry, 1999）は，思春期は身体的，認知的，情緒的な成長に伴い自己概念が急激に発達すると述べています。自己概念とは，自分で自分の感情や態度，思考などをどのように認知しているかといった，自分自身に対する認知を意味します。児童期の自己概念が，自分は運動が得意，明るいなど一面的な捉え方だとすれば，思春期になると自分を異なる観点から捉える能力が発達してきます。クロガー（Kroger, 2000）は，この時期に，自分自身の関心，要求，態度，属性を自分の両親や重要な他者のそれと区別し始めることが最初になすべき課題であると述べました。

　このように思春期は，自分自身を様々な視点から捉え直し，自己像や価値観を形成していく時期です。エリクソン（Erikson, 1959）は，自分とは何者かという感覚をアイデンティティと呼び，青年期にはアイデンティティの確立が心理的な課題であると考えました。そして思春期の自己への関心の高まりはその後のアイデンティティ形成へとつながっていきます。

　自己への関心の高まりとともに，自己の内的な世界に向き合うなかで，思春期の子どもは現実の世界と空想の世界を行き来します。この時，マンガや小説の世界に心酔したり，絵を書くなど，自分のなかにある空想を表現する活動が活性化します。ブロス（Blos, 1962）は，思春期の空想が果たす役割として日記を取り上げ，日記を書くことが現実の人々とは分かち合えないイメージや出来事，感情を安心して告白することができ，自分の内的世界の自覚や統合に役立つとしました。

　最近では思春期の子どももインターネット上のブログや友人とのメールで自己の内的世界を表現することが多く見られます。しかし，これらの電子メディアを介しての表現は，相手の反応を気にしたり，内容の薄い文章が行き来するのみで，ゆっくりと自己の内面と向き合うものではなく，外側にばかり目が向いているようにも思われます。特に思春期の自己は不確かで，他者からどう見られるかといった他者視点に振り回されることが少なくありません。そのため，他者から見られることが前提のネットやメールの世界では，他者から求められる自分を演じることに終始してしまったり，周りから浮かないことにエネルギーを注ぎ，疲弊してしまいかねません。自分の内面と向き合う静けさや時間をどのように確保し

ていくかは，現代の思春期の課題とも考えられます。

2 過剰な自意識と低い自尊心

　思春期に入ると家族と出かけることを避けたり，人前に出ることを極端に恥ずかしがることがあります。これらの行動は人目を気にせず無邪気に過ごしていた児童期と，人からどう見られるかに敏感になる思春期との違いを表しています。

　思春期は自己への関心が高まる時期ですが，その結果人目を気にしすぎる，つまり自意識が過剰な状態にもなりやすい時期です。齊藤（2009）は，思春期前期には仲間関係への過剰な没頭をめぐって葛藤が生じることに対して，思春期後期は「自分さがし・自分づくり」が先鋭化する時期であり，自己への過敏性が特徴であると述べています。

　図Ⅳ-3は日本，アメリカ，中国，韓国の高校生の自分に対する意識を調査した結果です（日本青少年研究所，2011）。ここからは，他国に比べて日本の高校生の自己肯定感や自分への満足感が低いことがわかります。また図Ⅳ-4は小学生，中学生，高校生に対して自分の生活への満足度を調査した結果です（Benesse教育研究開発センター，2010）。これを見ると身近な人間関係への満足感にはほとんど変化が見られませんが，学校段階を上がるごとに「現在の自分の成績」や「自分の性格」への満足度が低くなっています。このように，思春期に入り自己への関心が高まりますが，それと同時に，学業成績などで自分の能力の限界に気づくなど，自分に対する自信を失いやすい時期とも考えられます。

3 自分のネガティブな面を引き受ける

　思春期には正反対の感情が同時に浮かぶ両極端な心理的特性が現れやすいのが特徴的です。たとえば母親に対して，甘えたい気持ちと離れたい気持ちが現れたり，友だちと一緒にいたいけど，1人になりたいと感じるなど極端な感情の間を揺れ動きます。親からすれば甘えてきたかと思えば，反発されるなど，周りを困惑させるような態度を取ることもあります。この矛盾した自分の側面に気づき，折り合いをつけていくことも思春期の重要な課題と言えます。

　また，自分を多様な観点から見ることができるようになり，自分のなかにある弱さ，ずるさ，汚さにも気づいていくことになります。こうありたいという理想と現実の自分とのギャップに悩むこともあります。

第Ⅳ章　思春期：子どもから大人へ

```
自分が優秀だと思う            4.3
                           58.3
                    25.7
                  10.3

私は自分に満足している         3.9
                    41.6
                   21.9
              14.9

自分を肯定的に評価するほう      6.2
                    41.2
                   38.0
               18.9

私は価値のある人間だと思う      7.5
                     57.2
                    42.2
                20.2
```

凡例：■日本　▨アメリカ　□中国　▨韓国

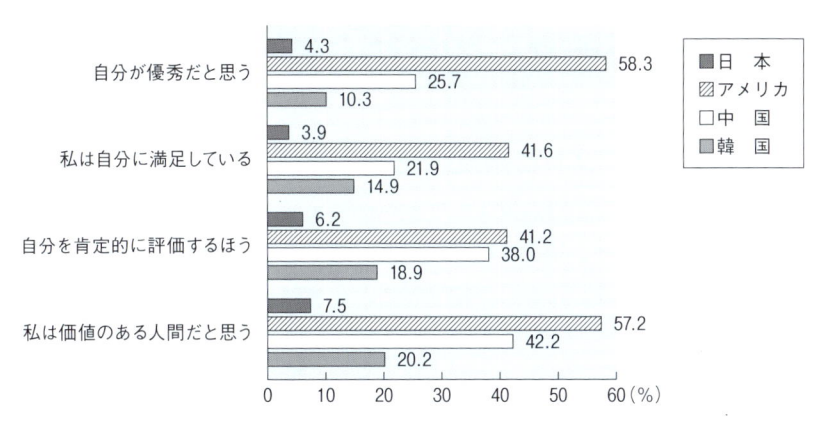

図Ⅳ-3　日本，アメリカ，中国，韓国の高校生の自己評価（日本青少年研究所，2011より作成。）
注：数値は「全くそうだ」の比率。

```
現在の自分の成績           59.2
                     28.3
                   19.1

自分の性格                54.8
                    40.7
                   33.4

家族との関係               83.9
                       74.8
                       74.4

友だちとの関係              84.6
                        81.0
                        82.4

学校の先生との関係           75.0
                      67.8
                      69.5

自分が通っている学校         80.5
                      69.8
                      69.5

自分が住んでいる地域         80.5
                       75.7
                       80.0

今の日本の社会             36.6
                    30.0
                    30.7
```

凡例：■小学生　□中学生　▨高校生

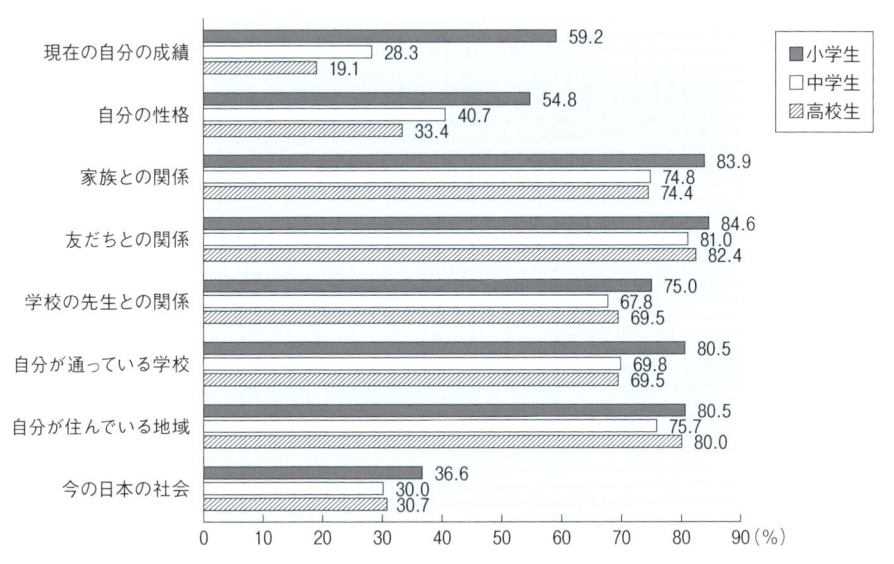

図Ⅳ-4　生活満足度（学校段階別）（Benesse 教育研究開発センター，2010より作成。）
注：数値は「とても満足している」「満足している」の比率。

　これまでは両親の言いつけを守る「いい子」であればよかった子どもの頃とは違い，思春期は自分のなかにあるネガティブな面も含めて，自分とは何者かを問うていく時期と言えます。

（上手由香）

Ⅳ-5　思春期ならではの心理的失調

𝓔pisode　ダイエットと摂食障害

　テレビや雑誌にインターネット，あらゆるメディアを通してダイエットの情報を目にします。現代では老若男女を問わずダイエットは大きな関心ごとになっています。しかし，痩せることを礼賛する文化のなかで生じる心の病気もあります。

　E子は高校1年生の女の子です。標準的な体型で，痩せてはいませんが，決して太ってもいませんでした。いつも一緒にいるグループの友だちはみなE子より痩せていて，そのなかでもF子は手足が長くスリムな体型で，まるで雑誌に登場するモデルのようです。彼女に比べると自分の顔は丸く，手足も太って見えます。「どうしてそんなに痩せているの？」とF子に聞くと，大学生の姉と一緒に毎日食事のカロリーを気にして，ダイエットをしていると言っていました。

　E子の母親は料理が得意で，いつも手づくりの手の込んだ料理をつくってくれます。E子は必ずそれを残さずに食べていましたが，母親に「今日からダイエットする」と宣言し，食事の量を減らし始めました。すると，少しずつ体重が減り，少し顔も細くなってきたようでうれしい気持ちになりました。そのうちに食事のたびに体重のことが気になり，1日に何回も体重計に乗るのが習慣になりました。

　ちょうどその頃，高校に入って初めてのテストが返ってきて，E子は自分の成績が中学の時よりもずっと悪いことに気がつきました。中学では優等生だったE子は自分の取り柄だった勉強で人に負けたことにショックを受けました。自分がだめな存在に思えてきます。それからE子はますますダイエットにのめり込むようになりました。体重は落ち，月経も止まってしまいました。身体は痩せているのに「太りたくない」という思いが頭から離れません。普段の食事は少ないままですが，時々やけ食いをしてしまいます。何かを食べた後は身体が張ったような感じがして気分が悪く，自分で嘔吐をするようになりました。

第Ⅳ章　思春期：子どもから大人へ

1　学校をめぐる問題

　思春期の急激な身体的変化や過剰な自意識は心理的な問題を生じさせることもあります。そのなかでも児童期から引き続く問題に不登校が挙げられます。小学校低学年の不登校の要因は分離不安を背景としたものが多く見られますが，小学校高学年から中学校・高校での不登校の要因はさらに複雑で多様なものとなります。保坂（2009）の小学校1年生から中学3年生までの欠席日数の調査によると，欠席10日以上の子どもは小1から小6にかけて減少した後，中1から増加しています。この時期の不登校の要因は，思春期に入り重みを増す友人関係が原因となることもあれば，幼児期から積み残してきた家族関係の問題が子どもの不登校として露呈することもあります。

　また今日では，学校に対する保護者側の価値観も変化し，学校に行けないことを問題視しない保護者も見られます。このような社会の変化に伴う不登校の質的な変容も見られます。齊藤（2006）は，学校がもはや子どもの学童期および思春期の成長過程を引き受ける唯一の器あるいはシステムとは言えなくなりつつあると述べています。今日では，不登校に対するサポートシステムは多様化し，適応指導教室やフリースクール，通信制教育など，学校以外の受け皿も増加しています。

　また，学校で生じる問題のなかにはいじめの問題があります。現代型のいじめの特徴として，いじめのターゲットが容易に入れ替わることが指摘されており，誰もが加害者にも被害者にもなる危険性が高いと言われています。そのため自分が次のターゲットになることを恐れ，いじめに加担してしまうという悪循環が生じてしまいます。さらに森田（2010）は，いじめをいじめ-いじめられの関係だけではなく，観衆や傍観者も含めた「関係性の病理」として捉えています。

　また現代型のいじめとして，インターネットを介してのいじめという新たな問題も生じています。内海（2010）の調査では，インターネットでのいじめ，いじめられ経験のある中学生はインターネット利用者の約3割にのぼっています。

　いじめそのものは思春期のみに発生するわけではありませんが，思春期のいじめは仲間集団から排斥されることが深刻さをもって体験されやすいと言えます。いじめが不登校やひきこもりの原因となることも少なくなく，最悪の場合は自殺に至るケースも見られます。また，成人後もいじめのPTSD（心的外傷後ストレ

ス障害）に苦しむケースも見られ，加害者がおもしろ半分でいじめている場合でも，被害者には深刻な心の傷が残ることも少なくありません。

2 痩せへの憧れと摂食障害

　思春期から青年期にかけては統合失調症などの精神病理の好発期と言われています。そのなかでも特に女性の発症が多いものに摂食障害があります。摂食障害には神経性無食欲症（Anorexia Nervosa）と神経性大食症（Bulimia Nervosa）が含まれます。神経性無食欲症は，痩せていても体重が増えることに対する強い恐怖をもち食べることを拒む制限型と，過食をしては自ら嘔吐したり下剤を乱用することで体重をコントロールしようとする排出型に分けられます。

　エピソードに述べたように，雑誌やテレビではダイエットの情報があふれ，現代では男性も女性もスリムな体型への憧れが強くあります。片岡・大川（2010）の研究では，女子中学生を対象に，実際のBMI（肥満度の指標）の数値と自分の体型の主観的な評価を調べたところ，BMIが標準の者でも58.3％が「太った体型」と認識し，さらにBMIでは痩せている者でも17.1％が太った体型と認識しているという結果が得られました。また，現在の体重を減量したいと望む者は70.1％であり，痩せた体型を肯定しているという結果が得られました（図Ⅳ-5）。摂食障害はこうした痩せている身体が美しく，肥満を嫌悪するという現代の社会風潮に影響を受けていると考えられています。

　摂食障害が注目され始めた時，その共通する特徴として下坂（1988）は「成熟

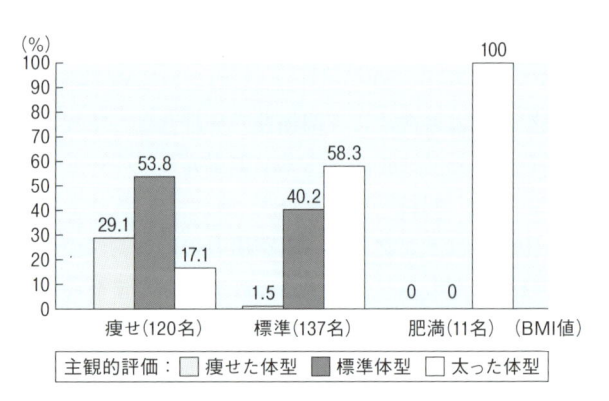

図Ⅳ-5　BMI区分別の主観的体型評価（片岡・大川，2010）

に対する嫌悪」を挙げました。そしてその内実は，"女性であること，女性になることに対する嫌悪・拒否"であり，あたかも幼児のごとくセックスを自覚せぬ存在でありたいとする自閉的な心構えであると述べました。しかし，その後の女性の社会的地位の向上や性を不潔視する傾向の減少により，現代の摂食障害について下坂（2001）は，成熟嫌悪から平凡恐怖へと推移したと指摘します。そして，かつての患者と対比し，現代の患者は痩せてなければかっこ悪い，可愛くないし嫌われると言い，仲間の評価を気にする過剰適応的な振る舞いを示していると述べています。

3 伝染する自傷行為

　摂食障害とならび思春期に現れやすい精神病理として自傷行為が挙げられます。自傷行為とは意識的，無意識的にかかわらず自らの身体を傷つける行為を指し，リストカットなどが含まれます。松本（2009）の調査では，中・高校生の1割に自傷行為の経験が認められています。自傷行為を繰り返す若者の背景には幼児期の被虐待体験など，過酷な生育環境があることが指摘されてきました。しかしウォルシュ（Walsh, 2005）は，90年代以降，生育背景に大きな問題のない自傷患者が増えているとし，これを「新世代の自傷」と呼んでいます。この一群は学業や職業上の適応は良好であり，心的外傷体験も家庭内の問題もなく，多くは何らかの実生活上の困難をきっかけに，仲間やメディアの影響から自傷を始めると述べられています。そしてこの一群の自傷行為は一過性の現象であるとしています。

　また自傷行為は，仲間やメディアによって「伝染」して引き起こされる可能性が指摘されています。リストカットが登場するマンガや，芸能人が過去のリストカットや摂食障害を告白することもめずらしくありません。松本（2009）は，インターネット上の自傷関連サイトの存在が，孤独感にさいなまれている自傷者に「あなたは1人ではない」という慰めを与える反面，自傷行為をしたいという欲求を刺激してしまう可能性を指摘しています。

　思春期は確固とした自我が成立しておらず，周囲の影響を容易に受けやすい時期です。そのため，このようなメディアや身近な友人の情報に容易に流されてしまう危険性が高いと言えます。

（上手由香）

Ⅳ-6　思春期の悩みへの援助

> **Episode** 教室以外の居場所
>
> 　G子は中学1年生です。中学受験で私立中学校に合格し，小学校で仲のよかった友だちと，離ればなれになってしまいました。G子の中学校は小学校から続く一貫校で，すでに系列の小学校から進学してきた人たちでグループができあがっていました。G子は，別の小学校から進学してきた人同士でグループをつくりましたが，まだ打ち解けられません。担任の先生は厳しい中年の男性で，G子は近寄り難い感じがありました。
>
> 　家に帰っても，母親からは勉強のことでうるさく言われ，気持ちが落ち込んでしまいます。厳しい中学受験を終えて一息つきたいところなのに，この先もまた勉強を続けるのかと思うと，気分が沈んでしまいます。
>
> 　そして，1学期の半ばには，とうとう学校に行くのが嫌になってきました。それでも頑張って登校し続けていると，授業中に頭痛がするようになってきました。体育の時間にも頭痛がするため，授業を抜け，G子は初めて保健室を訪れました。養護の先生は若い女性で，G子に優しく話しかけてくれました。頭痛の薬をもらい，しばらくベッドで横になっていると気持ちが落ち着いてきました。
>
> 　その日からG子は時々頭痛と称しては保健室を訪ねるようになりました。養護の先生は話しやすく，最近見たドラマの話や好きなアーティストの話をするようになりました。あまり長くいると早く教室に戻るように言われてしまうので，ほどほどのところで教室に帰るようにしています。
>
> 　そのうちに，G子は自分と同じように保健室の常連となっている生徒がいることに気づきました。1人でやってきては，薬をもらって帰っていく人もいれば，何人かでやってきておしゃべりをしていく人もいます。教室には入らずに保健室の近くにある相談室で勉強している人もいるそうです。また，週に1回スクールカウンセラーがやってきて，保健室にも顔を出しに来ます。G子は保健室を行き来する人を見ながら，自分と同じように学校に来たくない人もたくさんいるのかなと思いました。

1　言葉にならない気持ち

　思春期は自己への関心が高まる一方，自尊心は傷つきやすく，親からの心理的自立による葛藤を感じたり，仲間集団に同調することに気を使うなど，心理的には大きく揺れ動く時期です。子どもたちにとって悩みは尽きることはありませんが，思春期の最大の特徴と言えるのは，思春期のさなかには，こうした自己の内的世界そのものを言葉にすることが困難であることが挙げられます。菅（2006）は，思春期の終わりを，生物学的・生理学的な「生殖機能の完成」という定義に対して，心理的にはそれほど明確に定義することは難しく，「自分の内界を言葉で表現できるようになる時期」と述べています。つまり，思春期が過ぎ去って初めて，言葉で自己を表明できるようになると言えます。

　思春期の子どもが自己の内面を言葉にすることが困難なのは，それまでの「子どもの自分」とは異なる自分へと，新たに生まれ直す時期であるためかもしれません。幼児が外界の音を聞き取り，やがて言葉を覚え，発していくように，思春期は自己の内面に耳を澄ませ，個としての自己が発する言葉を探る時期と言えます。

　岩宮（2009）は，子どもが人に気持ちを伝えることができるようになるためには，身近に優れた聞き手がいる必要があると述べています。そして，揺れている自分を，揺れているままに見つめていてくれる人がいれば，その揺れのなかから何となく答えが見つかり，その時に初めて，自分がどう感じているのかを人に表現できるようになるプロセスが始まると述べています。しかし，思春期の子どもの心の揺れをそのままの形で見守ることは，容易なことではありません。特に何にでも効率化を求める現代社会では，そのような心の揺れは無視されやすく，勉強や習い事など，次々に訪れる現実的な課題をこなすことに注意が向きがちです。

　また，田中（2001）も同じく自己の内面にゆっくりと向き合うことの重要性を述べています。田中は，私たちの誰もが本来「自閉の世界」とでも呼べる自分ひとりの世界をもっているとし，個として守られた自分だけの世界があるため，私たちはそれを足場として，他者と健全な関係性の世界をつくっていくことができるとしています。そして，私たちは傷ついたとき，「ひとりの世界」にこもることによってエネルギーを補い，ふたたび関係性の世界に戻ってきますが，今の子どもたちには自分を守る「ひとりの世界」そのものが育っていないと述べています。不登校などで自室にひきこもることが，周囲から見ると何もしていないよう

に見えても，自分育ての時間でもあると指摘しています。

2 イメージの世界と現実世界

このように思春期の子どもがゆっくりと自己と向き合う時間をもてることが，他者と関わる自己の形成につながります。また，漫画や音楽など様々な形で表現される<u>イメージの世界</u>が，子どもの心の表現手段となることもあります。思春期の子どもとのカウンセリングでは，こうした様々なイメージを用いて，心の世界を表現していくことが少なくありません。また，好きなアイドルやゲームや漫画のキャラクターに自己が投影されている場合もあります。

しかしイメージの世界は自己の内的世界が表現されると同時に，現実の世界から遊離してしまう危険性もあります。また，電子メディアが高度に発達した現代では，電子メディアとのほどよい距離の取り方を学ぶことは，思春期を問わずすべての人に必要なことであるとも言えます。特にまだしっかりとした自己が確立していない思春期の子どもにとって，インターネットやゲームといったヴァーチャルなイメージの世界に没頭してしまう危険性は大人よりも高まります。

たいていの子どもはある程度の距離をもって，電子メディアを楽しむことができますが，現実生活での不満が高い子どもほど，ヴァーチャルな世界に埋没する危険性が高いように思われます。また，現実の仲間集団とうまく関われない発達障害の子どもが電子メディアの世界に没頭することもあります。現実では友だちがいなくても，インターネットをつなげば多数の仲間ができ，何とか孤独な現実をやり過ごしている姿を目にすることも少なくありません。カウンセリングに訪れる思春期の子どものなかで，インターネットに没頭している子どもの普段の生活を聞くと，家族も含めて現実の他者との対話がほとんどなされていないことがあります。そのため，現実世界の関係の希薄さや子どもの抱える孤独感や傷つきを見過ごさず，ヴァーチャルな世界がその子どもが現実世界で満たすことができない何かを満たしているという視点をもつことが，思春期の子どもの理解には役立つと思われます。

3 斜めの関係で子どもを支える

またすでに述べてきたように，思春期は様々な精神病理の好発期でもあります。心身の不調が心理的な原因による一過性のものなのか，あるいは統合失調症の初

期症状によるものなのか，その見極めが重要となってきます．また，発達障害の二次障害として問題が引き起こされている可能性もあり，医療機関や専門の相談機関の介入が求められる場合もあります．しかし，思春期の子どもは両極端な感情の間で揺れ動きやすく，そのせいもあってか，自分が悩みをもっていたり困ったことがあっても，それを誰かに相談したり，人に頼るということに抵抗を感じやすいのも特徴的です．専門家のもとに家族からむりやり連れて来られ，本人は堅く口を閉ざしたままということもあります．

田嶌（2009）は思春期心性に対しては，「相手は心理的援助を受けているとは思っていないし，こちらもそういう意識は希薄であり，しかしなんとなく支え，いつの間にか相談にのっているということもある」といった関わりが無難であると述べています．このような田嶌の「正面切らない相談」は，たとえば保健室の養護教諭がその役割を担っている部分が大きいでしょう．教室に入れないけれども，保健室には通えたという子どもがいたり，腹痛や頭痛などの身体症状を訴えながら，養護教諭にケアされることで，心理的にも満たされるものがある場合もあります．エピソードに示したG子も保健室が心の居場所となっています．

このような子どもとの関係は親‐子，担任‐生徒といった縦の関係ではなく，また友だち同士の横の関係とも違う，少し別の角度から関わることのできる斜めの関係と言えます．養護教諭を始め，担任以外の教員，学校の事務員，スクールカウンセラー，家庭教師なども子どもと斜めの関係で関わりやすい存在です．この斜めの関係であることが，子どもにとっては警戒心を解きやすく，また関わる大人の側も子どもに対してほどよい距離感を保ちやすいと言えます．主となる関わりをもつ家族や担任，クラスの友人とは異なる斜めの関係を構築できることは，思春期の子どもの心のセイフティネットの役割を果たすと考えられます．

また村瀬（2001）は自分自身の居場所を見失った人びとが立ち直るためには，単一の専門領域の知見や技法だけでは不十分であり，心理，医療，福祉の実践を統合しながら，さらに社会生活との接点を見いだしていく営みが不可欠であると述べています．思春期の子どもの発達を支えるには，このような広い視点をもちコミュニティの様々な資源を活用することも重要です．

（上手由香）

[第Ⅴ章]
青年期：自分との出会いと格闘

　思春期という不安定な「橋」をわたった後，多くの青年は一歩大人になった自分を体験します。大学受験を経験した人は，この関門をくぐり抜けた後，高校生時代とは異なる世界の広がりを見ることでしょう。青年後期は，「自分」を模索し，「自分」に向き合い，自立して社会に出ていける「自分」を確立する時期です。しかしながら，この「自分との出会い」と「確立」はなかなか容易なことではありません。青年期特有のつまずきも見られます。本章では，このような青年期の発達・臨床的問題について学びます。

V-1　アイデンティティの模索と確立

Episode　どんな「私」として生きていくのか

　就職活動や進学など，進路を意識した学生たちから，こんな相談を受けます。

　「『自己分析』やってみたんですけど，出てきた結果が本当に自分のしたいことなのか自信ないです。占いとかで決めてくれないですかね？」

　「やりたいことは見つけてるんです。でもあんまり大きくない会社で。親は，働くなら世間に名の通った会社がいいって言うんです。あんたなら入れるでしょ，って。やっぱり悩みますね。」

　「自立しなきゃって思うけど，正直言って，一人暮らしして，仕事とか生活とかやっていけるのか不安です。」

　進路がある程度決まっている専門学校にも，こう話す青年がいます。

　「お母さんもおばさんも看護師で，小さい頃から『看護師はいいわよ。一生手に職がつくし，あなたに向いてると思う』と言われて，今まで疑問に思わずにきました。でもこの前実習に行って気付きました。私，この仕事好きじゃない。私に合ってない。どうしよう，先生……。」

　このような悩みは，心理学の用語で「アイデンティティ」の問題だと言えます。

　アイデンティティ概念を広めた精神分析学者のエリクソン（Erikson, E.H.）自身の青年期も，「自分にはできないことや『やりたくないもの』もわかっていた。しかし，『何になるのかというイメージがなかった』」（フリードマン，2003）という迷いと探索の日々でした。

　エリクソンの場合，義父に育てられ，学校では異教徒扱いされ，地域からもよそ者扱いされた経験が，「自分は何者か」という問いを後押ししたように思われます。しかし学生の悩みを見ると，程度こそ違え，同様の心理状態が背景にあるようです。

第Ⅴ章　青年期：自分との出会いと格闘

1 アイデンティティとは

児童精神分析家であるエリクソンは，漸成発達理論（Epigenetic Scheme：「個体発達分化の図式」とも呼ばれる（図序-2参照））のなかで，人の生涯を8段階に分けて人格発達を理論化しました。その5段階目，青年期の心理社会的発達がアイデンティティの達成と拡散です。アイデンティティの統合を簡単に説明すると，自分がどのような生き方・役割・価値観で生きていくか定まっていくことです。拡散とは，人生を選び取ることができず，途方に暮れている状態です。

エリクソンは，アイデンティティが達成に向かう人がもつ「アイデンティティの感覚（a sense of identity）」について，「〈自分自身の内部の斉一性と連続性（心理学的な意味における自我）を維持する能力〉が〈他人にとってその人がもつ意味の斉一性と連続性〉と調和するという確信」（Erikson, 1959）と説明しています。ここで言う「自分自身の内部」は，主観的な感覚や主体的自己，自我のことを示し，「他人にとってその人がもつ意味」は，自分の役割や立場などについて他者からどのように認識されているかを示します。さらに斉一性（sameness）は「私は他の誰とも違う私であり，私は1人しか存在しない」ことを示し，連続性（continuity）は「今までの私も，現在の私も，将来の私もずっと私は私であり続ける」ことを示します（大野，2010）。つまり，エリクソンの言うアイデンティティの感覚とは，自分に対する認識について，他の人からも同様に思われているという確信や自信を示します。たとえば自分は作家だと考えるとき，作家として一目置かれる，読者からファンレターをもらうなどで自信が出てきます。

このアイデンティティの感覚について大野（1995, 2010）はより日常的な表現で，「自分が〜であることについての自覚，自信，誇り，責任感，使命感，生きがい感の総称」だと説明しています。アイデンティティの内容は人によって様々ですが，それに伴うアイデンティティの感覚は共通しているのです。

2 アイデンティティの模索と確立

では，アイデンティティをどのように確立するのでしょうか。
（1）危機：人生の分岐点
青年は，自分の意志で納得してアイデンティティを選び取り，人生がある方向に進んでいく（達成）か，あるいは，アイデンティティを選べずに，「自分のし

たいことがわからない」と途方に暮れる状態（拡散）に進んでいくか，という分岐点に立っていると言えます。エリクソンは人生における各段階で，ポジティブな方向とネガティブな方向のどちらに進むかという，このような分岐点のことを「危機（crisis）」と呼んでいます。

（2）自分の意志で決めること，結果を引き受けること

では，どうやって選ぶのでしょうか。大野（1995, 2010）はエリクソン（1959）にもとづき，アイデンティティ選択における意志決定について考察しています。

第1に，多くの選択肢のなかから1つを選び取るにはひとまず他を捨てる必要があり，主体的な意志が重要です。たとえば，内定をいくつももらっても就職できる会社は1つです。他の可能性を捨てる選択には勇気が必要です。しかし決断が怖いからと，他の誰か，たとえば親や先生などの言う通りにしたらどうなるでしょうか。もしもその後の人生で失敗や嫌な出来事があったら，その人を恨みたくなるかもしれません。しかしたとえ相手から謝罪の言葉をもらっても，自分の人生はすでに進んでしまっているのです。また大きな失敗がなかったとしても，中年期など後の人生で，「自分はこんな生き方がしたかったのだろうか？」という喪失感を覚える可能性もあります。自分の人生には，他の誰も責任を取ってくれません。ですから，怖くても自分で決めることが大切なのです。

第2に，最終的な選択結果に納得することが大切です。生き方に対する希望が通らない場合も多々あります。たとえば就職活動で志望の会社に入社できなかった場合を考えてみましょう。入社した他の会社で，「こんなところ来たくなかった」と仕事や人間関係に背を向けても，業務が滞り，上司からの評価は下がり，友好な人間関係も築けず……と，負のスパイラルに陥ってしまいます。しかしたとえば，「仕方なかった，よし腹をくくろう」と結果を引き受け，仕事にも人間関係にも前向きに取り組むことで，就職活動時には知らなかった会社の魅力に気づくかもしれません。このように，選択の結果を自分の人生として受容することが重要です。このことを大野（1995, 2010）はゲーテの言葉「諦念」を使って「限られた目的に献身しようと決意すること」と呼んでいます。

（3）アイデンティティ・ステイタス

では，アイデンティティの模索から達成・統合に向かう過程をどう捉えたらよいでしょうか。マーシャ（Marcia, J. E.）は，危機を経験する過程を類型化するアイデンティティ・ステイタス面接を提案しました（Marcia, 1966）。この面接では，

第Ⅴ章　青年期：自分との出会いと格闘

表Ⅴ-1　アイデンティティ・ステイタスの分類（大野，2010より作成。）

	危機	積極的関与	ステイタスの特徴	
達成・統合志向 （Achievement）	あり	あり	生き方，職業，価値観などを自分の意志で選択しており，その選択について自ら責任をもっている。青年ではごく少数。	
モラトリアム （Moratorium）	最中	あいまい	積極的に関与する対象を模索中でまだ不明確だが，関与の対象を選択・決定することに積極的に関与している。	
フォークロージャー （Foreclosure）	なし	あり	親や年長者などの価値観を，吟味せず無批判に受け入れている。自分の価値観を揺さぶられる状況では，いたずらに防衛的になったり混乱したりする。融通が利かない，権威主義的，自分がフォークロージャーであることに無自覚という特徴をもつ。	
拡散 （Diffusion）	危機前	なし	人生の選択に関する悩みを考える前。積極的に関与することを放棄。	自分の人生について責任をもった主体的な選択ができず途方にくれている。
	危機後	なし	人生の選択について悩み考えた後，積極的な関与ができなくなった。	

「危機」の有無と「積極的関与（commitment）」の有無が判定されます。ここで言う危機とは，青年が生き方や価値観，職業などの領域について模索や試行錯誤する時期のことです。また積極的関与とは，その人が，それらの領域を自分にとって重要なものと捉え真剣に取り組んでいるかを示します。危機と積極的関与の2軸により，達成・統合志向，モラトリアム，フォークロージャー，拡散の4つに，アイデンティティ・ステイタスが分類されます。たとえば，本気でやっている音楽を仕事とするか，趣味と割り切り別の職を探すか悩む青年は，モラトリアムだと言えます。分類の基準と各ステイタスの特徴は表Ⅴ-1に示してあります。

なおこれらのステイタスは固定的ではありません。モラトリアムから達成・統合志向へ，あるいはフォークロージャーであったのが青年期の気づきにより一時的に拡散に陥り，最終的に達成・統合志向へ進むなど，様々なパターンで（西平，1990），本人の成長に伴い変化していきます。このようにエリクソンの理論によれば，青年期のアイデンティティ形成は達成・統合へと収束していきます。しかし，中年期になって危機が再燃するという研究もあります（岡本，2002）。この中年期の危機の問題については，第Ⅶ章で取り上げます。

（茂垣まどか）

V-2　青年期の時間的展望

Episode　未来や過去の私を思い描く

　将来の夢について，ある学生は次のように話していました。
　「海外の人と交流するのが好きなんで，将来は海外の文化に触れられる仕事がしたいんです。独学ですけど，語学の勉強もしてるし，（大学2年の）今，少しずつどんな仕事があるか調べていってるところです。そういえば，子どもの頃に教会に通っていて，他の国の子と仲よくなったんですよ。で，おいしい向こうのご飯とか食べさせてもらったり。頑張れない時は，それを思い出して頑張りますね。」
　「弁護士になりたいんで司法試験を受けます。ダブルスクールもしてます。親戚に弁護士してる人がいて，小さい頃から憧れていました。試験はめちゃくちゃ厳しいですけど，冤罪の人を助ける自分を想像すると，気持ちがあがりますね。」
　このように，将来を思い描くことで，現在の自分が奮い立つことがあります。また過去の記憶になぐさめられ元気づけられることもあります。
　一方，このように話す青年もいます。
　「将来……今をなんとなく過ごしてるんで，なかなか思い描けませんね。」

　将来に対する希望や感情も様々です。
　「今，就職厳しいですよね。でもそれなりに努力していれば，何とかなるんじゃないかなと思うんです。厳しいけど，挑戦するって感じでちょっとワクワクしますね。就職活動の本や雑誌を読んで情報収集してます。」
　「就職って言っても，リストラとかあるし，どうなるかわからないじゃないですか。下手に夢をもつと，なんかしっぺ返し食らうって思います。だから，それで何か努力しようって気にもならないですね，正直。まぁしょうがないから就職活動はしますけど，一応は。」
　このように，過去や未来などの時間をどのように捉えているか，ということと，現在の私たちの生き方には関わりがあります。

第Ⅴ章　青年期：自分との出会いと格闘

1 時間的展望とは

　レヴィン（Lewin, K.）は「ある一定の時点における個人の心理学的過去および未来についての見解の総体」を時間的展望（time perspective）と呼びました（Lewin, 1951）。「ある一定の時点」とは，私たちが体験している「今現在」のことです。そして「心理学的過去および未来」とは，私たちが主観的に思い出す過去や，思い描く未来のことです。物理的には，時間は常に前（未来側）に流れており，現在の物理法則では，現在から過去に戻るということはSFの世界のお話です。そのように客観的には「現在」を生き続けている私たちですが，主観的には，ある時点での個人，つまり私たちの過去や未来をどのように捉えるかということが，現在の私たちに影響を与え得るのです。たとえばある受験生が，翌年に希望の学校に通いたいという期待や，合格の喜びを想像することで，今現在勉強を続ける力が湧いてくることがあります。

　白井（1997）によれば，この時間的展望はいくつかの側面に分けることができます。どれだけ遠い未来や過去を想定するか（広がり：extension），将来の想定が具体的で建設的なものか（現実性：reality）などからなる側面と，過去や現在や未来に対する感情が肯定的か否定的かという時間的態度（time attitude）や，過去・現在・未来のどれが自分にとって重要かという時間的指向性（time orientation），さらに時間の流れを速く感じるか遅く感じるかという時間知覚（time perspective）などです。

2 青年期の時間的展望

　発達に伴って時間的展望は変化します。たとえば，幼い頃は明日や来週などの短い期間しか思い描くことができません。それが青年期になると，半年後や来年，さらにより遠い将来のことをイメージすることができるようになります。また将来のことについて，単なる空想や願望だけではなく，より現実的，具体的に考えることができるようになり，「来年には就職活動で忙しくなるから，今のうちに単位を取っておこう」などと計画を立てることができるようになります。

3 自我発達概念から見た時間的展望

（1）アイデンティティと時間的展望

アイデンティティ概念を示したエリクソンもまた，自我発達的観点から時間的展望について説明しています。生涯全体の人格発達に関する漸成発達理論では，青年期の心理社会的危機は「アイデンティティ達成」対「拡散」ですが，そのアイデンティティ形成において，「今までの私も，現在の私も，将来の私もずっと私は私であり続ける」という連続性（continuity）は重要な構成要素です。つまり現在の自分が過去の自分をどのように捉え，受け入れるか，また将来どのような自分になると想像し，願うか，といった一貫した「私は私である」という実感が，社会のなかでの自分の役割や価値観を選ぶ上で大切なのです。

（2）「基本的信頼感」対「不信感」と「時間的展望」対「時間的展望の拡散」

漸成発達理論の第1段階，乳児期の心理社会的危機は，「基本的信頼感」対「不信感」です（Erikson, 1959）。基本的信頼感とは，母親的人物との，世話などを通した愛情のやり取りのなかで育まれる感覚で，自分の周囲の人間は自分を愛していて見捨てないと信じられることであり，かつ，自分は愛されるだけの価値があると信じられることを意味します。この基本的信頼感は生涯にわたって自分のなかに存在する人格の基礎となり，青年期には時間的展望という形で現れます。基本的信頼感が将来展望にも反映されるので，アイデンティティの可能性を試し選択しようとする際に，基本的信頼感が強いとポジティブで明るい将来展望をもつことができるし，不信感が強いと明るい未来だと思えないことになります。

ところで，エリクソンの漸成発達理論において，各段階の心理社会的危機は相互に関連しており，青年期の時間的展望の拡散はアイデンティティ拡散の1つの現れです。つまり，自分が何者としてどのように生きていけばよいのか，どんなアイデンティティの選択をすればよいかわからずに途方にくれる状況では，具体的で見通しのよい将来展望をもつことができないばかりでなく，時間の主観的な体験にも混乱をきたすのです。西平（1990）は，時間的展望の拡散について，青年の事例や伝記資料を用いて具体的に説明しています。

第1の特徴は，時間感覚の歪みとしての「のんきとあせりの交替」です。生徒や学生であれば，夏休みの宿題や入試の準備，レポート提出などについて，また若い女性であれば，結婚問題について，「まだ早い早いと1日延ばしに延ばして

おき，ある時期になると手のひらを返したように，もう遅い，なんとか一時しのぎの形式だけととのえよう」（西平，1990）と焦る状態です。これはエリクソン（1959）の言う「日々の暮らしにおける非常に強い切迫感と，それとは逆の，時間への配慮の喪失」に当てはまります。

　この心理状態の根底には，自信のなさや不安があります（西平，1990）。つまり，準備を始め，問題に立ち向かうと自分の能力が明らかになってしまう，それには自信がない，不安だ，という気持ちがあるために，先延ばしにし，そのことで時間が進んでしまい焦る，という悪循環が生じています。

　また時間的展望の拡散は，「毎朝決まった時間に起きられない」という形でも見られます。たとえば，学校に行く平日はなかなか起きられないのに，遊びに行く休日には自然と目が覚めて，気持ちよく起きられることがあります。もしもアイデンティティが達成の方向に向かわず，生きる方向が見出せずに，毎日つまらなく充実できずに過ごしていれば，「今日は〜をしよう」「今日の予定は〜だ」という意欲がわかずになかなか起きられない，という様相を示すと言えます。これが強く現れると，「ただ1日寝て過ごしてしまった。今日も明日もやることがない。だるい」という状況にまでなることがあります。

　さらに，時間的展望の拡散は「成熟と遅熟」（西平，1990）という形で現れます。過ごした年月や自分の実際的な年齢が進むにもかかわらず，自分の成長が停まってしまったように感じられるかと思うと，またある時には，あっという間に成長し，老いてしまったと感じるようにもなるのです。楽しい時間はあっという間に過ぎ去り，退屈な，あるいは苦痛を伴う時間は長く感じるといったように，通常の状態でも実際の時間の進み方と主観的に経験される時間は異なることがありますが（白井，2001），アイデンティティ拡散状態にある青年の時間経験の歪みはかなり極端なものなのです。

　ところで，エリクソンは，おもに青年期の臨床例をもとに時間的展望の拡散概念を説明していますが，ごく普通の青年にも，一時的にこの状況が当てはまることがあるとしています。アイデンティティを模索するうちに陥った拡散は，一見病的な状態に見えるかもしれません。しかし，それはアイデンティティ形成における，一時的な「どうしてよいか途方に暮れている状態」である可能性もある，ということです。上記のように，青年の時間的展望が拡散している場合，アイデンティティ拡散の問題として捉えてみる必要があるかもしれません。（茂垣まどか）

V-3 社会に出るための模索

> ### 𝓔pisode　何をして生きていくか，社会でどんな役割を担うか
>
> 就職したい職種の決め方について，ある学生からこんな話を聞きました。
> 「稼いで何か自分で自分のものを買ってみたくて，アルバイトを始めました。でも，社会を見てみたいっていうのもあったんですよ。」
> そして彼女は，ある飲食店でアルバイトを始めます。
> 「はじめは厨房担当でした。なんとなく，自分にはつくる仕事が向いてるかなと思ってたんで。でもある時人が足りなくて，ホール（接客）に出ることになったんです。はじめはすごく緊張したけど，お客さんからありがとうって言われたり，ちゃんと注文を間違えずにこなしたりするのがすごくおもしろいなって思うようになりました。実際にやってみたら自分に合ってると思ったんです。」
> 人と直接接触する仕事に魅力を感じた彼女は，最終的に，ホテル業界に就職しました。彼女はこう話します。
> 「いろいろ頭で考えていても，意外と仕事の裏側とかわからないです。実際に仕事をやってみて実感できました。」
> このようなことを，心理学の用語では役割実験と言います。
>
> しかし，次のような青年もいます。
> 「親のすねかじりです。あと，工場とかでアルバイトしたこともありました。単純作業だし，あまり人と話さなくていいから気分が楽ですしね。小学校からいじめられてて，人は基本的に怖いです。警戒するっていうか。それに話すのが苦手なんです。中学から学校にあんまり行かなくなっちゃって，なんとか専門学校までは出たんですけど，就職活動して面接で落ちちゃって心が折れました。もう無理っていうか……。」
>
> ここでは，進路の模索や就職について見ていきます。

1　キャリア発達

　職業や家庭や地域活動などで，生涯を通して様々な役割を引き受け経験していくことを，キャリア（career）と呼びます。

　小学校に入る前の子どもたちに将来の夢を尋ねると，「消防士さん！」「お花屋さん！」さらにはTVやマンガのヒーロー・ヒロインになりたいなど，様々な答えが返ってきます。彼らは成長につれて，その夢が現実にはかなわないことを知ってがっかりするかもしれませんし，実際の役割を知ることで，より現実味や具体性をもってその道を目指すかもしれません。キャリア心理学者のスーパー（Super, D. E.）は，キャリアが形成され生涯にわたって発展・変化していく様子についてキャリア発達（career development）の理論を提唱しました（Super, 1957）。

　スーパーによれば，キャリア発達には年齢に応じた成長段階があり，青年期に当たる探索期（15～24歳）は，実際に役割についてみて，その役割の表面には出てこない裏方的な部分も含めて，自分の興味や能力と合うか試したり，その仕事に就くために，勉強するなどの努力をする時期です。

2　役割実験

　エリクソンは，青年期を心理社会的モラトリアムの時期，つまり社会に出る前の猶予期間だと捉え，「この期間に個人は，自由な役割実験を通して，社会のある特定の場所に適所を見つける」（Erikson, 1959）と説明しています。役割実験（role experience）とは，たとえば職業など，様々な社会的な役割を体験し試みることで，自分自身がそれに親和的か否か，価値観や好みなどと照らし合わせることです。エリクソンによれば，私たちは幼少期に，親やその他の重要な相手と同一化（identification）します。同一化とは，相手の癖や性格，考え方，価値観などを無意識的に取り入れることですが，役割実験では，それらの同一化から一度離れて，様々な別の価値観や生き方などを試みるのです。そのことで，それまでの生き方や価値観を横に置いておき，自由かつ主体的に，どのような自分としてどのような社会で生きるのか決定するための，試行錯誤をすることになります。たとえば，ボランティアやアルバイト，インターンシップなどに参加して実際の仕事を体験したり，留学先で，それまで経験していたのとは別の世界（文化や価値観）を実体験するなかで，自分の価値観や生き方について考え，検討します。

これは実験でありいつでも中止可能です。

3 青年の役割実験として働く経験の例

どのようなことが，青年の役割実験として働いているのでしょうか。

インターンシップでは，大学生や高校生が大学や高校に在籍したままで，企業が行う職業体験に参加します。一方職場体験の多くは，学校の近隣の職場（商店や病院など）に中学生が派遣され，実際の職場で数日働くものです。また講義形式で学んだ知識や技術を，学校や病院，福祉施設など，その資格に応じた現場などで実践する，実習という科目があります。このように，ある一定期間の就業体験をすることで，働くことや現場を理解する機会となります。アルバイトも，実際の仕事に触れる経験の場であり，さらに賃金という形で労働の対価を得る経験でもあります。ある調査では，大学生の63.7％がアルバイトをしています（Benesse教育研究開発センター，2009）。高校生のアルバイト経験がフリーターへの親和性を高めて，フリーター予備軍をつくる可能性があるという懸念もありますが（日本労働研究機構，2000），「働いた分だけ給料をもらう」という労働社会の基本的なことがらを肌で感じるよい機会とも言えます。他の体験として，ボランティア活動や，サークル活動などでの役付きなどが挙げられます。

これらは役割実験として働き，役割を試すことで，自分の価値観との相性に気づくよい機会になると考えられます。ある大学生への調査では，ボランティア経験者のうち4割から5割が，また大学入学後にインターンシップを体験した大学生のうち7割の人が，「その経験は自分に影響した」と答えています（京都大学・電通育英会，2008）。また，アルバイト経験のある9割の大学生が，アルバイトを，人間関係や仕事，社会について学び，自分自身の価値観が変化する場として捉えている，という報告もあります（小平・西田，2004）。

さらに自分の仕事によって誰かが喜ぶ経験により，相手が喜ぶことで自分がうれしくなり，自然と自発的に相手に何かをしてあげたくなる，またその行動をするようになる，という相互性（Erikson, 1950；大野，2000，2010）の発達が促されることもあり得ます。

4 就職しない？　できない？

しかし近年，定職に就かない青年についても社会問題となっています。

若年無業者とは，15～34歳の非労働力人口のうち，家事も通学も就職活動もしていない者です（厚生労働省，2009）。2010年現在，フリーターは183万人，若年無業者は約60万人（同年齢人口の約2％）となっています（内閣府，2011）。

（1）フリーター

　15歳～34歳の青年の最終学校卒業から1年間の状況を見ると，2009年現在在学中でない大学卒の14％，高校卒の29％が正社員でない職に就いており，うち半数以上が将来の正規雇用を希望しています（厚生労働省，2010）。また20歳から39歳の男女にフリーターになった理由を調査したところ，「正社員になれなかった」（男性21％，女性17％），「失業してなんとなく」（男性16％，女性15％），「病気や怪我」（男性12％，女性18％），「自分に合う仕事を見つける」（男性30％，女性22％），「夢をかなえる」（男性18％，女性10％），「正社員として働く自信がない」（男性12％，女性15％）などでした（安田生命生活福祉研究所，2006）。これらのデータから，本人の意志で一時的に正規職に就かない場合や，明確な理由がない場合，また望んでも正規職に就けないなど，様々であることが示されました。

（2）若年無業者

　就職活動をしない理由を，心理的問題の側面から見ていきます。

　若年無業者の職業的自立を支援する「地域若者サポートステーション」の利用者への調査（厚生労働省，2007）では，彼らの8割が働きたいと考えるものの，「人に話すのが不得意」「面接で質問に答える（ことが苦手）」などの回答が6割を超えました。学校でいじめられたことのある人やひきこもりを経験した人も半数いました。さらに新入社員と比較して，「将来に希望がもてない」「仕事はおもしろいものではない」「対人関係が苦手」とより強く考えていました。また三好（2011）の研究で，「社会のなかでの自分について，『私は_____』の空欄を埋めてください」と若年無業者に尋ねたところ，その自己定義は，「無職」以外に，「いわゆるニート，あまやかされて育てられた，暗い人，やる気のない人，友人のいない人」「もうダメ，役に立たない，何もしていない，値打ちがない，いつもひとり」「社会でいらない」など，全体的に否定的でした。

　こうした対人関係への不安や自信のなさが，社会での役割をもとうとしない状態を促進しているのかもしれません。

（茂垣まどか）

V-4　青年期の発達的つまずきとケア

> **Episode　青年期のひきこもり**
>
> 　Aさんは23歳の男性です。子どもの頃からおとなしい性格で，友だちとの関係はどちらかというと受身的でした。中学時代に一度いじめのターゲットになったことがあり，学校に行けなくなった時期がありました。父親はいじめられたらやり返せと言い，Aさんを心が弱いと叱責しました。
>
> 　Aさんは高校時代はいじめられないよう，とにかく影を潜め，おとなしく過ごすことに徹していました。学業成績はよく，高校でも上位の成績でしたが，自分が何に興味があるのかわからず，大学は父親が勧める遠方の国立大学への進学を選びました。
>
> 　大学生活では一人暮らしを始め，少ない数ですが友人もでき，いくつかのアルバイトも経験しました。しかし，大学に通うことに意欲がもてず，授業は休みがちになりました。結局，4年間で卒業単位を満たすことができず，留年してしまいました。父親は留年したAさんを厳しく叱り，あと1年だけの学生生活という条件で留年を認めることにしました。しかし，その後も無気力状態が続き，このままではいけないと思いながらも，下宿先にこもる日々が続きました。Aさんが外出するのは食事の買い出しにコンビニに行くなど必要最低限に限られるようになりました。下宿にこもっている間は，インターネットや音楽を聴きながら過ごす日々が続き，次第に昼夜逆転の生活となっていきました。
>
> 　電話をかけても出ないので心配した母親が下宿先を訪れ様子を尋ねました。Aさんは「このままではだめだと思ってる。でもどうしていいのかわからない。大学を卒業しても何がしたいのかわからない。自分は生きていても何の役にも立たない」と言います。母親はAさんに「そんなことはない。今は調子が悪いだけ。またそのうちやる気が出てくる」と励ましましたが，Aさんはうつむいたまま返事をしません。大学で何かトラブルがあったのかと尋ねても，Aさんは「何もない」としか答えません。母親はなぜAさんが大学に通えないのかがわからず途方に暮れました。

1　青年期の延長と発達的危機

　大学生との会話ではよく「大人になりたくない」「大人って大変そう」という言葉が聞かれます。ここで言う「大人になる」とは，就職し働くことをイメージしての言葉と言えますが，現代の青年たちは大人になり，社会的な責任をもつことに漠然とした不安を抱き，いつまでも青年期でありたいと望んでいるように感じられます。また文部科学省（2011）の調査では，18歳人口における大学・短大への進学率は59.4％に達し，年々上昇が見られます。さらに大学院への進学者の増加や，厳しい就職状況による就職留年など，若者が社会に出る時期は後ろにずれこみ，社会的にも青年期は延長していると言えます。

　このような青年期の発達的危機は，自分が大人になることに伴う発達段階特有のつまずきと，精神病理的な問題に大きく分けることができます。前者はアイデンティティの危機と捉えることができ，身体的な成熟は完了していても，社会的な立場が定まらないという，ある意味では青年期の心理的発達の過程で避け難い発達的危機と言えるでしょう。

　後者の青年期に生じやすい精神病理としては，統合失調症や対人恐怖症が挙げられます。統合失調症の症状は幻覚・妄想などを含む陽性症状と意欲低下や感情の平板化などが含まれる陰性症状に分けられます。対人恐怖症は，神経症の1つで，他者のいる場面で異常に緊張してしまうのが特徴です。鍋田（2007）はかつての対人恐怖症の訴えであった，「赤面が困る」「表情が変で困る」「視線がつらい」という訴えに変わり，最近では「何となく緊張する」「人といると，どうしていいかわからない」などの悩みが増え，漠然とした対人不安とその場から逃れようとする傾向が強いと述べています。そして，この対人関係への漠然とした不安は，対人場面からの退却であるひきこもりへとつながることもあります。

2　ひきこもりとその背景

　対人場面から退却し，社会との接触を避け，自宅にひきこもる青年が大勢いることが指摘されています。内閣府（2010）の調査では，15〜39歳の若者のうち趣味の用事の時にだけ外出するひきこもり親和群も含めると，ひきこもりは推定69.6万人に及ぶとされています。図Ⅴ-1は，対人関係における不安を，ひきこもり群，ひきこもり親和群と一般群で比較した結果です。これを見ると，ひきこ

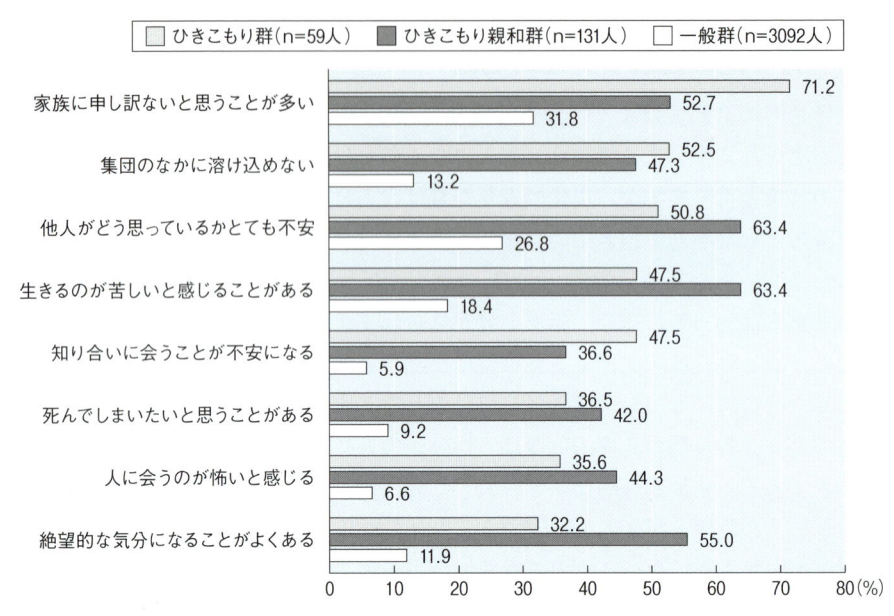

図Ⅴ-1　ひきこもり群・ひきこもり親和群・一般群の不安要素　(内閣府，2010より作成。)

不安要素	ひきこもり群(n=59人)	ひきこもり親和群(n=131人)	一般群(n=3092人)
家族に申し訳ないと思うことが多い	71.2	52.7	31.8
集団のなかに溶け込めない	52.5	47.3	13.2
他人がどう思っているかとても不安	50.8	63.4	26.8
生きるのが苦しいと感じることがある	47.5	63.4	18.4
知り合いに会うことが不安になる	47.5	36.6	5.9
死んでしまいたいと思うことがある	36.5	42.0	9.2
人に会うのが怖いと感じる	35.6	44.3	6.6
絶望的な気分になることがよくある	32.2	55.0	11.9

もり群，ひきこもり親和群が家族に対する罪悪感を抱えながら生活していること，対人関係に対する強い不安があることがわかります。

　また厚生労働省が行った調査では，ひきこもりを精神医学的観点から表Ⅴ-2のような3群に分けることができるとしています（齊藤，2010）。ひきこもりの背景には，精神病理や発達障害といった精神医学的問題が生じている場合もあり，それぞれの特徴に応じた支援が必要となります。一方，有吉（2011）は就労支援施設を訪れる若者のうちひきこもり経験をもつ者に調査をしたところ，半数近くの若者が精神疾患の罹患歴はなく，また発達障害ではないという結果でした。この結果を見てみると，ひきこもりの背景には就職活動でのつまずきや学校でのいじめの体験，貧困なども含まれており，個人の問題だけでなく社会的な問題も含めて様々な困難が重なりひきこもりに至ると考えられます。

　ひきこもりの支援はその背景や時期に応じて，医学，教育だけでなく，家庭訪問や居場所づくり，就労支援など，多面的な支援が必要となります。厚生労働省は2009年度より，ひきこもりへの支援として「ひきこもり対策推進事業」を創設し，各地域に相談窓口として「ひきこもり地域支援センター」を開設しました。

表Ⅴ-2　ひきこもりの3分類と支援のストラテジー（齊藤，2010より作成。）

	主診断	支　援
第1群	統合失調症，気分障害，不安障害などを主診断とするひきこもり	薬物療法などの生物学的治療が不可欠ないしはその有効性が期待されるもので，精神療法的アプローチや福祉的な生活・就労支援などの心理社会的支援も同時に実施される。
第2群	広汎性発達障害や知的障害などの発達障害	発達特性に応じた精神療法的アプローチや生活・就労支援が中心となるもので，薬物療法は発達障害自体を対象とする場合と，二次障害を対象として行われる場合がある。
第3群	パーソナリティ障害（ないしその傾向）や身体表現性障害，同一性の問題など	精神療法的アプローチや生活・就労支援が中心となるもので，薬物療法は付加的に行われる場合がある。

ここを窓口とし，医療機関，教育機関，家族会などの地域のネットワークを構築し，家庭訪問を中心としたアウトリーチ型の支援が目指されています。

3　自己との対話としてのひきこもり

　芹沢（2011）は，ひきこもりを「存在論的ひきこもり」という観点から論じています。芹沢は，他者の比較・評価のまなざしに介在される社会的自己と，「いま・ここに・自分が自分として・存在している」という感覚にもとづく存在論的自己を区別しています。そしてひきこもりが生じるプロセスとして，社会的自己の傷つきに対して，存在論的自己が自己の連続性，同一性をそれ以上の損傷から守ろうとして，その環境を逃れ，連続性が保てそうに思える新たな環境（多くは両親，家族のいる場であり，そこにおける安心を保障された自室）へと移動しようとすると述べました。そして存在論的自己がしっかりとひきこもることが社会的自己の再起へとつながるとしています。

　また田中（2001）は，ひきこもりという現象を，その人の社会との関係をめぐる問題であり，その底流に「対話する関係」の喪失，つまり人と人との関係性の原点における障害があるのではないかと捉えています。田中の述べる「対話する関係」とは，お互いに察したり語り合いながら，ズレることも体験し，傷ついたり傷つけられたりしながら，それを修復し，互いにより深く理解し合う相互的な関係を指しています。そしてひきこもりが生じるのは単に子どもだけの問題ではなく，個々の家族の生き方そのものをめぐる問題であり，ひきこもりの支援が家族の再生へとつながる可能性を示唆しています。

（上手由香）

［第VI章］
成人初期：人生本番への関門

　成人初期，学校を卒業して社会人となったこの時期には，これから大人として人生を生きていくための重要な選択がたくさんあり，新たな世界が次々と展開していきます。就職し本格的に職業生活に関与すること，配偶者選択・結婚と家庭を築くこと，多くの人は親としての人生を歩み始めること，などです。これらは，人生本番への関門と言っても過言ではありません。それぞれが心を発達させ，人生を豊かにする営みであると同時に，苦労や悩みを伴う体験でもあります。本章では，成人初期における人生本番への関門の光と影について考えていきましょう。

Ⅵ-1 仕事に就くこと・仕事のやりがい

Episode 人生のやりがいを見つけること

　ある30歳代の小児科医の話です。彼は医者になるきっかけを次のように話しています。

　「中学や高校の頃から，人助けのようなことがやりたかったんです，漠然と。それで，高校で進路選択するときに医者になろうって思って。浪人して医学部に入りました。」

　彼は医師免許取得後，望んで小児科医の少ない地域の病院で働いています。忙しさをねぎらうと，このように答えました。

　「忙しくて，寝る暇あまりなくて，給料安くて困っちゃう（笑）。でも，子どもたちの『先生，治してくれてありがとう』って言葉や笑顔がまぶしくてね。ほら，こんな手紙をくれるんです。」

　見せてもらったのは，「〇〇せんせい　ぼくは　げんきです　びょうきを　なおしてくれて　ありがとう」という似顔絵つきの手紙でした。彼は充実し，やりたいことを仕事で成し遂げている自信に満ちていました。

　一方，仕事をしながら別の夢を追いかける人もいます。たとえば，『双頭の悪魔』(1992)で著名で，韓国や中国でも作品が出版されている推理小説作家，有栖川有栖さんは，小学校の頃から小説を書き始め，ずっと作家になりたいと考えていましたが，大学卒業後は一度書店に勤めています。仕事をしつつ執筆し，デビュー後もしばらく兼業作家として数年活動したのち，35歳の時に専業作家になるという経歴をもっています。兼業作家時代をふり返り，「二足のわらじっていうのはやってみるとおもしろかった」と語っています。しかし作家としての収入が安定すると「独立したい」と考えて実行したわけです。

　作家や俳優など，また最近ではお笑いの世界でも，このような別の仕事をしつつ夢を追いかける話は少なくありません。

　これらについて，アイデンティティや世代継承性の発達の問題として考えてみましょう。

第Ⅵ章　成人初期：人生本番への関門

1　仕事に何を求めるか

　仕事をする上で何を大切と思うか25歳から35歳の有職者に尋ねた調査（Benesse教育研究開発センター，2006）によれば（表Ⅵ-1），個性を生かすことや，経済や人間関係の充実に関連する項目が多く選ばれています。また既婚女性の30％以上が，育児と仕事の両立が大切だと回答しています。このように，職業にどのような価値を見出すかということを職業的価値と言います。収入の多さや社会的地位といった一般通念的な職業的価値もありますが，人生において何が大切かという個々人の価値観には個人差があります。たとえば，現場の仕事にやりがいを見出す警察官のなかには，昇進試験を受けて社会的地位や給与が上がることよりも，現場に携わることを重視する人もいます。

表Ⅵ-1　仕事をする上で重視すること（Benesse 教育研究開発センター，2006）
(％)

	男性 未婚	男性 既婚	女性 未婚	女性 既婚
自分のやりたい仕事である	**46.3**	**45.0**	**40.8**	**39.6**
給料が高い	**38.7**	**47.0**	**31.5**	28.9
職場の雰囲気がよい	29.4	**30.1**	**54.9**	**41.0**
自分の個性や能力が生かせる	**41.5**	**39.8**	26.6	27.1
長期間安定して働ける	20.8	21.4	22.1	21.2
休みが多い	20.4	20.8	21.0	14.3
自分のやりたいこと（趣味など）と両立できる	18.0	14.8	18.2	13.2
仕事を通して資格や技術が身につけられる	16.2	14.6	15.0	5.9
地理的条件がよい	11.1	7.8	18.9	17.6
人や社会の役に立つ	11.1	14.6	6.7	4.0
育児と両立できる	0.3	5.8	4.1	**39.9**
好きな時間に働ける	4.5	3.1	9.4	15.4
資格を生かせる	4.9	4.9	7.1	10.3
人と接する機会が多い	3.9	3.5	4.5	5.1
将来独立して事業ができる	4.6	4.3	2.4	1.1
働く会社に将来性がある	3.7	4.9	3.2	0.0
人や社会から尊敬される	2.2	3.9	0.6	1.1
国際的に働ける	1.9	1.4	0.9	0.7
働く会社の知名度が高い	1.2	1.7	1.1	0.4
その他	0.4	0.4	0.9	0.0

注：「その他」を含む全20項目より3つまで選択。全体での回答率の高い順。筆者が30％以上の数値を太字にした。

2 仕事のやりがい

(1) 何にやりがいを感じるか

　先述の調査（Benesse 教育研究開発センター，2006）では，54.3%の有職者が仕事にやりがいを感じると答えています。では何がやりがいを感じさせるのでしょうか。20歳代から30歳代対象の調査（野村総合研究所，2010）では，やりがいを感じるのは，「報酬の高い仕事」29.0%，「自分だけにしかできない仕事」22.0%，「新しいスキルやノウハウが身につく仕事」21.8%という回答が多く見られました。またお金以外の報酬で重視しているのは，「仕事自体のおもしろさや刺激」44.5%，「同僚や後輩から信頼されたり感謝されたりすること」35.0%，「顧客から感謝されること」34.2%，「上司から高い評価や承認が得られること」26.6%が上位に挙がりました。つまり，金銭的な報酬以外では，自分らしさの表現や自己成長，人間関係の豊かさが仕事のやりがいにつながることが示されました。

(2) アイデンティティの側面から仕事のやりがいを考える

　このような現象を自我発達の観点からどう説明できるでしょうか。生涯人格発達の理論である漸成発達理論のなかで，青年期の心理社会的危機は「アイデンティティ達成」対「アイデンティティ拡散」です（Erikson, 1959）。青年は，どんな役割でどんな価値観でどう生きるのか，という模索をして，ある方向を選び取ります（青年期におけるアイデンティティ達成）。アイデンティティ達成の実感には，斉一性（sameness：私は他の誰とも違う私であり，私は1人しか存在しない）と連続性（continuity：今までの私も，現在の私も，将来の私もずっと私は私であり続ける）が鍵となります。また，ひとりよがりに「自分は〜だ！」と唱えるだけではだめで，自分が選び取ろうとする「私」（社会的役割や職業，価値観など）が他の人にもそう思われている実感が必要です。たとえば，人真似をするオリジナリティのない作曲家は，作曲家としての自分に自信がもてないでしょうし，「私は作家だ」と言うだけで何も書かない人は，作家として誰からも評価されず，自信をもつこともできないわけです。

　先程示した調査結果にも，アイデンティティの概念から解釈できる内容が含まれています。「自分だけにしかできない仕事」にやりがいを感じるとの回答は，他の誰とも違う私の実感や，その会社や社会における存在意義の実感を示すと解釈できます。また仕事自体のおもしろさがやりがいにつながるというのも，自分

のアイデンティティに沿う仕事を選べていることを示します。さらに「上司からの評価」や「同僚や後輩からの信頼や感謝」は，他者から自分の役割を認められることを示します。先の職業的価値に関する調査でも，同様の解釈が可能です。青年期にアイデンティティの選択として一定の職業を決めても，それを実践し，本当の自信が得られるのは成人初期，成人期に入ってからです。たとえば，新米の教師は授業の仕方や生徒からの信頼などに自信がもてませんが，経験を積み，授業も板につき，生徒たちから信頼されている実感を得て初めて自信が出てくるのです。仕事に就くことは，そういったアイデンティティの実践でもあると言えます。

　しかし，アイデンティティが必ず職業と一致するとは限りません。たとえば社会的地位や収入が高いなど，傍から見て成功している人でも，本当に生きたい生き方と合っていないために満足できない場合があります。エリクソンは，これを「アイデンティティなき成功」（Erikson, 1959）と呼んでいます。

　一方，生活を支えるために職業に就き，別のアイデンティティを追い求めようとする人もいます。たとえば，エピソードに挙げた推理小説作家の有栖川有栖さんは会社勤めをしつつ執筆活動を続け，働きながらデビューし数年後に独立しました。「十一歳から二十九歳まで作家になりたかった」「作家になりたいって言う前にもう書いていた」「専業作家となるきっかけとなった会社の移転がなくても独立したかった」などの発言（作劇塾，2008a, 2008b, 2008c）から，会社勤めの頃も，専業作家として出発したのちも，彼のアイデンティティは「会社員」ではなく「作家」だったのではないかと推察できます。彼の場合は，結果的に職業とアイデンティティが一致することになりましたが，このように，生活のための職業をもちながら，別のアイデンティティを求める道もあると考えられます。

（3）次の世代に役立つ喜び

　仕事を通して人の役に立つ喜びもあります。漸成発達理論の第7段階，成人期の危機は，「世代継承性（generativity）」対「自己陶酔」です（Erikson, 1950）。これは文字通り子孫を生み育てることとして現れますが，次世代に残すものをつくりあげることも意味しています。たとえば，芸術家や作家が自分の作品に対して「これは私のライフワークです」と言うことや，職人や学者が弟子を育てて技や学説を次世代に伝えようとすることは，世代継承性の現れです。たとえば，献身的に部下を育て，その部下が成長することも仕事の生きがいとなり得ます。このように，仕事の生きがいも人格発達に伴い変化していく可能性があります。（茂垣まどか）

Ⅵ-2　配偶者選択と結婚生活への移行

Episode　交錯する結婚への期待と不安

　A子さん（28歳）には婚約者B夫さん（31歳）がいます。交際して5年になるA子さんは，待ち望んでいた彼からのプロポーズを受けて，大変感激しました。2カ月後には挙式が予定されており，その日に向けて着々と準備が進んでいます。20代のうちに結婚したいという願いも叶い，当初は幸せいっぱいだったようです。

　一見すると順風満帆なA子さんですが，現在の心のうちは複雑だと言います。結婚に向けた準備をしていくなかで，B夫さんが仕事の忙しさを理由に，何事もA子さん任せになっていることに不満を抱き，またそうした非協力的で受け身的な態度が，結婚後の生活での2人のあり方を物語っているのではないかというのです。

　さらに，出産後も現在の仕事をずっと続けていたいA子さんに対し，B夫さんが快く思っていないことも一因としてあるようです。A子さんは自分の就労について，その時が来ればどうにかなるだろうと考える半面，もしB夫さんから理解が得られずに働き続けたとしたら，仕事と家庭の両立で大変なことになるのではないかと心配しています。

　A子さんは，婚約するまでは，B夫さんと子どもの出産や結婚後の役割分担などについて真剣に話し合ったことがなかったと言います。挙式の準備に追われ，まるでエスカレーターに乗っているかのように，刻一刻と時間が過ぎ去っていくなかで，A子さんの結婚生活への不安は募るばかりです。最近では，この結婚を白紙に戻すべきではないかとさえ考え始めているようです。ここでは，結婚をめぐる独身者の動向や意思決定を規定する要因に注目していきたいと思います。

第Ⅵ章　成人初期：人生本番への関門

1　晩婚化と未婚化をめぐる動向

　我が国の平均初婚年齢の推移を見ると，男女ともに年々上昇していることがわかります。2010年では男性が30.5歳，女性が28.8歳となっています。大きな流れとしては，やはり晩婚化にあると言えます（図Ⅵ-1）。ただ，"結婚適齢期"という言葉をあまり耳にすることがなくなったように，平均年齢としては上昇してはいるものの，分散化する傾向も指摘されます。

　晩婚化の高まりから，若い年齢層で独身者が増えていることが推測されますが，実際に20代後半（25～29歳）では未婚の者が多数を占めています。2005年の国勢調査（総務省統計局，2010）によると男女それぞれ71.4%，59.0%が未婚者です。また，それ以降の年齢層でも，未婚者の占める割合は年々高まりつつあります。男性では30代前半（30～34歳）の47.1%，同後半（35～39歳）の30.0%，女性では同前半の32.0%，同後半の18.4%にまで増加しており，未婚化も進展していると言えるでしょう。

2　結婚への意思決定とその背景

　国立社会保障・人口問題研究所（2011）が2010年に実施した第14回出生動向基本調査「結婚と出産に関する全国調査　独身者調査」（以下，「独身者調査」）によると，結婚する意思をもつ者（18～34歳）が大多数（男性：86.3%，女性：89.4

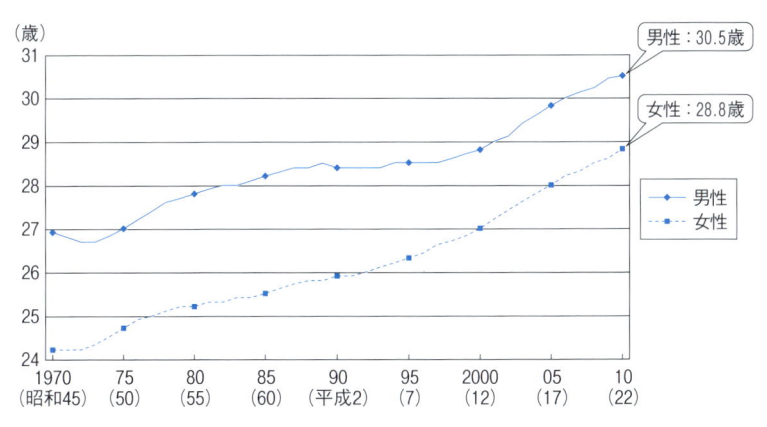

図Ⅵ-1　我が国における男女の平均初婚年齢（厚生労働省，2011をもとに作成。）

％）を占めていました。結婚したいと考える独身者が多いにもかかわらず，晩婚化や未婚化が進展する背景には何があるのでしょうか。

このことと関連して，神原（1991）は，人々を結婚へと方向づける原因に着目し，結婚への可能性と必要性について説明を行っています。彼女によると，結婚の可能性は，結婚生活をスタートさせることの諸条件が備わる「通路づけ」要因と，結婚を考えることのできる異性との出会いや異性からのプロポーズなどの「引き金」の要因とで構成されます。先の独身者調査では，不況のなかにあって，女性が結婚相手に求める条件として「経済力」や「職業」を重視する傾向が強まっていることや，結婚する場合の最大の障害が資金面であること，そもそも異性の交際相手をもたない未婚者が増加していることなどが明らかとなっています。最近では"婚活"という言葉をよく耳にするようになっていますが，結婚を望む人々にとって，可能性に関する要因は非常に切実な問題と言えます。

必要性に関しては，「引き」の要因と「押し」の要因とで構成されます。前者は結婚生活の魅力，すなわち結婚により生じる様々なメリットに関する内容であり，後者は独身生活の不都合，すなわち独身者であり続けることで生じる様々なデメリットに関するものです。このうち，独身者のデメリットについては，結婚することへの規範が弱まりつつある今日，あまり意識されることはなく，むしろ「行動や生き方が自由」などのメリットを享受しやすい社会になってきているのかもしれません。結婚に積極的な意味を見出す主体性が問われていると言えそうです。

3 配偶者選択とモラトリアム

結婚の捉え方については，家の存続や社会的責任といった社会的な視点から，自分にとっての結婚の意味といった個人的な視点への比重が重くなりつつあります。結婚は誰もが経験する絶対的なライフイベントではなく，人生の選択肢の1つとして認識されるようになってきました。その一方で，個人的な視点の高まりは，配偶者選択の際の条件を引き上げ，結婚への慎重な態度を強めているようです。生涯を添い遂げられる最高のパートナーとの結婚を実現するために，候補者選びを慎重に行い，結婚までの交際に時間をかける，いわば配偶者選択をめぐるモラトリアムの動きが強まっているように思われます。

我が国の家族臨床家の第一人者である平木（1992）は，新婚期におけるカウン

セリングの主要テーマの1つに,「家族神話の存在」を挙げています。家族神話とは,家族への非現実的な信念を意味します。ラーソン (Larson, 1992) は,家族神話について,9つの非現実的な信念(たとえば,「結婚相手は完璧でなければならない」「結婚するまでに完璧な関係にならなければならない」「結婚は愛さえあれば大丈夫である」など)があるとしています。結婚の個人的価値の重要性が高まるに伴い,そうした神話によってなかなか結婚に踏み切れない人々も増えているのかもしれません。

4　結婚までの道のり,結婚してからの道のりと関係性の発達

　結婚の準備段階に入ると,エピソードのA子さんのように結婚式や新婚生活の準備に向けた雑事に対応することが求められるようになります。必然的にそれまでの恋愛関係を見直し,結婚に向けたかたちへとシフトさせる必要が出てきます。結婚という同じ目標に向かいながら,一つひとつの課題への取り組みを通して,両者の結婚への姿勢に温度差が生じることも少なくありません。

　それまでの恋愛関係では個人内で漠然と抱いていた将来展望(ライフスタイルや子どもを産むこと,子育てに関する考えなど)を,パートナーと共有するようになることで,価値観や理想の不一致が顕在化し,新たな葛藤を生む場合もあります。先の家族神話が影響していることもあるでしょう。そのため,独身生活から結婚生活への移行期間には,新たな配偶者役割の獲得や夫婦としてのアイデンティティの確立をめぐり,心理的な変化が生じやすい時期だと考えられます。

　結婚生活でパートナーとの関係性をいかに育んでいくかを考える上で,結婚準備期間中の互いのあり方が重要なことは言うまでもありません。様々な協働体験を通して,結婚生活のためのしっかりとした足固めができれば,関係性の発達にとって貴重な糧となることでしょう。一方で,協働体験のなかで露呈し,深刻化した問題が,結婚生活に先送りされるような場合には,棚上げした問題に結婚後に生じる問題が累積していくことで,解決困難な深刻な事態に陥るかもしれません。いずれにせよ,結婚後に遭遇する個人や家族内外の様々な事象を通して,関係性の揺らぎや危機が幾度となく生じる可能性があります。そのたびに,それまで築いてきた関係性の質が問われるとともに,その事象への取り組みによって,関係性が新たなものへと変容していく岐路に直面する場合があると言えるでしょう。

(宇都宮博)

Ⅵ-3 親になること・親になるプロセス

> **Episode　ゆっくり親になっていく**
>
> 　在胎週数28週，約900ｇで生まれた超低出生体重児のマリちゃんは，誕生直後から新生児集中治療室（NICU）に入院となりました。保育器のなかのマリちゃんに会いに，お母さんは毎日病院に通ってきます。
>
> 　入院直後，壊れそうなほど小さくてまるでヒナ鳥のようなマリちゃんに，お母さんは怖々とした様子で，指先でツンツンと触れては「頑張るんだよ。早く大きくなってね」と声をかけていました。時々パチッと目を開けたマリちゃんを見ると，「宇宙人みたい」と少し硬い表情で見つめるのでした。
>
> 　１カ月ほど経つと，マリちゃんの全身状態が安定し，カンガルーケア（おむつだけの赤ちゃんをお母さんやお父さんの裸の胸に抱っこすること）が始まりました。最初は緊張しながらマリちゃんを抱っこしていたお母さんでしたが，マリちゃんのあたたかさと胸の鼓動を直接肌で感じるうちにお母さんも次第にリラックスするようになります。その頃から，お母さんは，穏やかに微笑みながら，保育器のなかのマリちゃんを手のひらで愛おしそうになでるようになりました。
>
> 　３カ月後，2000ｇを超えたマリちゃんはついに保育器から出て，お母さんは直接授乳をしたり，沐浴をするようになりました。お母さんはマリちゃんの細かな反応をキャッチしながら，「あたち，この姿勢好きー」「おっぱいくれる人が来たー」など，マリちゃんの気持ちを推測して言葉をかけていきます。授乳が終わるとじっとマリちゃんの顔をのぞき込み，マリちゃんが眠るまで互いに見つめ合っているのでした。退院間際，お母さんは「最近やっと親なんだなって実感したんです」としみじみ言うのでした。
>
> 　NICUに入院した子どもと親の場合，満期産の親子に比べると，親子の関係性はゆっくりと発達していくと言われています。マリちゃんとお母さんの３カ月間は，マリちゃんの成長に支えられながら，お母さんが親になっていく過程でもあったようです。ここでは，親になることや親になるプロセスについて学んでいきます。

第Ⅵ章　成人初期：人生本番への関門

1　親になるプロセス

　長年，女性ならば，妊娠・出産すれば母性愛が自然と生まれてくるものである，という母性愛神話が信じられてきましたが，これまでの発達心理学の知見からは，親としての意識の形成は，妊娠や出産によって自動的にスイッチが入るのではなく，赤ちゃんとやりとりすることや，他者から親として扱われる体験を通してゆっくり育つものであることが明らかになっています。

（1）母親意識の形成

　中西（1995）によると，1994年の調査では，妊婦の7割が超音波画像を見たときに母親意識を感じたと答えており，妊娠初期から女性は母親になることを意識していることがわかります。特に，女性にとって胎動は，心理的な効果をもち，母親と胎児との相互作用を生じさせ，情緒的なつながりを形成することに役立っていると言われています（川井ら，1983）。

　母親になる準備の過程では，妊婦は期待や楽しみだけでなく，不安やストレスも同時に抱いています。母性不安とつわりの関連を検討した花沢（1992）の研究では，つわり重度群の妊婦だけでなく，つわりを全く経験しない妊婦も，子どもへの接近感情が低い傾向が見られたことが見出されました。つまり，母親になる過程では，つわりという身体的な苦痛の経験も意味をもっていると考えられます。また，スターン（Stern, 1995）は，出産後の母親が経験する特有の心理的状態の存在を指摘し，その中心的テーマとして，①「生命‐成長のテーマ」（赤ちゃんの生命や成長を維持できるだろうか），②「基本的関係性のテーマ」（自分自身に根ざしたやり方で赤ちゃんと情緒的に関われるだろうか，また，それは赤ちゃんの心的発達を保障することになるだろうか），③「援助基盤のテーマ」（先の2つの機能を果たすために必要なサポート・システムをつくり出し，委託する方法を知っているだろうか），④「アイデンティティ再編のテーマ」（他の3つのテーマに関わる問題や機能の存在を容認し，促進する方向に自分のアイデンティティを変容させることができるだろうか）の4つを提唱しました。このように，女性は妊娠中から，身体感覚レベル，心理社会的レベルにおける肯定的・否定的な変化を体験することを通して，母親となる準備を進めていくのです。

　図Ⅵ-2は，妊娠初期から出産後4カ月までの各時期・各場面において，我が子をとても可愛いと評定した人の割合（大日向，1988）です。妊娠から出生まで

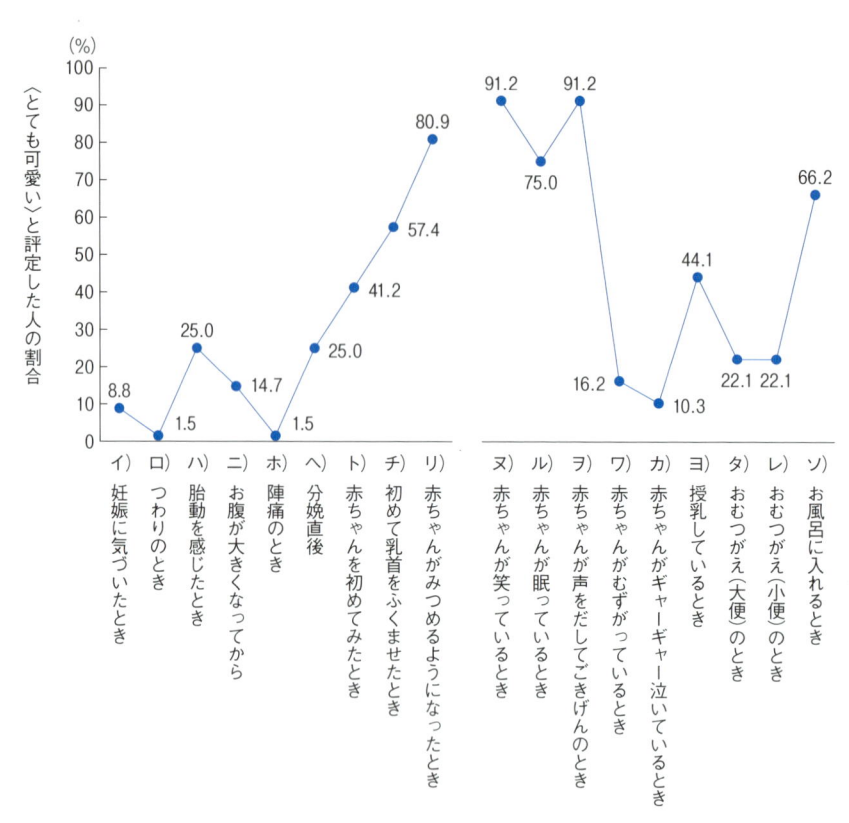

図Ⅵ-2 妊娠初期から出産後4カ月までの各時期・各場面において，我が子を〈とても可愛い〉と評定した人の割合（大日向，1988）

の各時期（イ～リ）の推移を見ると，妊娠中から我が子への愛着は芽生えますが，必ずしも確固としたものではなく，出生後，我が子と触れ合う段階を追って愛着は安定した増加傾向を示すことがわかります。また，育児中の各場面（ヌ～ソ）の評定結果からは，赤ちゃんが静かで機嫌のよい状態にある時は強い愛着を抱く母親が多いのですが，むずがったり泣いたりして世話がやける時にも愛着を抱く母親は，生後4カ月の時点では急激に減少していることが示されています。

(2) 父親意識の形成

　男性も妻の妊娠を知った時から生後3カ月の間に，興奮や共感，無力感，孤立，不安など，女性とは質の異なる様々な情緒的反応を経験すると言われています

(Robinson & Barret, 1986)。八木下（2008）は，第1子誕生に伴う体験について父親に対する縦断的な調査を行い，父親の初期発達に関する仮説モデルを提唱しました。それによると，男性は妻の妊娠期には，自己の役割意識やうれしさをもつ一方，経済面や夫婦関係の変化に伴う不安も大きく，様々な感情の揺れを経験しつつ，出産の時を迎えます。生後0カ月の時点では，父親役割についての現実感は乏しく，妻を介して子どもへの役割を認識していますが，妻をサポートし，子どもを妻と共にケアするという家庭内役割を遂行するなかで，子どものいる家庭内での「夫」としての役割を再構築し，「父親」としての役割を模索していきます。そして，生後半年の時点になるとある程度役割が安定し，客観的な視点をもって妻子に接するようになります。

2 親になることによる発達

（1）世代継承性と子育て

エリクソンは，成人後期の心理社会的危機を，「世代継承性」対「自己陶酔」としました。世代継承性（generativity）とは，「次の世代を確立させ導くことへの関心」（Erikson, 1950）のことを言います。私たちは次の世代と関わることによって，成人としての自己が活性化され，自己の精神的世界を広げていきます。若い世代に求められることによって与え，与えることによってさらに求められるという，相互的関係のなかで停滞や退廃から抜け出していくのです（鑪, 2002）。このように，子どもが大人によって成長を促されると同時に，同じ重みづけをもって，子どもは大人を成長させるという関係が成り立っているのであり，この関係をエリクソンは相互性（mutuality）と呼んでいます。

（2）親になることによる人格発達

親になることによって具体的にどのような側面で発達が見られるのでしょうか。柏木・若松（1994）は，就学前幼児をもつ父親と母親346組を対象とした調査を行い，親になることによる発達的側面として，柔軟性，自己抑制，運命・信仰・伝統の受容，視野の広がり，自己の強さ，生き甲斐・存在感という6つの因子を見出しました。育児を通して，教育や環境問題などに対する関心が広がることに加え，親は理想通りにはいかない育児の現実に直面するなかで，自己を抑制して他を受容する態度や，必要なことは主張する自己の強さを身につけていくのです。

（前盛ひとみ）

Ⅵ-4　子育ての楽しさとつらさ

Episode 「うっとうしい」寝返り

詩人でエッセイストの伊藤比呂美さんは，妊娠，出産，子育ての体験を赤裸々かつユーモラスに綴っています。以下はその抜粋です。

> 　コドモをそだてる過程でいちばんひんぱんに感じるのはおそらく「かわいい」ではなくて「うっとうしい」である。わたしのムスメは今四カ月であるが，四六時中親にかまってもらいたい。思いどおりにならないとグズグズ言いながら寝返りを打ってウツブセになり，そのまま身動きが取れなくなって泣きわめく。毎度毎度かまってばかりいられないわけで，ムスメはしょっちゅう寝返りを打って泣きわめいていることになる。あおむけにしてやってもしてやっても，かまってやらない限り寝返りしつづけるのである。
> 　育児書には寝返りということに関して，たいへんよろこばしいコドモの発達の一段落と書いてあって，わたしども夫婦はそれをうのみにし，はじめて寝返りをした時には心からめでたいと思ったのであるが，そのめでたいはずの寝返りを，ムスメの勝手な要求をかなえてやらないことへの報復の手段として使われるとは思いもよらなかった。育児書には「うっとうしい」と書き添えておくべきである。
> （伊藤比呂美（2010）『良いおっぱい悪いおっぱい　完全版』中央公論新社）

　上記の記述からは，親は子どもの発達に対する喜びだけでなく，様々な要求をする子どもに対して「うっとうしい」といった制約感をもっていることがうかがえます。育児は愛情や喜びだけでできるものではありません。親の都合はお構いなしに泣いたり要求したりする子どもに常に応対していかなければならない現実を前に，親は様々な思いを抱きます。
　ここでは，子どもを育てることに伴う感情や，育児ストレス・育児不安などに焦点を当てて学んでいきます。

1 楽しいばかりではない子育て

　親は育児を通して子どもへの愛情や発達への喜びを数多く経験しますが，育児や子どもをめぐる感情は，こうした肯定的なものばかりではありません。

　柏木・若松（1994）は，就学前の幼児をもつ母親と父親346組を対象として，子どもや子育てについてどのような感情を抱いているか調査を行いました。その結果，育児への肯定的感情は父母間に有意差はなく，子どもを生きがいと感じたり，育児を楽しいと思う気持ちは，父母ともに強く抱いていることが明らかになりました。しかし，育児への否定的な感情は，母親においては他の感情と同様に強く，さらに父親より有意に高いことが示されました（表Ⅵ-2）。これは，母親にとって，子どもや育児は，肯定的な感情と否定的な感情とが入り混じったアンビヴァレントなものであることを意味しています。さらに，興味深いことに，母親よりも父親のほうが「子どもは自分の分身だ」という気持ちが強いことが示されています。この結果には意外な印象をもつかもしれませんが，父親を育児への参加の程度で2群に分けて比較した結果を見ると，その理由がわかります。実は，子どもとの接触が少なく育児をほとんどしない父親のほうが「子どもは分身」という気持ちは強いことが明らかになったのです。つまり，子どもと日常的に接し，楽しいことばかりではない育児に深く関わっていれば，育児への制約感など否定的感情をもつのは自然なことであり，「子どもは分身である」という，現実から遠い観念的な感情は減少すると考えられています（柏木，1995）。

表Ⅵ-2　子ども・子育てについての親の感情（柏木，1995）

	項　目　例	父　親		母　親
第Ⅰ因子 育児への肯定感	・子どもを見ていると元気づけられる ・親であることに充実感を感じる ・育児は楽しい	2.91 (0.60)		2.98 (0.55)
第Ⅱ因子 育児による制約感	・子どもから解放されたいと思う ・子どもを育てることは負担だ ・自分は親として不適格なのではないかと思う	1.88 (0.46)	<	2.24 (0.51)*
第Ⅲ因子 「子どもは分身」感	・子どもは自分の分身だと思う ・子どもは自分がこの世に存在した証だと思う	2.58 (0.85)	>	2.41 (0.78)**

注：数字は得点．カッコ内は標準偏差．＊は有意水準1％．＊＊は0.1％未満．

2 子育てにおける否定的感情と親の育ち

　菅野（2001）は，母親の子どもに対する不快感情が親子関係にどのような役割を果たしているかを検討し，生後2カ月までの間に，子どもの発達に伴って不快感情の内容が変わることを見出しました。そして，そのターニング・ポイントには母親にとっての子育ての課題が存在することや，母親は不快感情を契機に子どもの発達の状態や自らの関わりを振り返っていることを明らかにしました。また，子どもが<u>第一反抗期</u>に突入すると，親子間の葛藤が高まることはよく知られています。多くの親は反抗や自己主張が発達に積極的な意味をもっているとわかっていても，子どもと衝突したり，自分自身の感情をコントロールできず苛立ちを感じます。しかし，親は徐々にこれまで通用してきたやり方を捨て，自分自身が子どもに再度「適応」していくと言われています（氏家，1995）。このように，親が子どもに対して肯定的な感情と否定的な感情の双方を経験していることはごく自然なことであるばかりか，子育てにおいて否定的な感情を経験することは，それが適正範囲であれば，親の発達において積極的な意味をもつと考えられています。

3 育児不安・育児ストレス

　子どもを育てるという営みには，親自身もまた，新たな生活に適応し，親役割を獲得していくことが必要なのですが，子育てのための内的・外的な準備や条件が整わなければ，子育てを担う親の養育機能が発現・機能しにくくなることがあります。子育て上のつまずきに直面してもサポートを得られるような環境でない場合，<u>育児不安</u>は解決しにくく，さらにそれらが進行すると育児ノイローゼやうつ状態に陥ったり，虐待が生じてしまう可能性があります。

　育児不安の関連要因として第1に指摘されているのは，育児における夫との連帯感など，夫からの心理的サポートです（牧野，1982）。先述した柏木・若松（1994）の研究では，父親が育児・家事に参加している程度の高い群では，低い群よりも母親は育児への否定的感情が有意に低く，育児への肯定感は有意に高いことが示されており，父親の育児参加の度合いが母親の育児への感情と関連していることがわかります。また，育児への負担感は有職女性より専業主婦のほうが高いことが指摘されています。福丸（2000）は，有職の女性は家庭と仕事の両立による肉体的負担や疲労感を強く示すものの，育児による拘束感が低く生活満足

感が高いことを明らかにしました。また，育児への否定的な感情には，子どもの状態や養育に関する不安だけでなく，社会からの疎外感や「自分」を喪失する不安といった，「自分のあり方」をめぐる不安が含まれていることも指摘されています（柏木，1995）。なお，育児ストレスに関しても，子どもの育ちや行動特徴といった子ども側の問題以上に，親に期待される親役割の遂行や生活上の制約，親自身の自信や効力感と密接に関わっていると考えられています（德田，2010）。

4 親と子の発達を支える

　子育ての過程は，親にとって心理的に自分の子ども時代を生き直したり，改めて子どもによって自分自身の生き方を問い直される過程でもあります。子どもを育てるなかで，子ども時代のよき記憶を思い出すこともあれば，親自身の子ども時代の未解決な問題があらわになり，結果的に子どもの発達を妨げる関わりに結びついてしまうこともあります。虐待などの問題の背景に，「葛藤の世代間伝達」が存在することがしばしば指摘されています。葛藤の世代間伝達とは，「親自身が受けた心の傷や親子関係の葛藤が，誰にも理解されぬまま，心に深く抑圧され続ける時，何気ない日常生活のふれあいの瞬間に，思わず無意識に子どもに伝わること」（渡辺，2000）を言います。また，近年，臨床現場からは，実際に虐待には至らなくても，虐待不安や自分の育てられ方に根ざした不安を訴える母親が増えており，この背景に，世代から世代へと受け継がれた心の傷や課題があるのではないかという指摘もあります（田中，1997）。

　子育てをめぐる不安には様々なレベルや背景がありますが，まずは親自身をあたたかく支える人や場が不可欠です。子どもや親をサポートする発達促進的な環境をつくっていくためには，母子関係のミクロレベルのアプローチ（親子の相互作用の改善を目指す親-乳児心理療法や親の個人心理療法），家族関係のミニレベルのアプローチ（家族関係のダイナミクスの観察と援助など），社会・集団のマクロレベルのアプローチ（育児のサポート集団づくり）という重層的な構造のなかで，多次元的な多職種によるサポートの複合体を長期的に提供していくことが重要であると考えられています（渡辺，2000）。また，直接的・具体的な援助だけでなく，子育て中の親が気軽に利用できるような地域の支援機関や保育所，幼稚園での育児相談など，予防的な観点から子育て支援を考えていくことも非常に重要です。

（前盛ひとみ）

Ⅵ-5 「親になれない」親:虐待と放任

Episode 特殊な母親の問題ではない虐待

　Cさんは25歳,生後10カ月になる男の子の母親です。結婚後,夫の転勤で大都市の郊外のこの土地に引っ越してきました。この土地に友達は1人もおらず,Cさんの行動範囲は,家と歩いて10分ほどのスーパーしかありません。スーパーで買物をしても口を聞く相手もおらず,我が子もまだしゃべることはできません。いつのまにか独り言を言っている自分に気がつきました。友達とワイワイ騒いでいた学生時代が懐かしく,子どもさえいなかったら,すぐにも実家のある田舎に帰りたいと思う毎日でした。
　そういう思いが,子どもをうっとうしく感じさせたのかもしれません。おむつを替えたり離乳食を食べさせたり,子どもに向き合う時はうんざりでした。子どもが泣くと,「私だって淋しいのに」と,怒りにまかせて子どもを叩いてしまいました。夫がいる時は,孤独感を感じることはなく,子どもに手を上げることはありません。夫は,妻が留守中に子どもを叩いていることは知らないだろうと,Cさんは言います。「でも,私は毎日,子どもをいじめ続けているのです。そうしてしまう自分もいやですが,どうしてもやめられないのです。」

　Cさんの訴えは,我が子いじめの典型的な事例です。ここでは,子ども虐待や放任など,「親」としての役割がうまくとれないという問題について,考えてみましょう。

第Ⅵ章　成人初期：人生本番への関門

1　「親になれない」親の増加

　親であること，つまり次の世代をになう子どもたちを養育することは，大人としての重要な役割です。しかしながら今日，我が国では，子どもの虐待や子どもの養育に責任をもてない親など，「親であること」の未熟さが大きな社会問題になっています。

2　子どもの虐待

　児童福祉法では，子ども虐待は，身体的虐待（身体的暴力などで，子どもの身体に外傷を与える行為），心理的虐待（言葉の暴力や子どもを無視，拒絶するなど，心理面で子どもに「外傷」を与える行為），性的虐待（子どもに性行為，性的暴行，性的行為の強要，性器を見せるなど，子どもを性的対象として扱う行為），ネグレクト（食事を満足に与えないなど，健全な心身の成長・発達に必要なケアをしない行為）の4タイプに分かれています。

　図Ⅵ-3に示したように，我が国では，虐待を受けている子どもの数は増加する一方です。

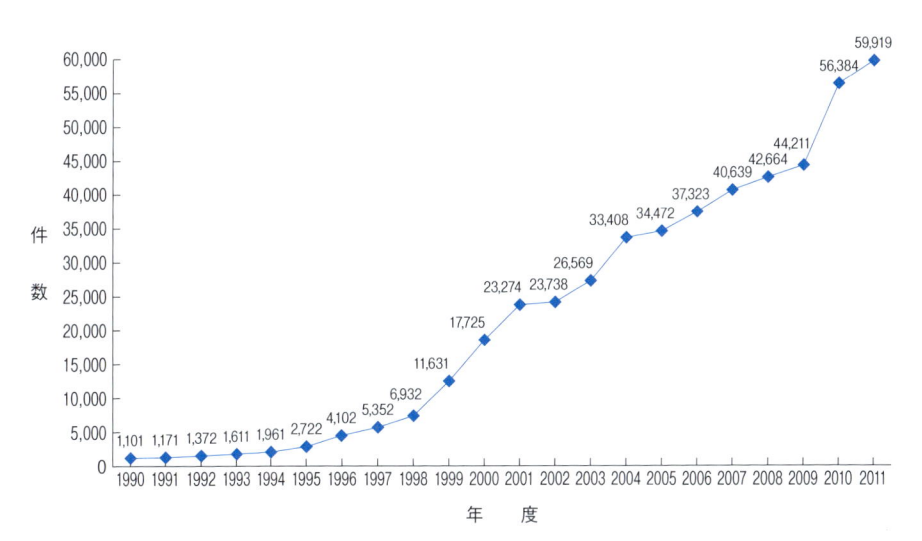

図Ⅵ-3　児童相談所が取り扱った児童虐待の件数（厚生労働省，福祉行政報告例をもとに作成。）
注：2010年度は，東日本大震災の影響により，福島県を除いて集計した数値である。

虐待は，発育の遅れだけでなく，精神的な委縮や情緒不安定，自分を責めたり，いい子でありすぎるなど，様々な身体的，心理的な影響が長く続くことがわかっています。

3 親としてのつまずきと「親になれない」親のタイプ

次にもう少し幅を広げて，今日の社会に見られる「親になれない」親の特徴を見てみましょう。それらは，次のようなタイプに分類できます。

(A)未熟型：経済的，心理的に親役割を果たすだけのゆとりのないタイプ。10代の若い親に多いタイプです。

(B)母子未分化型：このタイプは，高学歴で経済的にも困っていないが，心理的に満たされない母親，つまり，夫婦関係が疎遠であり，母親のみが子育ての責任を負っていることが多いのが特徴です。エピソードで紹介したCさんも，このタイプに入ります。これらの(A)，(B)のタイプは，心理的，身体的な虐待が見られる可能性もあります。

(C)無関心型：子育てへの関与・関心の浅い親（ネグレクト型の虐待を含む）のタイプです。このタイプは，子どもの養育への無責任性，家庭経営全般への関与の浅さ，心理的な未熟さが特徴的です。子どもが成長していくとはどういうものか，日々，子どもに必要な世話は何かについて，理解していない親も少なくありません。以上の3つのタイプはいずれも，子どもという「未熟」で「あいまい」なものを，辛抱強く長く「抱える」力が乏しいと考えられます。

(D)アイデンティティ葛藤型：このタイプは，上の3つのタイプに比較すると，心理的に成熟しており，健康な人が多いのが特徴的です。このタイプは，親の側に子育てと同等（以上？）に魅力的な関心事があり，十分に子育てに時間と活力がさけない人々です。仕事や社会的な関心など，子育て以外により価値をおく事柄があるため，「個としてのアイデンティティ」と「母親アイデンティティ」の葛藤が見られます。このタイプの母親は，子育てにより多くの関心と時間を注げないことに対して，罪悪感や強いストレスをもっている人が多く見られます。

これらのタイプを，親自身の心の健康性（適応性，成熟性）と関心の方向性（「対社会的」，「対子ども・家庭的」）という2つの視点から見ると，図Ⅵ-4のように位置づけることができるでしょう。

親の自我の健康性(適応性・成熟性)

成熟・適応的

E 受容型

D アイデンティティ葛藤型
→ 社会・職場・家庭による育児支援
　母親のゆとり獲得へのサポート

親の活動の比重

対　子ども・家庭　　　　　　　　　　　　　　　　対　社会

A 未熟型
B 母子未分化型
→・虐待防止
　・親教育

C 無関心型
（放任・育児放棄）

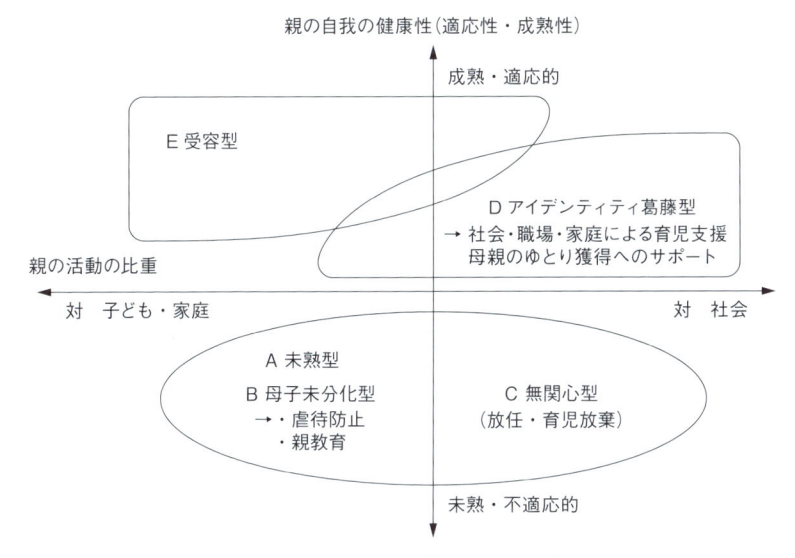

未熟・不適応的

図Ⅵ-4　自我の健康性から見た「親」のタイプ（岡本, 2006）

4　親としてのつまずきへの援助

　このように親であることのつまずきは，タイプによって，その背景と要因が異なり，それぞれのタイプに応じた理解と援助が求められます。
　(A)未熟型，(C)無関心型の親に対しては，「親性」を獲得していくための，親自身の成長期からの経験・教育（幼児や高齢者とのふれあい体験，家事の手伝いなど），心のなかにあたたかで肯定的な「親イメージ」を確認し育てるための心理臨床的援助や「親教育」が大切です。また切迫した事例に対しては，虐待防止プログラムが有効でしょう。
　(B)母子未分化型，(D)アイデンティティ葛藤型の母親に対しては，「個としてのアイデンティティ」と「母親アイデンティティ」の葛藤の中身を理解し，両者を大切にしつつ，育てていくための理解と援助が重要です。それには，夫をはじめとした家族，職場，社会からのきめ細かなサポートも重要な課題です。

（岡本祐子）

[第Ⅶ章]
中年期：人生の曲がり角

　今日，中年期の生き方や心の変化が注目されています。中年期は，「熟年」と呼ばれることが多いように，大人の分別をふまえた働きざかり，人生の最盛期と考えられます。その一方で，「中年期危機」という言葉が示すように，心のなかには深刻な問題が存在していることがうかがわれます。人生80年時代を迎えた今日，中年期は人生のピークであると同時に，大きな曲がり角でもあります。もう若くはない自分を自覚することに伴い，人生前半の自分の生き方を振り返り，これからの人生について改めて考えてみる時なのです。本章では，中年期の人々が体験する心の世界について考えてみましょう。

Ⅶ-1　中年期の危機

Episode　ある中年教師の中年期危機

　Aさんは，現在47歳の中学校の教師です。Aさんは，大学卒業後，中学校の教師として就職し，数年後に結婚しました。夫と2人であたたかな家庭を築くこと，中学校の先生を続けることが，Aさんの夢であり，その後2人の娘にも恵まれました。仕事と家庭の両立は大変でしたが，夫は，子どもたちの面倒をよく見てくれ，多忙な毎日ながらも40代半ばまでは，自分の生き方に疑問をもつことはありませんでした。

　ところがAさんは，40代半ばに，心身ともに大きな危機を体験することになりました。はじめは，動悸が昂進する，体が火照る，集中力がなくなるといういわゆる更年期障害による体調の崩れでした。このような体調の悪い状態でハードな仕事をこなすことが辛く，Aさんは自分自身の生き方や，仕事や家庭について，これまで考えもしなかったいろいろな思いを感じるようになりました。

　さらに悪いことに，夫が病気で休職することになり，長女も不登校になってしまいました。この時の様子を，Aさんは，「学校では目いっぱい働くけれども，自分のなかに教師としての土台や柱が見えなくなってしまった感じでした。そして，ものすごい夫婦の危機でした。娘に対してもイライラして……」と語っています。

　その後，Aさんは，カウンセリングに来談されました。心理面接のなかで行われた心の作業は，これまでの人生の見直し，つまり頑張ってきたことの意味，仕事でやってきたことの価値を面接者とともに確認し，納得することでした。Aさんは，カウンセリングを通じて「ほどよい頑張り」「ちょうどよい生活」のあり方を身につけていきました。それは，仕事一辺倒でなく，家庭での生活や家族との交流も楽しめる「個」としての生き方と，自分にとって大切な人々との関わりの適切なバランスを組み立て直すことでした。

第Ⅶ章　中年期：人生の曲がり角

1　ライフサイクルにおける中年期

　30代後半から50代にかけての中年期は，かつては，大人の分別をそなえた働き盛りで，人生のなかで安定した最盛期であると考えられてきました。しかしながら1970年代以降，「中年期危機（midlife crisis）」という言葉が示すように，中年期の人々の心の内面には相当，深刻な問題が潜在していることが知られるようになりました。今日では，中年期は人生の曲がり角であり，心，体，職業，家族など様々な次元で不安定な要素の多い危機期，生涯にわたって続く心の発達プロセスのなかで，自分のあり方が根底から問い直される転換期として理解されています。

2　中年期の心身の変化

　中年期に，私たちはどのような心身の変化を体験するのでしょうか。図Ⅶ-1は，中年期の人々が体験しやすい自己内外の変化と，そこから生じやすい心理臨床的な問題をまとめたものです。

（1）中年期の身体的変化

　中年期の様々な変化のなかで，もっとも切実に感じられるものは，体力の衰え

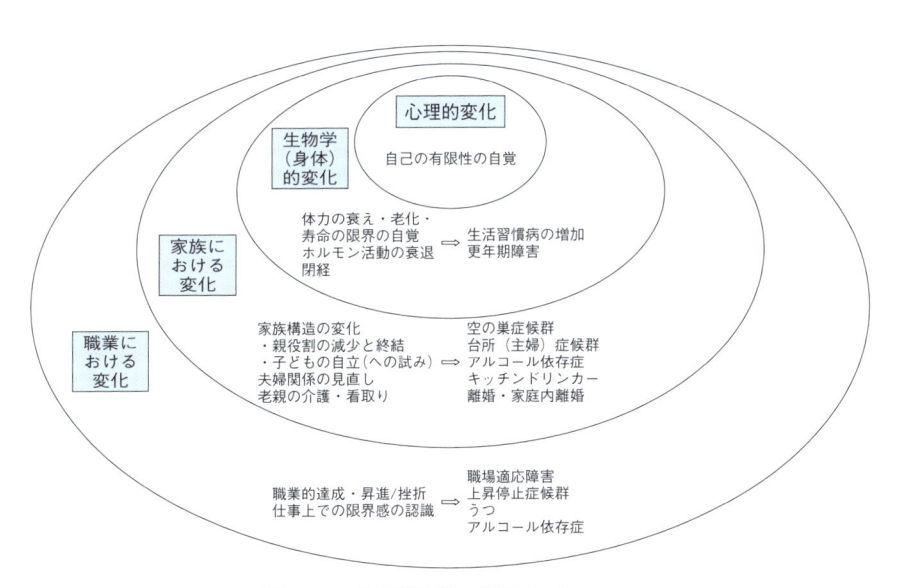

図Ⅶ-1　中年期危機の構造（岡本, 2002）

でしょう。運動能力や体力の低下を背景にして様々な病気，特に生活習慣病の罹患率が上昇し始めます。また中年期を迎えると，性機能も低下し始め，女性はほぼ45～55歳の時期に閉経を迎えます。

（2）家族における中年期の危機

中年期は家族のなかにも大きな変化が見られます。この時期の家族においては，子どもたちは思春期・青年期に達し，親からの自立の試みを始めます。子どもが親離れを始めた後の母親の，親役割を失うことからくる様々な心身の不調は，「空の巣症候群」と呼ばれます。

中年期はまた，夫婦関係においても危機をはらんだ時期です。子育てに追われていた時期の夫婦は，たがいに父親・母親役割によって結びつき，安定していた側面が強かったのですが，子どもの自立期を迎えた夫婦においては，精神的交流そのものが求められてくるといってもよいでしょう。心理的にかけがえのないパートナーとしての夫婦の親密な関係性を育ててこなかった夫婦は，子育てが一段落ついた中年期に至って，夫婦共通の目標を失うことになるわけです。

（3）職業生活における中年期の危機

現代社会における情報化の急速な変革，昨今の社会経済不況による安定した雇用の不安定化，終身雇用制の崩壊などの職場環境の変化は，中年世代の職業人に様々なストレスと職場不適応をもたらしています。「もう若くはない」という意識が生じ，職業人生のなかで達成できることの限界が見えてくるなど，中年期には，職業生活のなかでも自己の有限性が自覚されます。

3　中年期のアイデンティティ危機と再構築

このように中年期は，体力の低下，時間的展望の狭まり，自らの老いや死への直面，様々な限界感の認識など，生物的，心理的，社会的のいずれの次元でも大きな変化が体験されます。このような喪失や衰退といったネガティブな変化は，私たちに，自分の人生はこれでよかったのか，本当に自分のやりたいことは何なのかという，自分の生き方そのものについての内省と問い直しを迫ります。それは，今までのアイデンティティではもはや自分を支えきれないという自覚であり，アイデンティティそのものの危機と考えられます。このように，中年期には，青年期に獲得したアイデンティティが改めて問い直され，それまでの人生の見直しとこれからの生き方の模索を経て，再び納得できるアイデンティティが再構築さ

表Ⅶ-1　中年期のアイデンティティ再体制化の
　　　　プロセス（岡本，1985）

段階	内　　容
Ⅰ	身体感覚の変化の認識に伴う危機期 ・体力の衰え，体調の変化への気づき ・バイタリティの衰えの認識
Ⅱ	自分の再吟味と再方向づけへの模索期 ・自分の半生への問い直し ・将来への再方向づけの試み
Ⅲ	軌道修正・軌道転換期 ・将来へむけての生活，価値観などの修正 ・自分と対象との関係の変化
Ⅳ	アイデンティティ再確立期 （・自己安定感・肯定感の増大）

れることが少なくありません（岡本，1997a，2002）。

　中年期の入口で体験されるこのような内的変化のプロセスは，表Ⅶ-1のように表すことができます。この内的変化は，程度の差はあれ，一般の人々に共通して見られます。筆者はこのプロセスを「中年期のアイデンティティ再体制化のプロセス」と呼んでいます。

　今日のような変動社会では，大人の人生もまた，安定したものではなく，青年期に獲得した生き方や価値観，アイデンティティで一生を支えていくことは困難になっています。中年期の危機もその1つです。しかし，「危機」という言葉は，本来，取り返しのつかない破局的事態ということではなく，発達の岐路・分かれ目を意味します。したがって，中年期の危機に際して，自分の生き方・あり方について主体的に模索し，納得できる生き方を再獲得できること，つまり危機対応力と自分の生き方に対する柔軟な調整力をもつことが重要です。

　このように中年期は人生のなかの重要な位置を占めるとともに，光と影の両面をもっています。人生後半期へ向けてのさらなる心の発達にとっては，両者の特質を深く認識するとともに，そのバランスと統合が重要な意味をもっているのです。

（岡本祐子）

Ⅶ-2　親子関係の変化

Episode　期待していた我が子の高校中退と家出

　Bさんは46歳，結婚以来，夫の会社の経理を手伝って夫を支え，2人の子どもの子育てにも並々ならぬ情熱を注いできました。子どもは幼児期から塾にやり，受験のレールにのせ，高校半ばまでは順調に成長しているかのように見えました。ところが，期待していた長男は，勉強よりもスポーツクラブの方に熱が入り始め，だんだん成績が落ちてきて勉強についていけなくなりました。次第にアルバイトに熱中し，深夜に帰宅するようになりました。父親がきつく説教して，「そんなに勉強しないなら，出て行け！」と言うと，長男は本当に出て行ってしまいました。すったもんだのあげく，せっかく入学した進学校も中退し，倉庫での荷物の積み下ろしの仕事をして自活しているとのことでした。相談を受けた筆者は，ひきこもり100万人という今日，なんと活力のある子どもだろうと思いました。が，母親であるBさんは，とてもそうは思えず，この頃から体調も優れず，気分が落ち込むようになりました。「これまでの人生を否定された」ような感じがするということでした。

　その後，熱心にカウンセリングに来談されたBさんは，筆者との心理面接のなかで，これまでの半生を振り返り，夫や子どもとの関わりを見直し，納得できないところを整理していきました。そのなかでBさんは，「遠くから長男を見守る」というあり方を受け入れていかれました。

　ここでは，中年期の人々が体験する，青年期に達した我が子や老年期を迎えた親との関係の変化について，考えてみましょう。

第Ⅶ章　中年期：人生の曲がり角

1　中年家族の3世代にわたるアイデンティティの危機

　中年期は，Ⅶ-1 で述べたように，自分自身の内的危機期であると同時に，子どもの世代，親の世代の心理社会的危機が重なって現れやすい時期です。青年期に達した子どもたちは，自分の生き方を主体的に考え，親から自立していくという，まさにアイデンティティ形成の課題を，中年期の自分や配偶者は，人生半ばの自己の生き方を問い直し，人生後半期の生き方を再設計していくという，アイデンティティの再体制化の課題を，老年期を迎えた親の世代は，人生を締めくくり，いよいよ自分の人生を最終的に納得するという課題を，それぞれかかえています。このように，中年期の家族には，それぞれの世代のアイデンティティの危機が重なっているのです。自分自身の中年期危機を体験するとともに，家族員それぞれがアイデンティティの危機をかかえ，家族全体が大きく揺れることも少なくありません。

2　中年期の親と青年期の子ども

　青年期に達した子どもに対する中年期の親の心理社会的課題は，子どもの自立を援助し，その自立を見届けること，そして，就職や結婚によって独り立ちした子どもと，その後も適切な心理的距離をとりながら，よい関係性を維持していくことです。中年期は，それまでの子育ての結果が見えてくる時期であり，これまで様々な期待や願いをいだきながら育ててきた我が子に対する理想と現実・幻滅のはざまで，様々な問題が生じます。たとえば，思春期，青年期に達した子どもの自立への試みは，時にそれが破れかぶれの自立であることも少なくありません。中年期の親にとって，現実の我が子の姿が，長い子育てのなかで思い描き，期待していた成長のイメージと異なる場合，親の側に落胆やうつをもたらし，親であるという自信さえ失ってしまうこともあるのです。エピソードで紹介したBさんも，その典型的な1例と言えましょう。

3　中年世代の家族危機

　Ⅶ-1 で述べたように，中年期そのものが，ライフサイクルにおける危機期だと考えられます。もう若くはない，人生のなかで元気でいられる時間には限りがあるという実感に伴って，自己や世界の見え方は変化してきます。さらに，本来

ならば，自分の成長期・青年期に達成しておくはずだった育ちのなかでの未解決な葛藤・課題が，中年期ににっちもさっちもいかない形で顕在化してくることも少なくありません。

このような個々の事例をよく見ると，それは家族の問題と深く関わり，表裏一体であることが多いのです。たとえば，家族に対する親としての責任や，主体的な関わりが棚上げにされてきたり，不十分であった場合，それが，不登校など子どもの問題として現れてくる場合があります。また，自分や子ども，配偶者がいろいろな側面で無理をし，ゆとりのない生活である場合や，家庭のなかで活力が得られていない場合，中年期にその問題が表面化してくることもあります。子育て・家庭経営と仕事・職業の両立の問題は，乳幼児期の子どもをもつ親（多くは母親）の問題として捉えられることが多いですが，中年期の家族には，この長年の仕事（対社会的）役割と家族役割のバランスの歪みが，家族の心理的問題を引き起こすことも少なくありません。

4 中年期の子どもと老年期の親

老年期を迎えた親に対する中年期の子ども世代の心理社会的課題は，親の人生の最後を支え，看取ることです。老親の介護ストレスに関する問題は，今日，大きな社会問題になっています。また，要介護の段階には至らないまでも，老親を支えるために，大きく生活を変える中年期・初老期の夫婦も少なくありません。中年期の子ども世代と老年期の親の世代の家族に関わる心理臨床的問題は，単に介護のストレスだけでなく，親の生活や人生を支えるために，自分たちの生活構造や生き方をどう組み立て直すかという問題も極めて重要な課題となります。それがうまくいかない時，自分の人生が台なしになった，自分は親の犠牲になってしまったという思いが体験されることもあるのです。たとえば，次のCさんの事例（岡本，2007）は，中年期の夫婦が体験する老親との問題をよく示唆しています。

事例：55歳，女性，主婦・音楽教室経営

Cさんは，地元の大学を卒業後，20代で結婚し，3人の子どもにも恵まれました。子どもたちがそれぞれ就職して自立した頃，高齢の夫の母親の面倒を見るため，長男である夫は，会社を辞めて資格を取り，実家のある田舎へ帰って開業しました。Cさんも，長男の嫁として納得の上の生活の転換でしたが，全く知人・

友人もない土地に住み，これまでの生活と180度異なる生活となり，様々なストレスを感じるようになりました。夫の母親と同居するようになってみると，予想以上に夫が母親思いであり，妻である自分の気持ちを理解しようとしないなど，夫婦関係にも波風が立ち始めました。また，高齢でもなお，田畑を耕し農業に携わる「勝ち気な」姑に対しても，何も言い返せず「言われっぱなし」の毎日でした。その後しばらくして，頭がボーッとなる，イライラして夜眠れない，などの症状が現れ始めました。医師の診断は更年期障害でしたが，Cさんはその治療と並行して，カウンセリングを強く希望し，主治医の紹介で，筆者がカウンセリングを担当することになりました。

その後，およそ1年余，Cさんは熱心にカウンセリングに来談されました。面接者である筆者に日々の生活でのストレスを語るとともに，夫・姑とも適切な心理的距離が取れるようになりました。また，田舎で生活することになり，これまでの半生で育ててきた自分を根こそぎ失ってしまったと感じていたCさんでしたが，「自分らしい自分」は，現在の生活を維持しながらでも達成できるところがかなりあることに気づいていきました。

Cさんのカウンセリングで行われた心の作業は，自分自身の半生，夫との関係性の見直しを通して，「自分」を失わず「家族」を受け入れる自分自身のあり方，生き方の模索であったと思われます。

(岡本祐子)

Ⅶ-3　生涯にわたる配偶者との関係性の危機と発達

Episode　「空気」のような存在が意味するもの

　２人の子どもが無事に結婚し，ほっと一安心していたＤ夫さん（57歳，結婚28年目）に，思いがけない事態が待っていました。妻のＥ子さん（56歳）から，突然離婚を言い渡されたのです。Ｅ子さんは，ずいぶん前から離婚を考えていたそうですが，子どもに迷惑をかけないよう，彼らが結婚するまで待っていたというのです。

　長年連れ添うことで，配偶者はどのような存在になっていくのでしょうか。Ｄ夫さんは，Ｅ子さんのことを「空気みたいな存在だ」と言っていました。彼に限らず，このフレーズを使う人は少なくありません。Ｆ夫さん（53歳，結婚25年目）もその１人です。

　ただ，そのあとに続く説明から，Ｄ夫さんとＦ夫さんは，かなり違った意味で「空気」という言葉を使っていることがわかりました。すなわち，Ｆ夫さんは，「自分にはもったいない人。私にとって，妻はなくてはならない宝物のような大切な存在なのです」と話しました。一方，Ｄ夫さんは，「日頃，妻の存在を特別意識するようなことはありませんでした。いるのが当たり前すぎて……，だから空気としか言いようがないのです」とつけ加えました。

　まさに「空気」には，「なくてはならないもの，かけがえのないもの」という側面と，「存在して当然のもの，意識しないもの」という側面があるのがわかります。「空気」というたとえはさておき，注目すべきは，ともに長年連れ添ってきたにもかかわらず，配偶者の存在に対して全く異なる意味づけを行っている点にあります。ここでは，Ｄ夫さんの置かれた状況から，我が国の離婚の実態に触れた後，長年連れ添ってきた夫婦の結婚生活の継続を支えている要因とその変容について考えてみたいと思います。

1　我が国の離婚の実態

　我が国の年間の離婚件数は，2008年では251,136件となっています。離婚をした夫婦の結婚年数に着目したデータによると，同居期間が「5年未満」の夫婦がもっとも多いことは変わっていませんが，その占める割合は減少傾向にあります（図Ⅶ-2）。その分，他の期間の割合が増えており，とりわけ「20年以上」の夫婦の占有率が高まっています。そのなかでも，さらに「30年以上」にしぼった場合，1990年で3,149件だったのが，2008年には11,315件と，わずか30年間のうちに3倍以上（3.59倍）にまで増加しています。この期間での離婚は，ちまたでは熟年離婚や定年離婚と呼ばれるわけですが，長年連れ添ってきた夫婦が離婚するケースが珍しくなくなりつつあることがわかります。夫婦が同じタイミングで離婚を意識するようになるばかりではなく，Ｄ夫さんのように，ある日突然に切り出されて，全く寝耳に水だったというパターンもあるでしょう。

2　結婚生活の継続が成立するための条件

　ところで，長年結婚生活を続けている人々に，「どうして離婚しないのですか？」と問いかけてみると，いろいろな反応が返ってきます。「そんなこと考えたことがない」「別れる理由がない」「子どものため」「一度結婚した相手とは死ぬまで別れるべきではない」「満足している」「愛している」「相手が応じてくれない」など実に様々です。結婚生活の継続を支えている要因はそれぞれの夫婦に

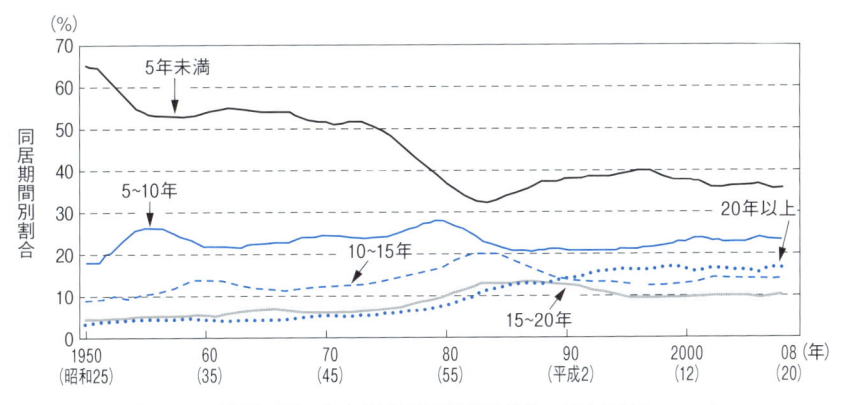

図Ⅶ-2　離婚に至った夫婦の同居期間の分布　（厚生労働省，2010）

よって異なるだけでなく，夫と妻の間でも同一とは限りません。

　コミットメントは，個人の内面に関わる要素として見られ，とりわけ長期にわたって続く人間関係をつくり上げ，それを保っていこうという意志を有すること，または決断を下すことを意味します（Jones et al., 1995）。これまで，様々な研究者によって定義と構成要素が議論され，実証的にも検討されてきました。たとえば，ジョンソンら（Johnson et al., 1999）は，配偶者との情緒的な結びつきに基づく「個人的コミットメント」，別れることをよしとしないといった自己の信念に関わる「道徳的コミットメント」，別れることが困難なために続けざるを得ない状況を反映した「構造的コミットメント」という多次元からなるとしています。また宇都宮（2005）でも，配偶者との関係性を問題とする「人格的コミットメント」，結婚生活の継続に伴い付随して生じる利益に関わる「機能的コミットメント」，消極的な継続を意味する「非自発的コミットメント」という3つのコミットメントの性質を見出しています。

　これら2つの研究からもわかるように，結婚生活の継続は自発性なコミットメントを基盤としていますが，その対象が必ずしも配偶者（との関係性）に向いているとは限りません。有配偶者であることの社会的有利性や，「永続性の観念」が強い社会体制下では，離婚が必ずしも賢明な選択とはならないため，結婚生活の継続を望む場合もあります。婚姻制度に対するコミットメントも，関係の安定性において重要な役割を担っていると言えます（Kaslow & Robinson, 1996）。

3　結婚生活の継続と配偶者との関係性の相互発達

　上記から，結婚生活が関係性に根差した継続であるかどうかも定かではありませんし，継続そのものが心理的に充足した状態を意味するとは限らないことがわかります。コミットメントは，同一の個人であっても，結婚生活を通じて変容する可能性をもっています（Adams & Spain, 1999）。またそれは，関係対象とのコミュニケーションを通して（Sahlstein & Baxter, 2001），流動的に変容し続けるダイナミックな性質であると考えられます（宇都宮，2010）。

　つまり，コミットメントのような結婚生活に対する基本的態度（内在的側面）は，結婚生活のなかで積み重ねられていく配偶者との日々の相互交渉（外在的側面）を通して，互いの状況を照合しながら，適宜修正が施されていくものと言えます（図Ⅶ-3）。一方で，日々の相互交渉のあり方も，結婚生活に対する基本的

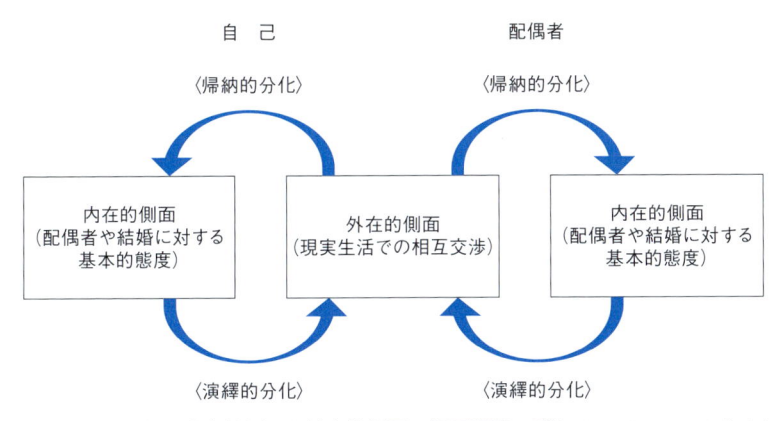

```
          自 己                    配偶者
       〈帰納的分化〉            〈帰納的分化〉

  ┌─────────┐   ┌─────────┐   ┌─────────┐
  │ 内在的側面 │   │ 外在的側面 │   │ 内在的側面 │
  │(配偶者や結婚に対する)│   │(現実生活での相互交渉)│   │(配偶者や結婚に対する)│
  │  基本的態度  │   │          │   │  基本的態度  │
  └─────────┘   └─────────┘   └─────────┘

       〈演繹的分化〉            〈演繹的分化〉
```

図Ⅶ-3　関係性の内在的側面と外在的側面の相互関連モデル（宇都宮，1999を修正。）

態度が反映されるものと理解でき，相互循環的な関係にあると言えます。

　このような循環は，結婚生活の継続を通して絶えず展開されているものと考えられますが，関係性の深化・成熟に結びつく循環となるのか否かは，夫婦の社会的特異性に対する認識によって大きく左右されます。すなわち，夫婦であることの「自明性」です。夫婦は，基本的には死別までは解消しないとの前提をもたれやすい関係と言えます。そのため，自己と配偶者との位置取りをめぐり，ともすれば自分とは異なる人格をもつ他者として，認識が曖昧になる可能性があります。D夫さんもそうした感覚で日々の結婚生活を送っていたのかもしれません。

　配偶者が異なる存在であることに無自覚な状態になると，相手のなかで生じている内在的側面への変化に鈍感になっていく恐れがあります。老年層を対象とした実証研究（宇都宮，2004）では，D夫さんのように夫が結婚生活に漠然と肯定的な感情を抱いている場合，その妻は結婚生活に不本意な思いを抱いている可能性が高いことが示唆されています。ただ，そうした人々であっても，ともに結婚生活を歩むなかで，相手の存在に無自覚であることへの気づきが促されることがあります。それは，配偶者がいなくなる可能性があることを強く認識させられる出来事においてです。配偶者が事故で命を失いかけたり，大病を患ったりしたことで引き起こされることもあれば，D夫さんのように離婚の危機に遭遇することで生じる場合もあります。つまり，配偶者の存在，ひいては夫婦でいられることの有限性への気づき（宇都宮，2010）が，配偶者との関係性の発達を左右する1つの重要な鍵なのかもしれません。

（宇都宮博）

Ⅶ-4　老親の介護と看取り

Episode　介護のイメージ

　筆者は，ある講義のなかで，大学生に「子どもを育てること」(以下，育児)と「親を介護すること」(以下，介護)から連想する語句を答えてもらいました。皆さんも考えてみてください。回答の一部を紹介します。

育　児
- 楽しそう。
- 子どもがかわいい。
- 大変なこともあるかもしれないけれど，喜びがいっぱい。
- 私も経験したい。
- 毎日，笑顔であふれる。
- 幸せ。
- 子どもの成長を見守ることは，何よりの喜びだと思う。
- たまにはイライラするかも。
- 自分の時間の減少。

介　護
- 大変そう。
- 介護する方も心身共に疲れる。
- 育ててくれた親を介護するのは当たり前。
- できれば経験したくない。
- 精一杯頑張りたい。
- 衰えていく親を見るのは辛い。
- 家族のあり方が問われると思う。
- いつまで続くかわからない。

　育児については「楽しそう」「幸せ」といった肯定的なイメージが多く，介護については「大変そう」「できれば経験したくない」といった否定的なイメージが多いことがわかります。育児も介護も大切な家族を世話するという点では重要なことだと理解しながらも，想像する場面や感情は異なるようです。
　ここでは，介護の現状を概観した上で，老親を介護すること，看取ることが，個人にとって，また家族にとって，どのような影響を及ぼすのかということを中心に考えてみたいと思います。

第Ⅶ章　中年期：人生の曲がり角

1　我が国における介護の現状

　日本は世界有数の長寿国であり，簡易生命表（厚生労働省，2011a）によれば，男性の平均寿命は79.64年，女性は86.39年です。健康で長生きできることを多くの人が望んでいるでしょうし，実際に心身ともに生き生きとした高齢者も多いことは事実です。しかし，医学が進歩した現在にあっても，高齢者の介護がなくなることはなく，社会にとって，家族にとって大きな問題になっています。

　それでは，介護者と要介護者の現状を見てみましょう。厚生労働省（2011b）の調査によれば，主な介護者と要介護者は「同居」が64.1％ともっとも多く，「同居」の主な介護者の続柄を見ると，「配偶者」が25.7％，次いで「子」20.9％，「子の配偶者」15.2％となっています。また「同居」の主な介護者を性別に見ると，男性30.6％，女性69.4％と女性の割合が高くなっており，年齢階級別では，男女ともに「60〜69歳」（男24.7％，女31.3％）がもっとも多く，次いで「50〜59歳」（男22.5％，女28.4％）という順になっています（図Ⅶ-4）。

　このことから，家族の意識やあり方が変化した今でもなお「介護は家族でするもの」「介護は女性が担うもの」という意識がうかがえ，親の介護問題や看取り

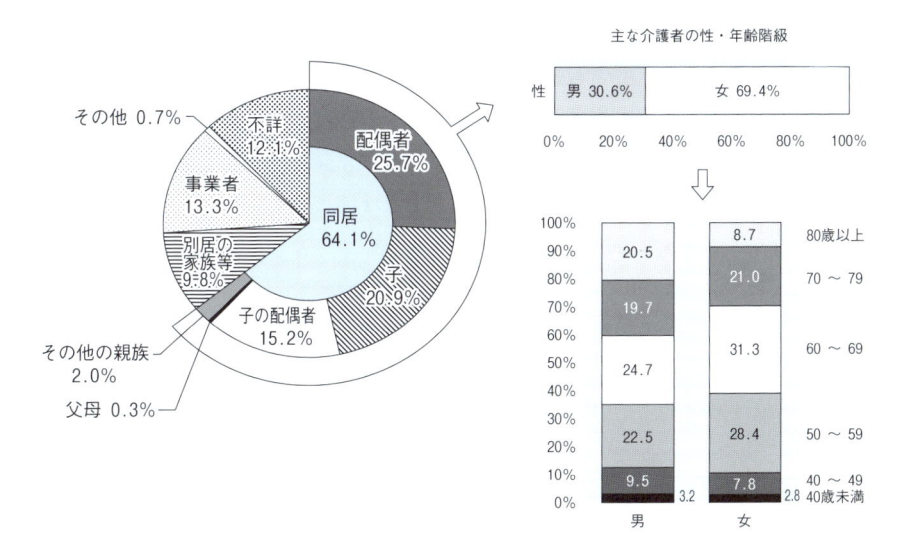

図Ⅶ-4　主介護者と要介護者との続柄および同居の主介護者の構成割合（厚生労働省，2011b）

については，中年期から老年期にかけて遭遇することが多いことがわかります。

　エピソードでも紹介したように，「育児」と「介護」は家族を世話するといった点では同じであっても，「育児」は今までできなかったことができるようになる獲得を支えるのに対し，「介護」は今までできていたことができなくなる喪失を支えるという点で大きく異なります。そして「育児」の場合，子どもの発達の道筋と期間は，ある程度見通しがつきますが，「介護」は1カ月で終わることもあれば，20年を要することもあり，期間の予測がつかないという点でも異なったものです。自分の親が，いろいろな機能を失う姿を目の当たりにし，自身も多くの問題を抱えながら，家庭内で介護をするということが，どれほどの困難さを伴うかということは容易に想像できるのではないでしょうか。

2　高齢者を介護することの葛藤：介護負担感と介護肯定感

　在宅介護者が介護をする際に感じる困難さや否定的影響を介護負担感と言い，欧米で1980年代に注目され始めました。そして，介護負担感の尺度の開発や関連要因の検討が盛んに行われ（Greene et al., 1982；Zarit et al., 1980），我が国でも，その流れをくみ，介護負担感に関する検討が始まりました（前田・冷水，1984；中谷・東條，1989；新名ら，1989；和気，1993）。このように高齢者介護の介護者に関する研究は，介護をすることが介護者に負担感やストレスといった否定的な影響を与えることに焦点が当てられ，有益な知見が積み上げられてきました。介護は肉体的にも精神的にもかなりの負担を強いる行為であり，そのことは経験的に理解できます。そのため，介護負担感の検討が進んだのは，負担感の内容や関連要因を明らかにすることで，介護している家族の負担を少しでも軽減するために必要不可欠なことだったと言えるでしょう。

　上述したように，確かに，先の見えない高齢者介護をすることは非常に困難な経験に違いありません。しかし，高齢者介護において，否定的側面だけでなく肯定的側面があることも報告されています（Picot et al., 1997）。ただし，山本（1995）が指摘するように，高齢者介護は否定的な経験のみではなく，肯定的な経験をも含むものであるという点は長く放置されてきており，介護経験における肯定的影響を調べた研究（Kinney & Stephens, 1989；Lawton et al., 1989；Lawton et al., 1991；Pruchno, 1990）は多くはないのが実情です。しかし，少ないながらも我が国においても，介護することによる肯定的影響は示唆されており（中谷・東

條，1989；坂田，1989），どのような側面が肯定的に変化するのかということについての検討も行われています（石井，2003；岡本，1997b；櫻井，1999）。具体的には，考え方が柔軟になったというような「柔軟さ」や他者の立場や気持ちをくみ取るようになったというような「自己抑制」，高齢者福祉や環境問題に関心をもつようになったというような「視野の広がり」等での変化が認められています。また最近では，介護の否定的影響と肯定的影響の双方の視点からの検討も行われ（広瀬ら，2004，2005，2006；中谷・東條，1989；坂田，1989；山本，2000；山本ら，2002），介護することによって，介護する側の心の発達が示されるようになりました。

3 親を介護し看取る経験がもたらすもの

　筆者は，大切な家族をケアし看取ることが，遺された人に何をもたらすのかという研究を行ってきました（渡邉・岡本，2006）。そのなかに，実母を3年にわたり介護し，看取ったGさん（調査当時59歳，死別時41歳）という女性がおられました。Gさんは，他者のために尽くす生き方を貫いた実母のことを心から尊敬していて，自分には到底あのような生き方はできないと話されました。しかし，当時の介護の状況を振り返った時，「私が死ぬか，お母さんが死ぬか，何かわからんようになっていたけど，お母さん先に死んでくれてありがとうと思う。ありがとうなんておかしいですけど，私も危ないとどこかで思っていたんですよ」といったような心身共に疲弊した様子を語られました。介護の厳しさが伝わってきます。幸いにもGさんには，夫をはじめとする家族のサポートがあったことと，仕事を続けたことで社会とのつながりが保てたことによって，親の介護と看取りという厳しい局面を乗り越えることができました。また，15年にわたり義母と実母を介護した高橋（2008，pp.171-172）は，人は生きていく限り必ず老いていくものだとし，「その道程をどう周囲の縁ある人々とかかわり，自らの生き方を創造していくのか…（中略）…そして私自身，これからどう老いて，どう生涯を閉じるのか，義母と実母，2人の母の介護から実に多くを学びました」と記しています。

　このように，親を介護し看取ることは，自己が揺さぶられる経験であり，危機だと言えます。しかし，その経験のなかで他者や自己と向き合うことにより，より成熟した人になれる可能性を秘めてもいます。また，厳しい局面を乗り越えるためには，主たる介護者を支える家族，社会からのサポートがとても大切なのです。

　　　　　　　　　　　　　　　　　　　　　　　　　　　　（渡邉照美）

Ⅶ-5　女性のライフサイクルと中年期

> **Episode　2人の女性の中年期の壁**
>
> 「私の仕事は現場での仕事もあり，深夜に及ぶこともあり，体力を要します。最近体力の低下を痛感し，60代まではとてもこの仕事は続けられないだろうと思いました。また私の専門は，若い感性が求められます。先日も私よりも若い人の提案が採用された時には，仕事の上での限界を痛烈に感じました。」（Hさん，44歳，化粧品会社の研究員）
>
> 「42歳の今，生活の充実感がどうしてもつかめず，いまだに模索中です。○○の通信講座に登録してみたり，女性起業塾にも通いましたが，私に向いているとは思えませんでした。今までキャリアとして育ててきたものは何もありません。子どもたちももう高校生になったので，何か打ち込んでやれる仕事がほしいと，痛切に思います。」（Iさん，42歳，主婦）
>
> 　Hさんは，青年期以来20年余，大手企業の花形の職業に就き，仕事に誇りをもって打ち込んできました。一方，Iさんは学生時代に大恋愛の末，幸福な家庭を築いてきました。どちらも充実した半生を送っているように思えますが，40代を迎えて最近，2人ともあまり元気ではありません。
>
> 　第Ⅴ章で見てきたように，青年期のアイデンティティ形成によって，成人期の人生は大きく方向づけられます。青年期に職業的な自立をめざす生き方を選択した人々と，結婚し家庭を築くことを優先した人々では，後の人生行路は大きく異なるように見えます。しかし，中年期の人々の声に耳を傾けると，いずれの道を選んだ人々も，40代の中年期に再び生き方の問い直しに直面していることがわかります。注意深くそれらの声を聴くと，キャリアを生き方の中心において生きてきた人と，家庭中心の生活を送ってきた人とでは，その中身が異なっていることに気づきます。
>
> 　ここでは，女性のライフサイクルの複雑さと中年期のアイデンティティの立て直しについて考えてみましょう。

第Ⅶ章　中年期：人生の曲がり角

1　女性の人生の複雑さ

　女性の人生は，男性に比べてはるかに複雑な特質をもっています（岡本，1999）。それは，次のような要因によるのでしょう。

　第1は，生き方の多様性です。女性のライフコースは様々であり，男性に比べて，アイデンティティに関わる重要な意思決定は，青年期以降に次々と訪れます。しかも今日，自分の生き方は主体的に選択できるようになりましたが，必ずしもすべての女性がそれを実行できているわけではありません。

　第2は，自分の生き方に関わる意思決定の仕方の複雑さがあります。女性は，必ずしも自分の都合・意思を優先して生き方を選択・決定しているわけではありません。青年期のアイデンティティ形成や成人初期の結婚や出産・育児の時期に，配偶者や子どもなど，「重要な他者」との関係やケアを優先して生き方を選択する女性は少なくありません。

　第3は，ケアに関わる問題です。現代社会においてなお，育児や老親の介護などのケア役割の大部分は，女性が担っています。家庭内のケア役割の責任者であることのプレッシャーや第一義的責任，つまり子どもや親の面倒を見るもっともふさわしい人間は自分であるという感覚も相当，重いこともまた事実です。

　筆者は，青年期以降の女性のライフサイクルを1本の木に見立てて，「現代女性のライフサイクルの木」として表してみました（図Ⅶ-5）。この図の示唆するものは，女性のライフスタイルの多様性と，どのライフスタイルを選択しても光と影があることです。21世紀を迎えた今日の女性に対しても，この図は，かなりあてはまるように思われます。男性の場合は，学校を卒業すると，職業を太い軸とした人生が展開していく人が多いのに対して，女性の場合は，結婚，出産・子育て，職業との両立等，ライフコースはいくつにも枝分かれしていきます。その方向選択の岐路は，常にアイデンティティに直接関わる問題をはらんでいるのです。

2　成人期の「個」と「関係性」のあり方

　アイデンティティの形成・達成というと，個としての自己実現や自立というイメージで捉える人も多いかもしれません。しかし，アイデンティティは，「個」としての主体的なあり方と，「他者との関係性」が，いわば入れ子のように影響

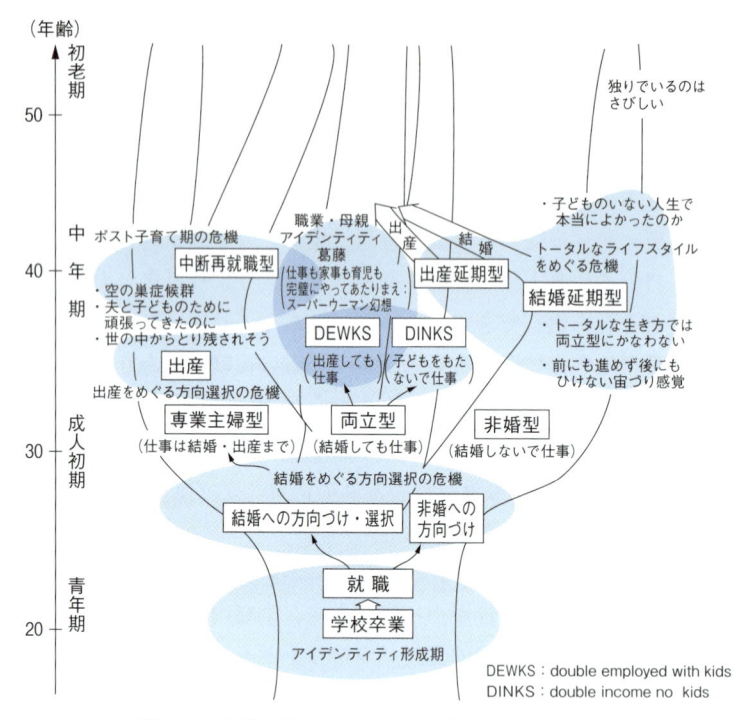

図Ⅶ-5　現代女性のライフサイクルの木（岡本，1994）

を及ぼし合いながら達成されていくものです。成人期の人生は，職業，家族，その他それぞれの世界に深くコミットし，責任をもち，複数の役割をこなしていくことが求められます。それぞれのバランスのとり方は，個々人によって様々ですが，「個」としての主体的なあり方と「他者を支える関係性」の2つの軸は，成人期のアイデンティティが成熟し深化していくための不可欠の要素であると考えられます。

3　中年期女性のアイデンティティの問い直し

（1）生き方の志向性によって異なる中年期危機の中身

Ⅶ-1 で述べたように，中年期には，体力の低下や自分自身の限界感，子どもの親離れなど，様々な心身の否定的な変化が体験されます。ところが，その中年期危機のあり方は，男性と女性とでは相当，異なっています。

（2）達成してきたものの見直し・トータルな生き方の問い直し

　中年期は，これまでの半生の生き方をふり返り，アイデンティティの立て直しが行われる時期です。男性では，「個としての自分」，つまり職業における業績など，自分がこれまでやってきたことを自分なりに評価し，その意味を問う形で，中年期まで半生の生き方をふり返る人が多く見られます。それに対して女性の場合は，個としての関与・達成のみでなく，家族に対する母親，妻としての自分など，トータルな自分の生き方という2つの次元でアイデンティティの問い直しが行われます。

　中年女性のアイデンティティ危機の特徴は，「個としての自己確立志向型」と家族など「関係性志向型」では，かなり異なっています。「個としての自己確立志向型」の生き方をしてきた女性にとって，①自分の仕事への関与のあり方や職業のなかで達成してきたものの意味の問い直しとともに，②トータルな生き方もまた，真剣に問い直されます。自分の生活全体を見た時，「私の生き方はこれでよいのか」「夫や子どもとの関わり，仕事とその他の生活のバランスは，これでよいのか」，シングルとして生きてきた女性は，「家庭をもたない人生で本当によいのか」など。仕事と家庭を両立させてきた女性は，職業役割，家庭役割など多くの役割を抱えているため，これらの複数の役割のバランスの崩れが，中年期のアイデンティティの危機を引き起こすことも少なくありません。

　それに対して，「関係性志向型」の生き方で中年期を迎えた女性にとって，中核となるアイデンティティの問い直しは，自分の家庭や子育ては満足できるものだったかという問いです。そして，深く関与してきた家庭や子育てはうまくやれていると思えても，トータルな自分の生き方を見直した場合，「自分」と言えるキャリアをもちたい，家族のために棚上げにしてきた，本当にやりたかったこと，やり残してきたことをやりたいという，「自分＝個」を確立したいという声が，たくさんの女性から聞こえてきます（岡本，2002）。

　いずれにしても，中年期に多くの女性は，自分の望む「個」としての生き方と重要な他者との関わりのはざまでの葛藤を解決して，新たな納得できる生き方を見つけ出していきます。中年期のアイデンティティの成熟性にとって，「個としての自分」と，「他者をケアし支える自分」のバランスがとれていることは，非常に大切であると思われます。

（岡本祐子）

［第Ⅷ章］
老年期：人生をまとめる

　私たちは，現役引退後20〜30年という長い老年期をもつ時代に生きています。老年期の問題は，高齢者本人だけでなく，家族や社会，子どもや孫の世代の問題でもあります。老年期の心と体の変化はどのようなものなのか。老年期の発達的課題は何か。生きがいをもって生きるためにはどうしたらよいのか。認知症とはどのようなものなのか。どのように高齢者を支えたらよいのか。これらはすべて生涯発達心理学の課題であり，人生の晩年を豊かに生きるために，考え学ぶべき重要な問題です。本章では，老年期の心・家族・社会の問題について解説します。

Ⅷ-1　老年期の心と体の変化

> **Episode**　「歳をとって初めてわかる」こと
>
> 　60歳以上の方々とお話をしていた時のことです。そのなかのおひとりが「最近，何をするにも『どっこいしょ』と言ってしまう。歳をとったなあと思う」とおっしゃいました。すると，「段差のないところでつまずくようになった」「知人の名前を言おうと思っても，顔だけ浮かんで名前が出てこない」といったような歳をとったと思う瞬間のエピソードが次々に披露されました。そして「若い時には，そういう人たちを見てもどかしく思っていたけれど，歳をとってみて，初めてその気持ちがわかった。頭では，若い時と変わらない動きをしているつもりなのに，体がついていかない」という意見に皆さん深くうなずかれていました。
>
> 　皆さんは，これらに共感できますか。この本を読んでいる方の多くは，若い世代であり，想像することは難しいかもしれません。しかし，高齢者の心理を考える上では，高齢者がどのような面で不自由さを感じながら生活しているのかを知ることは大切なことです。高齢者の体の変化は歳を重ねないと経験はできませんが，高齢者疑似体験教材によって，疑似体験をすることは可能です。視覚障害体験ゴーグルを身につけることで，白内障や視野狭窄といった視覚の変化を体験したり，手首や足首におもりをつけることで，筋力の低下や平衡感覚の変化を体験したり，ゴム手袋をはめることで，手指の感覚の低下を体験したりできます。大学生にこの疑似体験をしてもらうと，「なんであんなにゆっくり歩いているのかと思っていたけれど，視界も狭いし，関節も硬くなるし，動きがゆっくりになるのも当然」「携帯電話も私たちが使っているような機種では押しづらいと思う」といった感想が寄せられます。
>
> 　このように，疑似体験をすることは高齢者の心と体の変化を考える上で有効です。ただし，ある日突然，上記のような変化が起こるのではなく，実際には徐々に変化が認められることに注意してください。それでは，老年期の心と体の変化について見ていきましょう。

第Ⅷ章　老年期：人生をまとめる

1　日本の高齢化率

　総務省（2011）の国勢調査によると，2010年の総人口に占める65歳以上人口の割合は23.0％であり，65歳以上人口の割合は調査開始以来最高，15歳未満人口の割合は調査開始以来最低でした（図Ⅷ-1）。65歳以上人口の割合を諸外国と比較しても，我が国はドイツおよびイタリア（ともに20.4％）を上回り，世界でもっとも高い水準となっています。

　一般的には，65歳以上の人々のことを高齢者と呼びますが，平均寿命の延びにより，老年期は長期化しています。たとえば，65歳の人と100歳の人を高齢者とひとまとめにして考えることは少々乱暴かもしれません。そのため，現在では，高齢者を65〜74歳の前期高齢者（young old），75〜84歳の後期高齢者（old old），85歳以上を晩期高齢者（oldest old）の3つの区分に分類して区別して考えることが増えてきました。しかし，同じ年齢区分であっても，個人差が大きいことが老年期の特徴の1つであることを忘れないでください。

2　生涯発達的視点から見た老年期

　生涯発達的視点から老年期を見てみましょう。発達段階ごとに発達課題を示したハヴィガースト（Havighurst, 1972）によると，老年期には「身体的変化への適

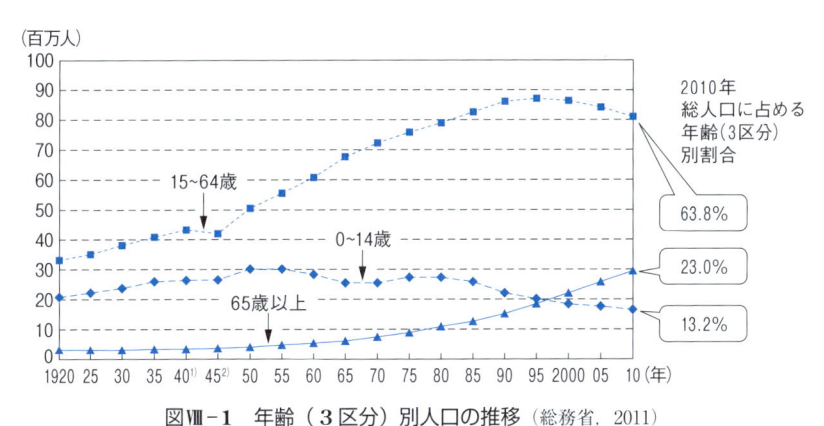

図Ⅷ-1　年齢（3区分）別人口の推移（総務省，2011）

注1）：朝鮮，台湾，樺太および南洋群島以外の国籍の外国人（39,237人）を除く。
　2）：1945年は人口調査結果による。沖縄県を除く。

応」「退職と収入の変化への適応」「満足な生活管理の形成」「退職後の配偶者との生活の学習」「配偶者の死への適応」「高齢の仲間との親和の形成」「社会的役割の柔軟な受け入れ」という課題が挙げられています。エリクソン（Erikson, 1950）は，老年期の心理社会的課題として「自我の統合」対「絶望」を位置づけました。またバルテス（Baltes, 1987）は，生涯にわたる心理的適応能力の獲得と喪失の割合について，加齢に伴い，獲得が少なくなり，喪失が多くなるというモデルを提唱しました。これらからもわかるように，獲得を多く経験する人生前半部とは異なり，中年期以降，これまでできていたことができなくなったり，これまで期待されていた役割を終えたり，大切な人を失ったりする喪失を多く経験することになります。老年期においては，人生を振り返り，自分なりに人生をどうまとめていくのかということが重要になってくるのです。

3 老年期における体の変化

　人は中年期頃から白髪やしわ，しみ，たるみ，歯が抜けるといった「老い」を感じ始めます。加齢に伴い，身体や感覚，認知機能に変化が出てくることは避けられません。身体機能の変化とは，具体的には筋力の低下，椎骨や椎間板の変性，バランス能力の低下などです。筋力やバランス能力の低下は，高齢期の大きな問題の1つである転倒の原因ともなってきます（石松, 2011）。

　また感覚機能には，視覚，聴覚，味覚，嗅覚，皮膚感覚などがあり，加齢に伴って以下のような変化が起こることが多いとされています。

（1）視　覚

　加齢に伴う視覚変化は，一般的に老眼（老視）と呼ばれ，近視力が低下する生理的変化と，物が二重に見えたり，まぶしさを感じたりする症状が現れる白内障や視神経が傷害を受ける緑内障といった眼疾患に分かれます。視野についても，加齢とともに見える範囲が狭くなり，この症状は50歳前後から顕著になります。

（2）聴　覚

　老年期になると，可聴範囲が狭くなり，高い音と小さな音が聞こえにくくなります。聴力の衰えは自覚しづらく，周囲の人によって聴覚の低下を指摘されて気づくことも多いようです。聴覚の衰えは，他者とのコミュニケーションを困難にし，さらには危険回避の遅れにつながってもいきます。そのようにならないためにも，補聴器の利用は有効な手段の1つと言えるでしょう。

（3）味覚・嗅覚

　味覚も嗅覚も生理的老化に伴って，その感度が一般的には低下します。また，生理的老化による味覚や嗅覚の減衰だけではなく，病気を患うことも多くなり，治療のために薬剤を服用し，その副作用として，味嗅覚疾患が生じることもあります（綾部，2011）。

　その他に，エピソードでも紹介したように，「なかなか名前が出てこない」「同じことを繰り返し言う」といった認知機能や記憶の側面でも変化が認められます。年齢とともに，誰もが身体的に衰えていきます。ハヴィガーストも発達課題の1つとして，「身体的変化への適応」を挙げているように，老年期においては，その現実を受け止め，適応していくことが求められます。また周囲の者も，そのような変化に寄り添い，高齢者の自尊心を尊重した援助をすることが大切です。

4　老年期における心の変化

　老年期は，仕事でも家庭内でも現役を退く時期です。社会的役割を失うことは，経済力を喪失することであり，社会における地位の喪失を意味します。親役割といった家庭内での役割を失うことは，家庭内での居場所を失うことになるかもしれません。それまでの生き方に固執して，外的な評価に惑わされるのではなく，自己に向き合い，生きがいや充実感を見つけられるような柔軟な生き方が望まれます。また自分自身の役割を喪失するだけでなく，配偶者や友人といった大切な人と死別する可能性も高くなり，死とどう向き合うのかという問題もクローズアップされる時期です。現役引退に伴う変化や家族関係の変化，死に対する問題等の老年期の心の変化については，Ⅷ-2以降で詳細に説明していきます。

　老いは，下降や衰退，喪失を意味します。しかし，それだけではありません。これまで歩んできた人生を振り返り，未解決の問題に取り組み，自我を統合していく時期でもあるのです。先述のように，エリクソンは，老年期を「自我の統合」の時期と位置づけ，この課題を達成するためには「英知」が必要だと述べています。それができなければ「絶望」を感じることになります。老年期という時期に，心身ともに，いかにしなやかに適応し，自己を問い人生をまとめていくのかということは，少子高齢社会の日本において，多くの人が考えなければいけない重要な課題だと言えます。

（渡邉照美）

Ⅷ-2　老年期の生きがいと幸福感

> *Episode*　**あなたにとっての生きがいは？**
>
> 　皆さんは年賀状をもらった時，手書きのものとはがきソフトを使ってパソコンで作成されたものと，どちらの方が，より心がこもっていると感じますか。手書きの年賀状の方が心がこもっていると思いませんか。
> 　筆者は，高齢者や障害者とパソコンをともに学ぶボランティアをしています。その活動のなかで出会ったAさん（女性，77歳）のお話を紹介したいと思います。
> 　Aさんは，これまでに詠んだ短歌の句集をパソコンで作成したいとのことでした。短歌をパソコンで入力し，その下には，ご自分で撮影された花や風景の写真も入れたいとの希望がありました。しかしパソコンの電源の入れ方もわからない状態。そして，Aさんと我々の奮闘の日々が始まりました。電源の入れ方，マウスの使い方，文字入力の方法，字体の変更方法，画像の取り込み方，印刷の方法……。パソコン勉強会で学んだことを次週までに復習し，できなかったところは翌週学び直すということを繰り返されました。そして半年後，世界に1つしかない句集ができあがりました。次は，そのなかでいちばん気に入っている句と写真を年賀状に入れて友人に送りたいとのことでした。友人の住所や名前も，すべてパソコンで作成されました。「手書きの方が速いと思うけれど，友達にパソコンを習っていることを伝えたくて，パソコンでつくった年賀状を送りたかった」と教えてくださいました。その年賀状には「今では短歌を詠むことだけではなく，パソコンも生きがいに加わりました」と添えられてありました。
> 　パソコンに慣れた世代にとっては，手書きの年賀状の方が心がこもっていると思うかもしれません。しかし，手書きよりも時間をかけ，手書きと同様，心を込めてパソコンでつくる年賀状もあるのです。Aさんにとって，パソコンが生きがいに加わったことをボランティアしている側としてうれしく思ったエピソードでした。

第Ⅷ章　老年期：人生をまとめる

1　サクセスフル・エイジング

　老年期は，心身ともに衰えを感じ，現役世代からも引退する時期であり，生きる目的を喪失しやすい時期であると言われています。しかし，高齢であっても，健康で，生き生きと活動されている方はたくさんいらっしゃいます。仕事や子育てといった役割から解放されて，地域活動やボランティア活動に積極的に参加されている方もいらっしゃいます。つまり，様々な喪失を経験しやすい時期ではありますが，それにうまく適応して，幸せな日々を送っている高齢者はたくさん存在します。このようにうまく年を重ねる過程をサクセスフル・エイジング（Successful Aging）と言います（田中，2011）。

　サクセスフル・エイジングに関する研究は高齢者の適応研究（加齢の変化に対して高齢者がどのように適応していくか）から始まり，理想の老い方（高齢期の生き方）に関する処理論の確立へと進みました。同時に高齢期のQOL（Quality of Life：生活満足度・人生満足度）を測定する尺度開発も盛んに行われ，高齢者のQOL向上に向けて，重要な役割を担っています（前田，2009）。

2　高齢者の健康と社会生活

　内閣府（2011）の「平成22年度高齢者の生活と意識に関する国際比較調査」によると「あなたは，現在，健康ですか」という質問に対し，日本では「健康である」と認識している人の割合が65.4％であり，スウェーデン（68.5％）に次いで高い割合でした。「日常生活を送る上で，誰かの介助や介護が必要ですか」という質問に対しては，「まったく不自由なく過ごせる」が89.8％と，アメリカ，韓国，ドイツ，スウェーデンのなかでもっとも高い結果でした。この調査では対象者が施設入所者を除いた60歳以上の男女であったために，このような結果になったとも考えられますが，日本の高齢者の多くが，健康を損なっていないことがわかると思います。

　また同調査で，社会との関わりに関する項目を見てみると，日本では，ボランティア活動・その他の社会活動に参加したことのある人が，2005年46.6％に対し，2010年48.3％と増加しています。ボランティア活動に現在参加していない人でも，ボランティア活動に「関心がない」人は15.9％のみで，5カ国のなかでもっとも少ないことがわかりました。以上のことから，日本の高齢者は健康を保ちつつ，

積極的な人生を送ろうと考えている人が多いことがうかがえます。

3 高齢者にとっての生きがいとは

神谷（1980）は『生きがいについて』のなかで，人間がいきいきと生きていくために，生きがいほど必要なものはないと述べ，それゆえに人間から生きがいを奪うほど残酷なことはなく，人間に生きがいを与えるほど大きな愛はないとしています。生きがいという言葉は日本語だけにあり，こういう言葉があるということは日本人の心の生活のなかで，生きる目的や意味や価値が問題にされてきたことを意味するとも述べています。生きがいとは，生きていく上で喜びや生きる意味を与えるものと言えるでしょう。

それでは，高齢者は日常生活のなかで，どの程度生きがいを感じているのでしょうか。内閣府（2009）の「高齢者の地域社会への参加に関する意識調査」では，生きがいを感じている程度は，「十分感じている」が44.2%，「多少感じている」が38.3%であり，8割を超える高齢者が生きがいを感じていました。年齢別では，年齢が高くなるほど，生きがいを感じている割合は低下しますが，80歳以上であっても7割以上の人が生きがいを感じています（図Ⅷ-2）。また，親しい友人・仲間を多くもっている人ほど，生きがいを感じていることがわかります（図Ⅷ-3）。その他に，現在の健康状態が良好である人，自主的な活動に参加したことがある人，近隣との付き合いが親密な人は生きがいを感じていることがわかりました。

「生きがい（喜びや楽しみ）を感じるのはどのような時ですか」という問いに対しては，健康状態の良好な人は，「趣味やスポーツの熱中」（51.8%），「孫や家族との団らん」（47.6%），「友人や知人との食事・雑談」（46.7%）と回答した人が多く，健康状態があまりよくない人は，「テレビやラジオ」（48.9%），「孫や家族との団らん」（45.8%）との回答が多くありました。

以上より，老年期の生きがいには配偶者や友人といった人間関係が密接に関係していて，良好で親密な人間関係が生きがいにつながることが多いと言えるでしょう。家族だけでなく，より広い人間関係を築いておくことが大切かもしれません。一人ひとりの生きがいや幸福感はそれぞれに異なります。価値観を押しつけるのではなく，その人にとって，何が幸せなのか，自分らしく生きるとはどういうことなのかを考える視点を大切にしたいものです。

（渡邉照美）

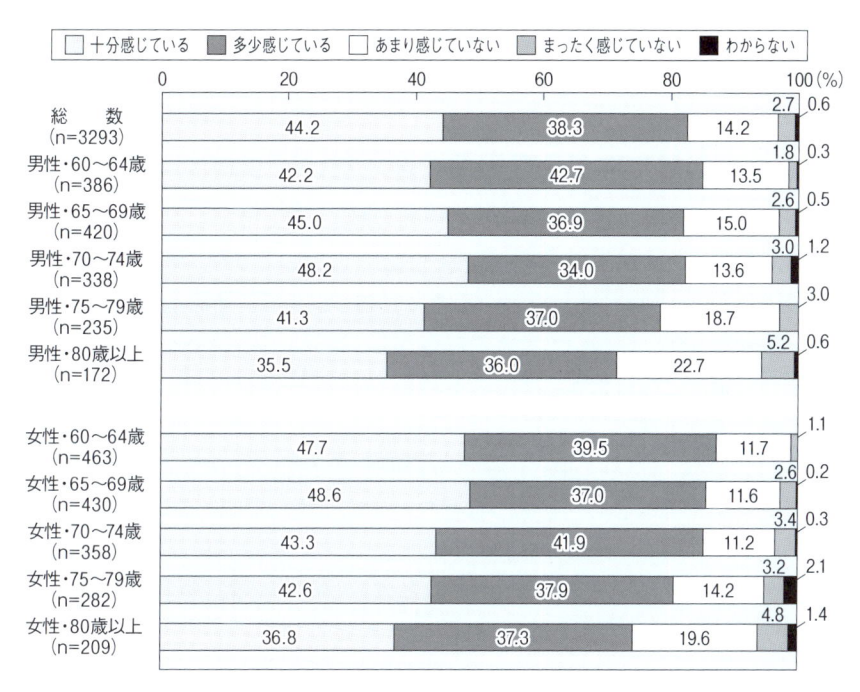

第Ⅷ章　老年期：人生をまとめる

図Ⅷ-2　性別・年齢別生きがい（喜びや楽しみ）を感じている程度（内閣府，2009）

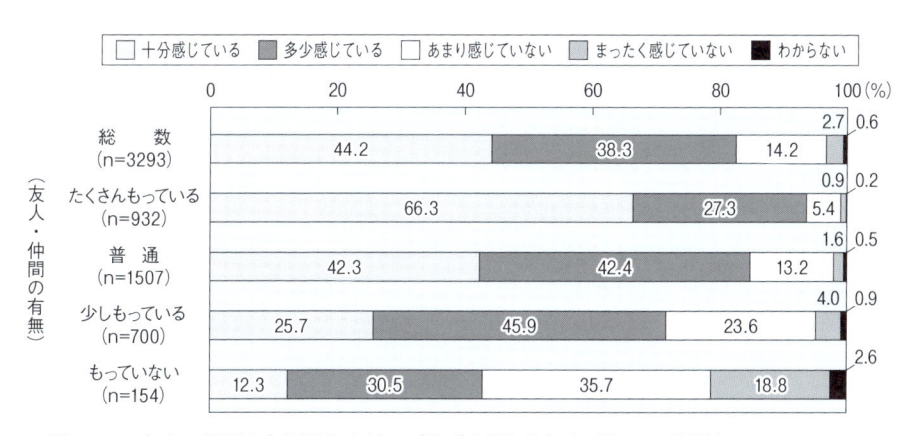

図Ⅷ-3　友人・仲間の有無別生きがい（喜びや楽しみ）を感じている程度（内閣府，2009）

183

Ⅷ-3　死をどう受けとめるか

𝓔pisode　あなたはどんな最期を迎えたいですか？

　筆者は，大学で「家族心理学」の講義を担当しています。恋愛や結婚，子育てといった大学生には関心の高い内容が多いのですが，家族心理学の最後の講義時には，「死」について考えてもらいます。その前の週の最後に，次週は「死」について考えてもらうことをアナウンスすると潮が引いたように静かになります。学生は1週間をかけて，自分なりに「死」について考えてきます。

　そして翌週。「あなたはどのような最期を迎えたいですか」と問います。すると「病気になって，管につながれたまま，死んでいくのは嫌」「寝ている間にいつの間にか最期を迎えたい」といった答えが返ってきました。毎年のことですが，ある日突然亡くなるポックリ死を望む学生が多いように思います。

　次に「あなたの大切な人が亡くなるとしたら，どのような最期を希望しますか」と問います。「精一杯看取りたい」「突然死は嫌。後から色々な後悔が出てくると思うから」「事故など突然亡くなるよりは，病気になって，看病する時間がとれる亡くなり方の方がいい。最期の時間をともに過ごせるから。自分が迎えたい最期（突然死）とは全く違う」といった回答が返ってきました。

　学生たちは，自分自身の死は家族や周りに迷惑をかけたくないという思いから，看取りの期間のない死に方を望む人が多いのに対して，大切な人の最期は悔いのないよう看取りたいと思っていて，そこには矛盾があるということに気づいていきます。死について考えることを後ろ向きだと思う人もいるかもしれません。しかし，この講義をした後の感想のなかに「人は必ず死ぬ。だから，死ぬことを考えないといけないと思った。そこを考えることで，今とこれからをどう生きるかを考えられるようになる。とにかく生きなきゃいけない」というものがありました。死を見つめることは生を見つめることです。皆さんも考えてみてください。

第Ⅷ章　老年期：人生をまとめる

1　老年期と死

　死をどう受けとめるかは，性別や年代を問わず重要なテーマですが，特に老年期においては，大切な人との別れに多く出会い，その死別経験をどのように受けとめていくのかが問われます。そして，何よりも大きな課題として，人生最後のライフイベントでもある自分自身の死があります。自分自身の死とどう対峙するのかが問われることになります。

　河合ら（1996）は，我が国の高齢者の死に対する態度について調査していますが，そのなかで，諸外国と比べて，死の不安や恐怖が高いことが明らかにされました。死そのものより，死ぬ際の苦しみについての恐怖が大きいのではないかということでした。年齢が高いほど死の不安や恐怖は減少することや，家族との死別体験をしている場合には，死を受容する傾向にあることも明らかになりました。

　また，40〜79歳の男女792名を対象にした調査（小谷，2004）では，理想の最期として「心筋梗塞などで，ある日突然死ぬ」という「突然死」を64.6%の人が選び，「病気などで多少寝込んでもいいから，少しずつ死に向かっていく」という「じっくり死」を選んだ人は31.7%でした。そして図Ⅷ-4はその理由を示したも

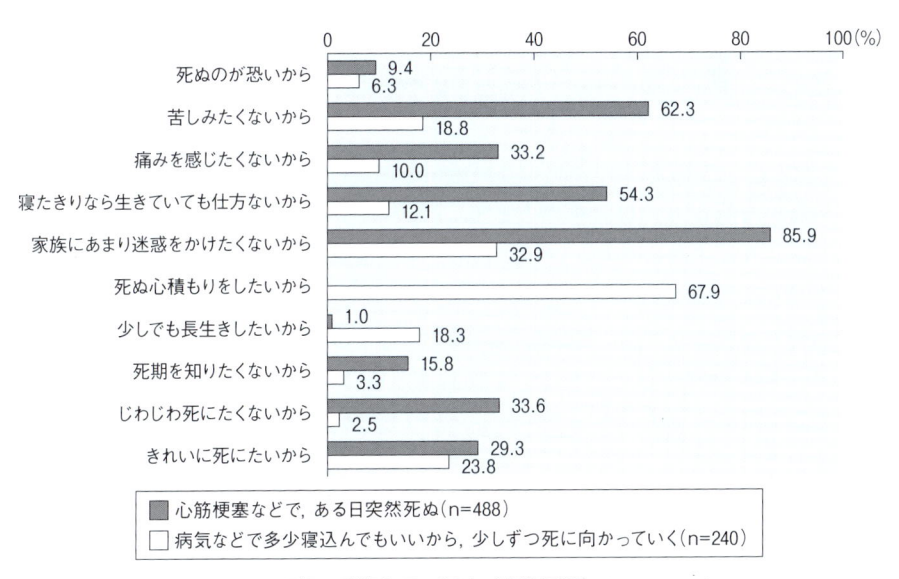

理由	心筋梗塞などで，ある日突然死ぬ(n=488)	病気などで多少寝込んでもいいから，少しずつ死に向かっていく(n=240)
死ぬのが恐いから	9.4	6.3
苦しみたくないから	62.3	18.8
痛みを感じたくないから	33.2	10.0
寝たきりなら生きていても仕方ないから	54.3	12.1
家族にあまり迷惑をかけたくないから	85.9	32.9
死ぬ心積もりをしたいから		67.9
少しでも長生きしたいから	1.0	18.3
死期を知りたくないから	15.8	3.3
じわじわ死にたくないから	33.6	2.5
きれいに死にたいから	29.3	23.8

図Ⅷ-4　理想の最期とその理由（複数回答）（小谷，2004）

のです。突然死を選んだ人は「家族にあまり迷惑をかけたくない」気持ちからであり，じっくり死を選んだ人は「死ぬ心積りをしたい」からだということがわかります。エピソードで紹介した学生の回答と似たような結果でした。この調査においても，河合ら（1996）と同様，死への不安や恐怖は，死そのものよりも，死に至るまでの苦しみや痛みに対しての方が大きいこと，また年齢があがるにつれて，死の恐怖を感じない人が増えることが示されています。

2 大切な人を失った人の心理

大切な人を失って経験する一連の心理過程を悲嘆と呼びますが，その心理過程については諸説あります（渡邉，2011）。ここでは，デーケン（2011）の悲嘆のプロセスを紹介します。

愛する人の死に遭うと，その衝撃によって，一時的に何もわからなくなってしまう「①精神的打撃と麻痺状態」になります。これは心の防衛機制の1つで，心身のショックを和らげようとする，生体の本能的な働きによる自然な機能です。次に，相手の死をすぐには認めない「②否認」，そして身近な人の死に直面した恐怖から「③パニック」状態になります。ショックがやや収まると，悲しみと同時に，不当な苦しみを負わされたという激しい怒りが沸き起こります。これが「④怒りと不当感」であり，看取りの期間が短い，もしくは看取りの期間がないような死，つまり災害や事故，急病などの突然死の場合には，とりわけ強く現れます。遺された人は，周囲の人々や亡くなった人に対して，「⑤敵意とルサンチマン（恨み）」という形でやり場のない感情をぶつけます。次に「⑥罪悪感」です。過去の行いを悔やみ，自分を責めます。「あの人が生きているうちに，もっとこうしてあげればよかった」といった感情です。空想のなかで，亡くなった人がまだ生きているかのように思い込み，実生活でもそのように振る舞う「⑦空想形成・幻想」が起こります。葬儀などの慌ただしさが一段落して，訪れる人も少なくなり，1人の寂しさを感じる「⑧孤独感と抑うつ」を経験します。そして，日々の生活目標を見失った空虚さから，どうしていいのかわからなくなる「⑨精神的混乱とアパシー（無関心）」を経て，「⑩あきらめ：受容」に至るとされます。本来，日本語の「あきらめる」という言葉には，「明らかにする」という意味があります。この段階に達すると，愛する人はもうこの世にはいないというつらい現実を「明らか」に見つめて，相手の死を受け入れようとする努力が始まります。

受容というのは，ただ運命に押し流されて，なげやりになるのではなく，事実を積極的に受け入れていこうとする行為です。いつまで続くのかわからない辛い時期から，忘れていたほほえみが戻り，新たな生活に踏み出す「⑪新しい希望：ユーモアと笑いの再発見」，そして最終段階は「⑫立ち直りの段階：新しいアイデンティティの誕生」です。悲嘆のプロセスを乗り越えるということは，以前の状態に戻ることを指すのではなく，苦しい経験を通じて，より成熟した人格へと成長することを意味します。現在では，実証的データをもって，死別経験後の心の発達が明らかにされています（東村ら，2001；渡邉・岡本，2006）。

ただし，亡くなった時の状況や遺された人のパーソナリティ，故人との関係，死生観などの要因が複雑に絡み，病的な悲嘆から抜け出せなくなることもあります。そのような場合には，専門職者による適切な対応が必要になります。

3 自分自身の死と向き合う

この世に生をうけたものに対して死は確実に訪れます。しかし，自分の死の経験を，自分が亡くなった後，語れる人はいません。未知なる経験だからこそ，死に向かうなかで，不安や恐れが生じるのでしょう。死に直面した人はどのような感情体験をするのでしょうか。キューブラー・ロス（Kübler-Ross, 1969）は，末期がん患者の死へ向かうプロセスを5段階で表現しました。近い将来，死が訪れると知った際に，何かの間違いだとする「①否認」，なぜ自分だけがこんな目に遭うのかという「②怒り」，もし病気が治ったら，何でもするから神様病気を治してくださいといった「③取引」，次に「④抑うつ」です。これは病気で失ったものについて嘆く「反応性抑うつ」と，すべてを失い，この世と別れなければならないということを覚悟し死を迎えるための「準備性抑うつ」の2種類があるとされます。そして，最終段階は「⑤受容」であり，自分自身の死を運命として受け入れるようになります。先述したデーケンの悲嘆のプロセス同様，すべての人がこのプロセスを経るわけではないことに注意は必要ですが，死にゆく心理を考える上では，非常に示唆に富む知見です。

老年期は人生の総まとめの時期です。自分の人生は自分の責任であるという事実を受け入れ，肯定していくことで，自分自身の死に対して向き合えるようになるのではないでしょうか。また，老年期に限らず，生や死について考える「死への準備教育」（いのちの教育）を浸透させることも重要だと言えます。（渡邉照美）

Ⅷ-4　老年期の家族・社会関係

Episode　夫との死別と息子家族からの同居の誘い

　B子さん（77歳）は，一男一女を育て上げ，以後夫とともに二人暮らしを続けていました。しかしながら50年間連れ添ってきた夫が，1年前に病気で他界してしまいました。

　このまま今の家で一人暮らしをするか，それとも息子夫婦と同居するかの選択を迫られているようです。息子は，B子さんのことが気がかりで，1日も早く呼び寄せたいと言ってくれます。また，長男としての当然の責任なのだから，遠慮しないで来てほしいとも言われています。ですが，B子さんは，なかなか長男のもとへ行く覚悟ができません。

　長年住み慣れた場所であるが故に，夫との思い出はもちろん，何十年も付き合いのある気の知れた友人たちが多くいます。田舎暮らしも性に合っています。それに対し，息子家族は首都圏に住んでおり，B子さんの知り合いは誰もいません。また，これまで生活を共にしてこなかった嫁や孫たちと，うまく付き合っていけるか気がかりなようです。自分が行くことで迷惑をかけるのではないか，気苦労が絶えないのではないかとの戸惑いもうかがえます。ただ，その一方で，万が一のことを考えると心配や不安な面も多く，やはり息子たちのもとに行く方が望ましいのではないかとも考えます。

　B子さんの心は非常に揺れています。息子のもとに行くべきでしょうか，それともとどまるべきでしょうか。みなさんでしたら，B子さんにどのような言葉をかけるでしょう。ここでは，老年期の人々にとって，家族や社会との関係がどのような意味をもっているのかを考えてみたいと思います。

第Ⅷ章　老年期：人生をまとめる

1　高齢者の世帯構成

　現在の高齢者の人々は，どのような世帯のもとで暮らしているのでしょうか。2010（平成22）年の国民生活基礎調査（厚生労働省，2011）によれば，もっとも多い割合を占めているのは，「夫婦のみの世帯」（29.9%）でした。続いて多いのが，「単独世帯」（24.2%）でした。以前に多く見られていた三世代同居は少数派となり（16.2%），今日では高齢者のみの世帯が多くなっていることがうかがえます。

　ただし，加齢や状況の変化によって，同居者の構成が変わってくる可能性がある点に注意しなければなりません。つまり，高齢者が置かれる状況は，個々人によって異なるだけでなく，同一個人でも変化していきます。戦後に核家族モデルが浸透していくと，子どもの巣立ちや配偶者喪失などを通して，同居者数の減少を経験する高齢者は増えてきていると考えられます。しかし，一方でその逆，すなわち増加のパターンもあります。ある研究によると，同居者数の増加は，その大半が別居子との同居によるものでした（斉藤，2008）。家制度下の結婚と同時に子ども夫婦との同居が始まる「完全同居」にかわり，老後になって一緒に暮らし始める「途中同居」が増えてきているようです。特に男性のほうが平均寿命が短く，かつ年長の結婚パターンが多い状況にあるため，女性は配偶者と死別する確率が高く，B子さんのように一人暮らしか子ども家族と暮らすか，施設に入居するかなどの決断を迫られやすいと言えます。

2　高齢者にとっての家族とは

　高齢者の人間関係でもっとも関心が向けられてきたのは，家族だと言えます。では，実際に高齢者自身は，家族をどのような存在として受けとめているのでしょうか。図Ⅷ-5は，高齢者にとって心の支えとなっている人を男女別に見たものです。男女問わず，「配偶者あるいはパートナー」と「子ども（養子を含む）」の占める割合が高く示されています。高齢者にとって，家族とりわけ夫婦と親子の文脈が重要であることがうかがえます。一方で，このデータからは，男女差の存在も読み取れます。すなわち，男性は「配偶者あるいはパートナー」の選択率が突出しており，女性とは異なる傾向にあります。その他は，概して女性の方が高い選択率にありました。女性の方がより豊富な対人的資源を有するという研究報告は，これまでにも多く見られます（たとえば，西村ら，2000）。

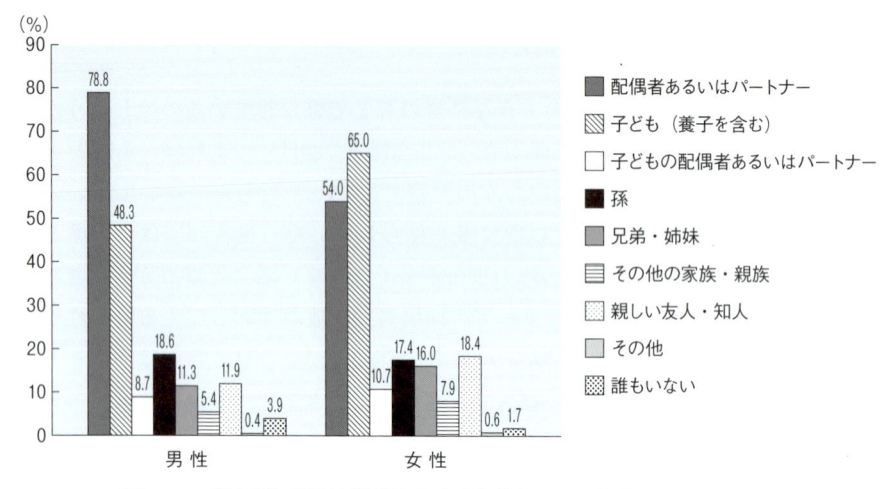

図Ⅷ-5　男女別に見た高齢者の心の支えとなっている人（内閣府，2011）

このような状況から，男性では，配偶者に先立たれた際の対人関係上の困難さが懸念されています。実際に配偶者喪失を経験した人々を対象とした研究（河合，1990）でも，男性の方が女性に比べて，「寂しくなった」や「話し相手，相談相手がなくなった」などの対人的な問題に直面していることが明らかとなっています。配偶者喪失への適応は，客観的推測や希望的観測のもと，配偶者が先立つことを想定せずに生きてきた男性ほど，生活面での不都合さとも相まって深刻になりやすいかもしれません。

3　ソーシャル・ネットワークの構築と老年期への適応

社会構造の変容により，家族の枠を越えた豊かなソーシャル・ネットワークの構築が求められています。ここでの豊かさとは，配偶者や親子などの家族にせよ，知人・友人や近隣との付き合いにせよ，単に該当する人の有無だけではなく，それぞれの質が重要となります。

カーンとアントヌッチ（Kahn & Antonucci, 1980）は，ソーシャル・ネットワークについて，「コンボイ・モデル」によって説明しています。人生は航海にたとえられることがありますが，コンボイとは護送船団を意味します。人生の様々な局面において，ネットワークに守られながらそれらを切り抜けていくという発想です。コンボイの成員は，社会生活上の役割に規定されている度合いによって，

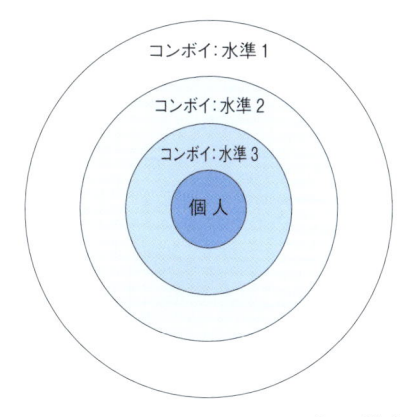

・水準1：役割関係に直接結びついており，役割の変化にもっとも影響を受けやすいコンボイの成員

・水準2：役割といくらか関連があり，時間の経過につれて変化する可能性があるコンボイの成員

・水準3：長期にわたり安定し，もはや役割に依存しないコンボイの成員

図Ⅷ-6　コンボイの構成（Kahn & Antonucci, 1980）

3つの水準に分類されています。図では個人を中心に3つの同心円で描かれます（図Ⅷ-6）。もっとも外側の円は，役割関係に直接結びついていて，役割の変化にもっとも影響を受けやすい人々です。中間の円は，役割とある程度関連があり，時間の経過に伴い変化する可能性がある人々です。そしてもっとも内側の円には，長期に安定し，役割に依存しない人々が位置づけられます。彼らは，個人によってとても重要な存在であり，様々な局面で大きな支えとなる人々であると考えられます。

　ところで，配偶者は成人期や老年期の近親者の典型ですが，もっとも内側の円に位置づけられるかどうかは，それぞれの夫婦で異なってきます。宇都宮（2010）は，老年期での関係性として「人格的関係性型」（この人でなければならない），「献身的関係性型」（この人でいいのだろうか？），「妥協的関係性型」（もう，この人でいい），「拡散的関係性型」（この人さえいなければ……），「表面的関係性型」（この人は役に立つ），「独立的関係性型」（この人はこの人，私は私）があるとしています。このことからも，結婚年数が長くなれば自動的にもっとも内側の円に入るというわけではないと言えます。配偶者の関係性は多様であり，サポート源の場合もあれば，ストレス源である場合もあります。夫婦に限らず，それぞれの対象の位置づけは，生涯にわたる関わりのなかで変容していくものと理解できます。

（宇都宮博）

Ⅷ-5　認知症をどう考えるか

Episode　認知症者の世界

江國香織『つめたいよるに』(1996)に，「晴れた空の下で」という物語が収められています。

「わし」と「婆さん」は，春の庭を見ながら昼ごはんを食べています。

> 「飯がすんだら散歩にでもいくか。土手の桜がちょうど見頃じゃろう」と言うと，婆さんはころころと嬉しそうに「きのうもおとついもそう仰有って，きのうもおとついもでかけましたよ」。ふむ。そう言われればそんな気もして，わしは黙った。そうか，きのうもおとといも散歩をしたか。（筆者注：2人は散歩に行き，桜を楽しみ，日ざしのあたたかさを感じます。）散歩から戻ると，妙子さんが卓袱台を拭いていた。「お帰りなさい，いかがでした，お散歩は」。妙子さんは次男の嫁で，電車で二駅のところに住んでいる。「いや，すまないね，すっかりかたづけさしちゃって。いいんだよ，今これがやるから」。ひょいと顎で婆さんを促そうとすると，そこには誰もいなかった。妙子さんはほんの束のま同情的な顔になり，それからことさらにあかるい声で，「それよりお味，薄すぎませんでした」と訊く。「ああ，あれは妙子さんが作ってくれたのか。わしはまたてっきり婆さんが作ったのかと思ったよ」。頭が少しぼんやりし，急に疲労を感じて濡れ縁に腰をおろした。「婆さんはどこかな」。声にだして言いながら，わしはふいにくっきり思いだす。あれはもう死んだのだ。去年の夏，カゼをこじらして死んだのだ。

ここでは，認知症を心理学の視点から理解し，認知症者やその周りの人々の心の世界を考えながら，ケアのあり方を学びましょう。

1 認知症の定義と症状

認知症は、記憶障害をはじめとした知的機能が、それ以前のレベルから著しく低下しており、なおかつ社会生活に支障がある状態と定義されます（American Psychiatric Association, 2003；World Health Organization, 2005）。原因は、脳の委縮や脳血管障害などが挙げられ、診断には神経心理検査や画像検査などが用いられます。緩やかな発症と認知機能の持続的な低下が特徴のアルツハイマー型認知症、脳血管疾患が病因となる血管性認知症、幻視やパーキンソン症状（震えや関節の動きにくさといった運動障害）が現れるレビー小体型認知症（小坂，2011）などがあります。

しかし、本人の心身の状況や環境によっては精密な検査が困難な場合もあります。また、「社会生活の障害」の程度など、認知症の厳密な診断は難しいのが現状です。さらに、現在も新たな認知症の症状が報告されており、その定義は今後も流動する可能性があると言えます（日本神経学会，2010）。

次に、認知症の症状を整理しましょう。認知症の症状は中核症状と周辺症状によって説明されます（図Ⅷ-7）。中核症状とは、知的機能の低下に伴って生じる症状で、ほぼすべての認知症者に認められる症状です。記憶障害を代表に、思考や見当識の障害、人格変化などが含まれます。一方、周辺症状とは、認知症に伴う行動の異常と心理症状を指し、不安、うつ状態、せん妄（意識レベルが低下したなかで起こる妄想や興奮状態）などがあります。周辺症状は、身体的・心理的状態や、環境要因によるものと考えられており、現れる症状は人それぞれです。

2 認知症の心理学的理解

さて、周辺症状は、非可逆的な中核症状と異なり、変化する可能性が十分にあります。心身状態や環境要因などから周辺症状の成り立ちを理解し、その理解をふまえたケアをすることが望まれます（小澤，1998）。そこで、周辺症状を心理学の視点から具体的に理解し、認知症者の内的世界について考えましょう。

まず、周辺症状として出現頻度の高い物盗られ妄想を例にとって、心理学的に理解してみます。物盗られ妄想は、貴金属やカバン、財布など、自分がもっていたものを、確かな証拠もないのに、人に盗られたと思うことです。主介護者である嫁や、施設では同じ部屋の人が盗んだ相手にされることが多いと言われます。

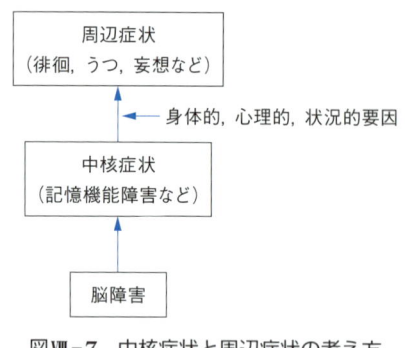

図Ⅷ-7 中核症状と周辺症状の考え方
（小澤，1998を改変。）

そもそも高齢者の妄想は，短期記憶障害，視力の低下，難聴から説明することができます（入谷，2004；大東，2006）。つまり，記憶や視聴力の障害によって，物の移動を忘れたり誤認してしまい，「急になくなった」と認識することから物盗られ妄想は始まります。では，なぜ「盗られた」という理由づけになり，「盗人」を身近な人と思うのでしょうか。竹中（1996）は，物盗られ妄想を示す高齢者の多くは，同時期に生活状況の変化や心身の顕著な衰えを経験しており，「自分が自分でなくなる」という不安を抱えていると指摘します。そして，このような不安を抱くなかで，高齢者にとっては，自分より優位で支配する人が，自分の存在を脅かす存在として映り，物盗られ妄想が生じると考えられます（竹中，1996）。

また，エピソードで紹介した物語を例にとれば，「婆さん」は幻覚であり，「爺さん」は記憶に障害が認められ，軽度の認知症の可能性があります。「爺さん」が，婆さんがとうに亡くなったことを思い出した時，それにもかかわらず当然のように側にいるものとして接していた自分自身に愕然（がくぜん）とし，自分への不信感が高まり，不安やうつ状態が現れたかもしれません。しかし一方で，婆さんがつくった昼ごはんを食べ，婆さんと桜を愛でて散歩をしたという内的世界もまた，爺さんにとっては事実です。そして，爺さんにとってありがたいことに，この内的世界はあたたかく，穏やかなものでもあります。

このように，認知症者それぞれに独自の内的世界があります。この内的世界を理解し，高齢者の抱く不安を的確に捉えることが，良質なケアへとつながります。

3 認知症者へのケア

基本的には，認知症者の不安を理解し，認知症者の内的世界を尊重する姿勢が求められます（進藤，2002）。具体的な技法としては表Ⅷ-1に示した支持的心理療法，回想法，リアリティ・オリエンテーション，バリデーション・セラピー，音楽療法などが挙げられます（黒川，2002，2008；黒川ら，2005；日本神経学会，2010；深津・中野，2008；若松・三村，2008）。これらの非薬物療法は，集団あるい

表Ⅷ-1　認知症者への非薬物療法の例（筆者作成。）

	概要	利便性と限界
支持的心理療法	対面式で行う心理療法で、なぐさめたり安心させるなど、認知症者の適応を支援して安定を得ようとするもの。	高齢者一人ひとりにあわせた目標、技法で行え、特に軽症の認知症者の自己評価の回復に有効とされる。効果評価が困難である。
回想法	高齢者の過去に焦点を当て、聞き手が傾聴することで、その心を支える。花、古物、写真など具体物を刺激に用いることも多い。	認知症者でも保たれやすい長期記憶にアクセスするため、安心や快感情の再体験が期待され、周辺症状の低減に効果的だとされる。認知機能の改善は難しいとされる。
リアリティ・オリエンテーション	時間、場所など見当識の強化を目的とし、時に誤りを排除する技法。生活のなかで構造化せず行う非定型のものと、プログラムを組む定型のものがある。	特に定型の場合に、見当識の維持・向上が期待される。また、薬物療法との併用によって相互効果も示唆される。できないことに直面することで自己評価の低下につながる可能性があり、注意が必要である。
バリデーション・セラピー	認知症者の内的世界を認めて尊重することを目的に、認知症の段階に応じた関わり方の技法（相手の使う言葉を繰り返す、触れるなど）が提言されている。	提言されている技法は具体的でわかりやすいため、ケアの場で即座に応用しやすい。比較的新しい療法であり、効果に関する報告は少ない。
音楽療法	集団や個人を対象に、音楽を鑑賞、演奏したり、身体を動かすことで、楽しみといった情動の揺れや、コミュニケーション、尊厳の回復などを目指す。	軽度から重度まで、その適応範囲は広く、実施の目的や方法も柔軟に選択できる。特に周辺症状に対する効果が期待できる。

は個人に対して行われ、また、それぞれの技法は併用しうるものです。たとえば回想法やリアリティ・オリエンテーションは、個人心理療法でも集団心理療法でもよく使われる技法です。さらに、非薬物療法の一部は、薬物療法と併用することで、症状の改善が見込まれるという報告も見られつつあります（黒川ら，2005；日本神経学会，2010）。

なお、ケアの際に忘れてはいけないのがケアする側の心理です。たとえば家族や介護スタッフなどが挙げられます。また、その介護を担う家族についても、介護負担感、抑うつ、サポート体制の重要性が報告されています。さらに、近年では、介護士や看護師といった専門職のメンタルヘルスへの取り組みも行われています。

（深瀬裕子）

Ⅷ-6　施設入所高齢者の心理とそのケア

> **Episode**　"老人ホーム"への想い
>
> 　妻とともに自宅で生活をするある高齢男性は，足腰の健康が比較的保たれていることもあって，ゲートボールにパソコンなど，日々，趣味の活動に励んでいます。彼は，高齢者の生活について次のように話します。「老人ホームに入って，ホールに並ばされて，みんなで童謡を歌うのなんて，子どもっぽくて，馬鹿にされてるみたいで，僕は嫌だな」。そして少し悲しい表情になって「それでもいつか，誰かの世話にならないといけない日が来るんだろうな」と加えました。
>
> 　生まれてから90年近くある村に住んでいた女性は，足が不自由になり，2カ月前に隣県の老人ホームに入所しました。彼女は他の入所者や職員とも冗談を言い合う関係ができていましたし，子どもたちは頻繁に見舞いに来られました。職員は「他の入所者に比べて，あの方はここにもすぐに慣れたし，ご家族も優しいし，楽しそうよね」と思っていました。しかしある時，彼女は自分がいる老人ホームを次のように詠いました。「『いいとこよ』　そう言われたが　かくも暗いところか」。
>
> 　一人暮らしをしていた80代の女性は，半年前に老人ホームに入所しました。気楽な一人暮らしと違い，同じ部屋になった女性との関係にぎくしゃくすることもありますし，食事から洗濯まですべて職員がやってくれることに申し訳なさも感じています。しかし彼女は老人ホームでの生活を，快活に笑いながら「家にいてもつまらないし，また転んだりしたら大変でしょう。ここで箱入り娘をしてる方が，ずっと気が楽よ。共同生活っていうのもボケ防止になるわ」と話します。
>
> 　一口に"老人ホーム"と言っても，人によって抱く印象は異なるものです。皆さんは"老人ホーム"についてどのような印象をもっていますか。ここでは，施設入所に至る経緯と，施設に適応するプロセスを心理学の視点から理解し，施設に暮らす高齢者の心理的ケアについて考えます。

第Ⅷ章　老年期：人生をまとめる

1　施設入所に至る高齢者と家族の心理

　社会が高齢者を支えるという理念のもと，施設や病院に長期入所（入院）することは推奨されていませんが，実際にはその数は少なくなく，また，在宅生活に帰ることも多くはないと考えられます。施設に入所することは，専門家による安定した生活の支援を受けられる半面，長年住んだ自宅を離れることも意味します。ここではまず，施設入所時の高齢者自身とその家族の心理を考えましょう。
　施設に入所することになった高齢者の心理を考えるために押さえるポイントは，次のようにまとめられます。
①入所のきっかけは何で，高齢者自身はどう理解しているか
　入所のきっかけが転倒による骨折など，高齢者自身にもわかりやすい場合は，"施設に入らなければならない状況"と理解しやすいかもしれません。一方，廃用症候群（体を動かさないために心身の機能が低下すること）や家族の介護負担が入所のきっかけの場合，高齢者自身はそれをすぐに理解できず，施設に入所することへの不信感が高まっている可能性があります。
②施設に長期間入所することへの想いを表現しているか
　高齢者自身の，施設に入所することに対する納得の程度とその表明の方法と言えます。家族への配慮などから，施設に入所したくない気持ちを直接表現することができず，施設や職員への不満として表現するケースも報告されています（林，2000）。つまり，「嫌だ」と言わないことの背景を推察する必要もあるのです。
③その施設に高齢者自身がどれくらいなじんでいるか
　施設で一緒に生活する人々への親しみや，窓から見える景色によって，入所して当面のなじみが変わってくると考えられます。自宅から施設までの距離や，事前にショートステイなどで利用経験があるか，また，方言や風習の相違も考慮する必要があります。
④家族からの見舞いやサポートを高齢者自身がどれくらい期待しているか
　家族と施設との物理的な距離だけでなく，家族と高齢者自身の心理的な距離も加味されます。入所しても家族と頻繁に会えると感じることは，入所後の安心感を高めるでしょうし，自宅や故郷から離れた寂しさもいくらか軽減されます。
　ただし，施設に長期入所することが悪いこととは単純には言えません。心理学的に大切なことは，施設入所を選択せざるを得なかった家族の心情に理解を示し

ながら，①〜④のポイントをもとに高齢者の心情を想像するなど，関連する人々全体を見ることが大切です。特に家族については，施設入所によって介護負担の軽減や安堵感をもつと同時に，いくらかの罪悪感を伴うことがあります。高齢者と家族の関係を対立的に捉えないことが肝要だと言われています（竹中，2010）。

2 施設の生活に適応するプロセス

では，施設に入所した高齢者の心理はどのようなプロセスをたどるのでしょうか。施設に入所する高齢者のなかには，そうせざるを得なかった家族の事情を察し，家族への遠慮から施設に適応しようとする場合もあります。しかし同時に，他人の介護を受け，付き合いのなかった人たちのなかで生活しなくてはならないという困難にも直面するのです（蒲生，2003）。小倉（2002）は，施設に入所して最初に直面する適応の過程を，図Ⅷ-8のように示しました。この図によれば，施設に入所した高齢者は，食事の内容や自分の生活のなかで関心があったもの（つながりのきっかけ）に，「私の故郷と同じ味」「この歌を聞いて気持ちが落ち着きました」など独自の価値を与え（施設と入所者の接点），また，施設独自の対人関係での失敗から学んで自分の行動を調整しながら（適正距離を測る），施設の環境や人とのなかに，安心して自分らしく生活できる関係をつくり「つながり」に至ると考えられます（小倉，2002）。

さらに，小倉（2005）は，このように一旦施設に適応した後に，骨折や病気，

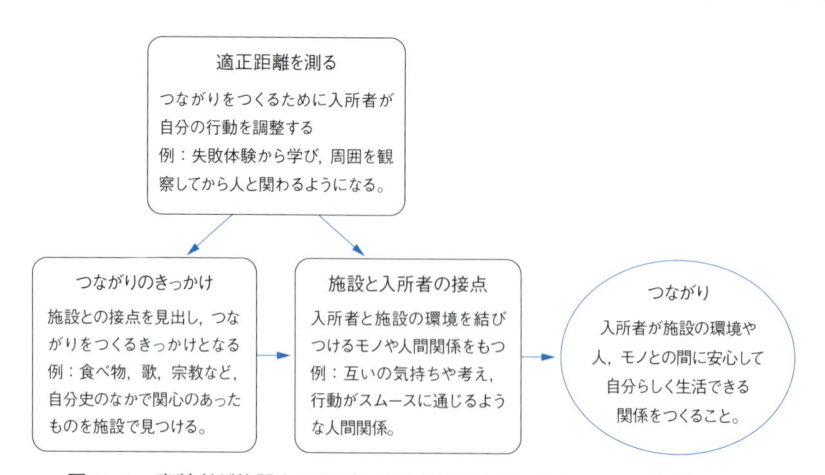

図Ⅷ-8 高齢者が施設とつながりをもつプロセス（小倉，2002を簡略化した。）

人間関係の変化など，入所者を不安定にさせる変化が起きると，入所者は職員に援助を求めますが，そこで職員とのかみ合わなさが生じることによって，入所者の不満・不平が高まることも報告しています。また，施設に長期入所している高齢者は，パターン化した毎日を過ごしやすく，たとえば人との関係は"お世話をされる"という受け身的な役割に偏りやすいことから，自発性を発揮しにくいことも指摘されています（平山，2006）。小野（1993）は，ある高齢者施設に入所している160人のうち，精神・心理的な問題を有する者は78％であり，精神・心理療法を受けている者が39％，療法の効果があった者は20％だと報告しています。この結果は，限られた対象者から得られたものですが，施設に入所している高齢者の多くに精神・心理的なケアが必要だと考えられます。

3 施設入所高齢者への心理的ケア

施設に長期入所している場合は，そこが"治療の場"ではなく高齢者にとって"生活の場"であると考えることが重要です。したがって，"○○療法"という具体的な技法だけでなく，高齢者が本来もっている社交性や意欲などを発揮できるような環境調整が図られ，施設のなかでも自分らしさを表現できるように援助することが求められます（小倉，2005；蒲生，2003）。特に重要なことは援助を一人ひとりに合わせることで（森川・平井，2008），そのためにも個々人の性格や本人の大事にしていることをアセスメントする必要があります。

次に，狭義のケアとして具体的な技法をいくつか紹介します。我が国で高齢者に多用されるのは集団で行う回想法でしょう。これは，認知症の診断を受けていない高齢者にも適用可能で，高齢者の感情へのアプローチの他，入所者同士のつながりの形成や，高齢者と職員の関わりのヒントが得られる場合もあります。また，個別に心理療法を行うことも少なくなく，行動面の安定だけでなく，心理的安定がもたらされる可能性があります（林，2000；平山，2006；森川・平井，2008）。音楽療法も，実施のしやすさからよく行われます。高齢者が親しんだ歌謡曲や童謡のほか，流行りの曲を用いることで高齢者にとって新たな刺激や社会とのつながりが期待され，若い職員と高齢者の関係づくりにもつながります。どのような技法や関わりを行うにしても，それぞれが何を目標としているのかを考えることが重要です。

（深瀬裕子）

Ⅷ-7　老年期の発達的課題とライフレヴュー

> **Episode**　"私"から見た老い
>
> 　精神科医の土居健郎は85歳の時に自身の老いについて次のように書いています（土居，2005）。土居健郎はこの4年後に89歳で亡くなっています。
>
> > 　八十五年の一生を振り返ってみてたしかにいろいろなことが起き，いろいろなことを経験しているのであるが，しかしすべては何か一瞬の中に起きたような気がしないでもない。そして，それと対照的に，あともう何年も生きられないと頭では分かっているのに，死が一向に差し迫ったものとして感じられないというのも不思議なものである。もちろん不意にやって来ることこそ死の特徴であるから安閑としているわけにはいかない。少しは身辺の整理をしておかねばならないと自分に言い聞かせている今日この頃である。しかしどう頑張ったところで死に対し準備万端整ったという心境に達することはないのであろう。人間は生まれようとして生まれたのではなく，気が付いた時はすでに生まれている。同じように死ぬ時も，いよいよその時が来るまでは気が付かないのだろう。
>
> 　この文章からは，当時85歳で，（本人は意識していないと思いますが）4年後には亡くなる土居健郎にとって，老いや死ばかりが"私"を構成するものではないことがうかがえます。
> 　ここでは，老年期を説明する心理学の諸理論を学び，老年期の発達に影響をもつとされるライフレヴューの意味について考えましょう。

第Ⅷ章　老年期：人生をまとめる

1 老年期の発達を説明する理論

　心理学の領域で，高齢者の発達はどのように説明されるのでしょうか。心理学の父と言われるフロイト（Freud, S.）は，成人期以降は心の発達は見込まれないという立場でした。その後，フロイトの理論を土台としたエリクソン（Erikson, 1950；Erikson et al., 1986；Erikson & Erikson, 1997）が，人生後半期の発達研究にも積極的に取り組み，ペック（Peck, 1955）もまた，エリクソンの理論を発展させました。一方，1950年代からはハヴィガースト（Havighurst, 1953），バルテス（Baltes, 1997；Baltes & Baltes, 1990）なども，生涯にわたる発達を捉えようとしました。これらの代表的な理論とその概要は，表Ⅷ-2のようにまとめられます。

　エリクソンの人生に対する考え方やライフサイクルの理論は，序-2で述べたとおりです。エリクソンのいう老年期の発達とは，「自我の統合（過去から死を含めた将来を自分の人生として受け入れること）」と「絶望（人生に後悔し自分のものとして認めがたいこと）」の両方のバランスがとれ，自我の統合が絶望より上回っている状態を指します。さらに，各発達段階に特有の課題は生涯を通して発達変容するため，理論的には老年期においても「基本的信頼感」対「不信感」から「自我の統合」対「絶望」までの8つの心理社会的課題に取り組むと考えられます。この点について，深瀬・岡本（2010）は，エリクソンの個体発達分化の図式のう

表Ⅷ-2　老年期の発達を説明する理論（筆者作成。）

提案者	概　要
エリクソン (1950, 1986, 1997)	老年期に取り組む心理社会的課題（「自我の統合」対「絶望」）とは，受け入れがたい過去や苦痛を伴う現在，不安の多い未来について（絶望），それらを排除せずに，認めようとすることである（自我の統合）。
ペック (1955)	老年期に取り組む心理社会的課題として①「自我の分化」対「仕事役割への没頭」，②「身体の超越」対「身体への没頭」，③「自我の超越」対「自我への没頭」，を示した。
ハヴィガースト (1953)	老年期に経験する喪失（身体機能の低下，経済的収入の減少，配偶者の死など）に対し，新しい関係・役割をもったり，柔軟に考えるなどして，健康的に生活することができる。
バルテス (1990, 1997)	加齢による喪失を経験しても，目標や結果を柔軟に調整・選択することで，その喪失を補い，現在もっている資源を最大限使って再適応する（補償を伴う選択的最適化理論）。

	1	2	3	4	5	6	7	8
Ⅷ 老年期	感謝 対 不信感	内的・外的自律 対 自律の放棄	挑戦 対 目的の喪失	喜び 対 劣等感	確固とした自己 対 自己の揺らぎ	揺るぎない関係 対 途絶え	祖父母的世代継承性 対 隔たり・逆転の拒否	自我の統合 対 絶望
Ⅶ 中年期	↑	↑	↑	↑	↑	↑	世代継承性 対 自己陶酔	
Ⅵ 成人初期						親密性 対 孤立		
Ⅴ 思春期 青年期					アイデンティティ達成 対 アイデンティティ拡散			
Ⅳ 児童期				勤勉性 対 劣等感				
Ⅲ 幼児後期			自発性 対 罪悪感					
Ⅱ 幼児前期		自律性 対 恥・疑惑						
Ⅰ 乳児期	基本的信頼感 対 不信感							

図Ⅷ-9　エリクソンの個体発達分化の図式における老年期の発達（深瀬・岡本, 2010を参考に作成。）

ち，老年期に取り組む8つの心理社会的課題を図Ⅷ-9のように示しました。

また，ハヴィガーストは，60歳以上の発達段階における課題として，具体的に次の7つを示しています。①身体的健康の低下に対し，身体をいたわり，補償する。②退職による社会的役割の喪失に対し，職業以外での社会的役割を見出す。③配偶者の死を経験した場合，新たなサポートをもつ。④退職による職業上の対人関係の減少に対し，地域社会や同年代との新たな関係をつくる。⑤収入の減少に対し，各種サービスの利用も含めた長期的な計画を立てる。⑥日常生活において，加齢を受け入れ，中年期までとは異なる新たな生活をつくる。⑦子育てから解放され，新たに祖父母としての役割を習得する。

　両者の理論は似ている部分もありますが，エリクソンは不適応的な状態も含めて人格の発達を説明し（深瀬・岡本, 2010），ハヴィガーストは社会的な発達課題を具体的に示した点で，それぞれ優れていると考えられます（下仲, 1998）。

2　老年期の発達を促すライフレヴュー

　近年，定年後の趣味活動に自分史が取り上げられたり，認知症者に対する心理療法として回想の視点が取り入れられるなど，高齢者のライフレヴュー（人生の回想）が着目されています。

　ライフレヴュー（life review）は，回想（reminiscence）やライフヒストリー（life history）などとは厳密には異なるとの指摘もありますが，ここでは「話したり書いたり考えるなどして人生を振り返ること」と大きく捉えることにします。バトラー（Butler, 1963）が，高齢者が過去を語ることに積極的な意味を見出して以来，その効果に関する研究やライフレヴューを取り入れた臨床実践が行われてきました。

　人生満足度や心理的健康とライフレヴューの関連として，たとえば山田（2000）は，登山を余暇活動とする高齢者の群と自分史を余暇活動とする高齢者の群に対して調査を行い，自分史群は登山群よりも生活満足度や心理社会的発達が高いという結果を得ました。また，山口（2004）は高齢者に調査面接を行い，過去の葛藤を肯定的に評価し，葛藤を引き起こす出来事に総合的評価を行い，「人生は困難を乗り越えること」という枠組みに沿って過去を意味づけている場合に幸福感が高いことを示しました。

　しかし，回想と適応には関連が認められないとする結果や（野村・橋本，2001），回想を多くする者は満足度が低く，死の意識が強く，そして死の不安が強い傾向であることも示唆されています（長田・長田，1994）。このように回想と適応の関連について，実証的研究では一貫した知見が得られていません。それは，ライフレヴューの方法や定義が厳密には統制されていないことがおもな問題と考えられています（長田・長田，1994；黒川ら，1995）。

　さて，高齢者の良質なライフレヴューにはよき聴き手が必要であると言われています（Butler, 1963）。心理療法でライフレヴューを取り入れることで，過去の葛藤や配偶者の死について改めて振り返り，問い直す機会となり，人生の統合に向けた変化が見られたとの報告があります（林，1999；黒川，2005）。さらに，回想法を行うことで，認知症の周辺症状の改善にある程度の効果が期待されます（日本神経学会，2010）。

（深瀬裕子）

[終　章]
人生を展望する

　私たちはここまで，人間の一生のそれぞれの時期に見られる心の発達について，学んできました。本書の最後に，もう一度，人生全体を展望して心の発達に関わる重要な問題について考えてみましょう。たとえば，乳幼児期の経験は，その後の人生に決定的な影響を与えるのか。私たちのパーソナリティ（性格）は人生のなかでどの程度一貫しているのか，それとも後の経験によって変わってしまうのかなど，興味深い問題は数多くあります。人生のそれぞれの時期の発達やつまずきについて知ると同時に，人生全体を見渡して人間の成長・発達について捉えることが，生涯発達心理学にとって重要な視点です。

終-1　発達初期の経験の重要性と発達可塑性

> **Episode　初期経験が人生を決める？**
>
> 　エルヴィス・アーロン・プレスリー（Presley, E. A., 1935-1977）は,「史上もっとも成功したソロ・アーティスト」としてギネス認定されているアメリカのロックンロールミュージシャンです。彼は,歌手としての人気,名声,莫大な金,豪邸など,欲しいものはすべて手に入れました。周りには常に取り巻きがいてにぎやかだったようです。
> 　ところが彼は42歳の若さで急逝しました。原因は,処方薬の極端な誤用による不整脈だったそうです。華々しい成功の後,彼は,過食症と肥満,ワーカホリック状態,妻の浮気と離婚,取り巻きによる暴露本,等々,心身両面において厳しい状況にあり,多くの薬を処方されていました。睡眠薬,鎮静剤,興奮剤も多用していたそうです（藤井,1999）。
> 　なぜ彼は,このような危機的状態になってしまったのでしょう。なぜ幸せになれなかったのでしょう。この問いについて,彼の誕生時にまつわる逸話を原因に挙げる人があります。実は彼は,双子として生まれていました。ところが誕生時,もう1人の赤ん坊（弟）は死んでしまいました。このことが,常に彼を苦しめていたというわけです。彼の心には生き残った罪悪感が刻み込まれ,そのため,彼は常に弟の影に無意識的に悩まされていたのだろう,彼の様々な心理的問題の原因は,この誕生時の経験にあるのだろう,と（Nuber, 1995）。
> 　このように,私たちは人の人生を初期経験の影響という観点から編集しようとすることがあります。何か事件が起こった際,その事件と不幸な幼少期の体験とが結びつけられて報道されることも少なくありません。あるギャングのリーダーは,自分の犯罪は,家庭の貧しさと両親の間で繰り広げられていた暴力のせいだという自伝を書いたそうです（Nuber, 1995）。
> 　ですが,本当に人生初期の経験は,その後の人生を決定づけるのでしょうか。人間は発達し続ける存在であり,それによって人生が変わることもあるのではないのでしょうか。

1　人格発達における発達初期の重要性

　発達初期は，知覚機能や運動機能などの成熟が目覚ましい時期です。その成熟には発達の臨界期（生物学的に備わった，ある特性を獲得するための限られた期間）が指摘されるものもあり（常石，2008），発達初期に適切な刺激を受けることの重要性が認識されています。感情の分化や言語の習得なども進む時期で，それらを支える脳の成長についても，3歳までの時期が非常に重要であることが明らかにされています（保前，2009）。

　個人のパーソナリティ発達や適応に関しても，長きにわたって初期経験の重要性が指摘されてきました。特にフロイト（Freud, S.）を祖にもつ精神分析の流れでは，多くの理論において，発達初期の経験がその後の発達に大きく影響を与えるという見解が共有されています。また，問題とされるパーソナリティを考える上で個人の自己愛（外界との適切な関わりに向けられるべきエネルギーを自己にのみ向けること）に焦点が当てられることが最近増えていますが，コフート（Kohut, H., 1971）によると，それも乳児期の経験によって，その質，つまり，健康なものか病理的なものかが異なるとされます。また，アイデンティティ研究で有名なエリクソン（Erikson, E. H., 1950）も，乳児期に世界に対する基本的信頼感が獲得されるか否かによって，青年期におけるアイデンティティの危機の深刻さが異なると考えました。青年期のみならず中年期のアイデンティティの危機においても同様で，中年期の問題が発達初期に抱えた問題とつながる場合，事態はより深刻になるとされます（岡本，2010）。

　青年や成人のカウンセリングにおいては，現在の問題を扱いつつも，そこに乳児期に抱え込んだ問題を映し出す視点が，クライエントを理解する上で有用であることが少なくありません。

2　発達初期における愛着の問題

　発達初期の経験の重要性を説明する上で多く取り上げられるのが，ボウルビィ（Bowlby, J.）によって理論化された発達初期における愛着の問題です（Ⅰ-3も参照）。ボウルビィによる愛着理論では，発達初期における主要な愛着対象との関係が，その後の対人関係のパターンに一貫した傾向をもたらすと考えられています（Bowlby, 1969）。初期の愛着関係は，自己と他者あるいは対人関係全般に関す

る表象モデル，すなわち内的作業モデルとして個人に取り込まれ，それが，その後の様々な他者との関わりを知覚・解釈したり，また自らの行動をプランニングしたりする際のテンプレートとしての役割を果たすからです。

このような認識は，日本でも広く受け入れられています。昔から日本には，「三つ子の魂百まで」ということわざが存在していました。幼い頃につくられた性格は年をとっても変わらないという意味です。また，「母性愛」信奉とでも言うべき信念（江上，2005）が，今も昔も広く共有されています（氏家，1996）。初期の母子関係の質とその影響力の大きさを重視するボウルビィの考え方は，そのような文化的土壌とも相性がよいのです。

3 初期の愛着とその後の発達との連続性

初期経験の重要性を検討するために，これまでに，初期の愛着の型とその後の発達との関連を検討する縦断研究がいくつか行われてきました。たとえば，1975年に始まったミネソタ親子縦断研究では，発達初期の愛着と，幼児期，小学校1，2，3年時，10歳時における社会的行動やパーソナリティ，ひいては17歳時および19歳時の適応などとの間における関連が示されました。プライアとグレイサー（Prior & Glaser, 2006）は，一連の縦断研究の結果から，初期の愛着とその後の情動面・行動面での問題との関連について，「不安定 − 回避型の愛着は行動面での問題やネガティブな感情に関連性をもつのに対して，不安定 − 両価／抵抗型の愛着は不安や社会的な引きこもりに関連性をもつ。とりわけ最も大きな問題を抱えるのは，非体制型（＝無秩序・無方向型）の愛着の子どもである」（訳書，2008, p. 186；括弧内は筆者が付記）とまとめています。

無秩序・無方向型の愛着が長期にわたって発達に影響を与えるメカニズムについては，その経験過程に応じた個人の無意識的な適応パターンがごく初期に形成され，その後も同じパターンで経験を重ねてしまうこと（Egeland & Carlson, 2004），愛着の安定性による生理的なストレス緩和がなされないこと（Hertsgaard et al., 1995）などが考えられています。その他，気質の働きを重視する立場，神経生理学的メカニズムの構成に対する影響から解釈する立場などがあります（遠藤，2005）。これらはいずれも，初期の愛着経験によって覆しがたい個人差が形成され，それが後の発達に長期的な影響をもたらすと考える立場です。

ただし，初期の愛着とその後の発達との関連については，否定的な見解を示す

研究結果も見られています。たとえば，幼児期の自我発達や仲間関係について行われた研究では，乳児期の愛着とそれらとの関連を支持する結果と支持しない結果の双方が見受けられます（園田ら，2005など）。これらは，初期の愛着がその後にもたらす影響を絶対視できないことを示唆するものと言えます。

4 その後の経験による変化の可塑性

　愛着とその後の発達の連続性については，環境の時間的安定性の観点から解釈する立場もあります（Easterbrooks & Goldberg, 1990など）。その立場では，愛着とその後の発達との間に高い連続性が見られるのは，個人が生育する環境に劇的な変化が生じる確率が相対的に小さいために生まれた結果であると考えます。そこでは，ある発達時点の愛着や各種の社会的行動の質は，その時々の環境要因に大きく左右されると考えるのです。その観点に立つと，初期の愛着の質に規定されない発達の可能性が見えてきます。

　たとえば，子どもが親しく接する大人は，父母だけでなく保育者なども想定されます。そして，父母に対する愛着と，保育者に対する愛着分類についての関連を検討した研究結果からは，両者は独立したものであること，父母それぞれに対する子の愛着が必ずしも一致するわけではないことが指摘されています（数井，2005）。これらは，愛着の質が，個人に安定した性質というよりは，それぞれの他者との相互作用を基準に形成されるものであることを示唆するものです。遠藤(2005)は，これは，愛着の質が，個人外の環境要因の影響を受けて本質的に大きく変化し得ることの間接的な証左であると解説しています。

　もちろん，初期経験の重要性を軽視すべきでないことは言うまでもないでしょう。ある種の初期経験は，その後の経験によっても覆しがたい影響をもつ場合があることも報告されています（Rutter et al., 2004）。ですが，愛着に関する縦断研究の発展は，初期の経験の重要性とともに，その後の経験が人間の発達においてもつ意味についての示唆的な結果も提供してくれているようです。

　人間は生涯を通して発達し続け，自己を形成していく存在です。初期経験は重要ですが，それはこのことと矛盾するものではありません。初期経験が及ぼす影響の範囲やメカニズムを理解することによって，重要ではあるとはいえ，絶対的な決定力をもつものではないことが理解され，発達可塑性についても考えていくことができるのではないでしょうか。

〔中間玲子〕

終-2　一生の間でパーソナリティは変わるか

> **Episode　意地悪ばあさんが優しいおばあさんに**
>
> 　むかしむかし，あるところに「清」という信心深い女と「おもと」という意地悪な姑が住んでいました。夫と子どもに先立たれた清は，毎日熱心に寺に通って，亡くした家族を弔っていました。おもとはそれが気に入りません。村人からも親しまれ，けなげに生活する清がよい人ぶっているようで，憎くて憎くて仕方ありませんでした。
>
> 　ある日，おもとは，家に伝わる鬼女の面をかぶって清を怖がらせようと思いつきました。清が寺に詣でるのを先回りして，面をつけて髪を振り乱して清の前に飛び出しました。清は驚いたものの念仏を唱えながら逃げました。おもとも正体がばれては大変と，家に飛んで帰り，面を外そうとしました。ところが，面が外れません。無理に外そうとすると顔の皮，肉がそげてしまうような痛みが走ります。そこへ清が帰ってきました。おもとが涙ながらに訳を話すと，清は「南無阿陀仏」と心から唱えなさいと勧めました。念仏を唱えると，面はぽろりと顔から外れました。以後おもとは清とともに熱心に仏を信心するようになりました（出所：日本珍スポット100景 http://b-spot.seesaa.net/article/52363354.html　閲覧日：2012年2月16日）。
>
> 　これは，種々の文芸や浄瑠璃・歌舞伎でも取り上げられる有名な昔話です。パーソナリティの語源，persona にまつわる説明（仮面をかぶっているつもりがいつしかそれは自分自身のパーソナリティそのものとなる）とともに，この話を聞いたことがある人もいるかもしれませんね。
>
> 　さて，この話に出てくる「おもと」は，ひがみっぽい性格から一転，信心深いよい人となりました。このような話は，私たちに，いくつになっても変わることができるのだという気持ちを与えてくれます。でも実際はどうでしょう。なかなか人は変わらない，自分のパーソナリティもなかなか変わらない，と感じることも少なくないのではないでしょうか。果たして人のパーソナリティは，変わるものなのでしょうか。

終章　人生を展望する

1　パーソナリティにおける遺伝と環境

　私たちは，年齢とともに経験を重ねていきます。そのため，私たちのパーソナリティには，年を追うごとに環境による影響が色濃く反映されるように思われます。素朴にそう考えると，一生を通して，パーソナリティは経験によって変わっていくのだと理解することができるでしょう。

　ところが，実は，パーソナリティにおける遺伝率は，年をとるほど高くなることが知られています。つまり，年齢が高くなるほど，私たちのパーソナリティは，環境よりも遺伝によって説明されるようになるということです。これは何を意味するのでしょうか。私たちは一生の間に色々な経験をし，パーソナリティも変化していくというのに，結局それは，遺伝によって規定されたものにすぎなかったということなのでしょうか。

　安藤（2000）は，このことについて，大きく2つの視点から答えています。第1に，遺伝率が高いことと，パーソナリティが一生変わらないということとは別であるということです。パーソナリティにおける遺伝と環境の問題については，近年，遺伝的形質が環境によって発現されるプロセスが解明されつつあります。ある環境下でのみ働く遺伝子の存在も指摘されており，新しい環境での経験がもたらすパーソナリティの変化に，遺伝要因が関わっている可能性がある，つまり，新しい環境が，それまで眠っていた新しい遺伝的素質を開花させるというわけです。このような場合，環境によって新たな遺伝の効果が引き起こされることとなるため，結果としては遺伝要因の増加という現象が見られます。

　第2に，私たちがパーソナリティの変化を語る際に用いるものさしと，行動遺伝学において用いられるものさしとが違うということです。私たちは，パーソナリティの違いや変化を語る時，周囲の他者との比較や過去との比較など，細かい差異を測定するのに役立つものさしを用いています。それに対して行動遺伝学では，非常に広い範囲を測定するのに役立つものさしが使われます。このようなものさしの違いのために，実感レベルの理解と行動遺伝学における研究結果とが合致しないのです。行動遺伝学のものさしからすれば，私たちが日常生活において見出す細かい差異は，遺伝的制約のもとで許されたあそびの部分にすぎないというわけです。

　ただ，このことは，人間はちょっとした差異にも敏感で，わずかな変化に一喜

一憂する存在であることも示しています。このような主観的経験によって捉えられる変化は，行動遺伝学から見たらあまり重要ではない変化です。ですがこの感じられる変化というものは，実は，個人のパーソナリティにおいて重要な影響力をもっています。個人が捉える細かいパーソナリティ特性については，自分がこのような人間であると信じた方向へ，つまりその人が有している自己概念と合致する方向へと形成されることが明らかにされています（Eysenck & Nias, 1982）。ここでは，この観点から，パーソナリティの変化を考えたいと思います。つまり，私たちが主観的に経験できるパーソナリティの変化についてです。

2 パーソナリティの発達をめぐる理論

　パーソナリティの変容や発達については，特に，臨床心理学，発達心理学，人間性心理学といった領域において論じられてきました。精神分析の流れをくむ領域では，パーソナリティの発達とは，"健全な自我"の発達を意味することが多いです。そして多くの場合において，乳幼児期の経験がその発達の土台をつくる上で重要なものとされ，その影響を強く受けながら青年期くらいまでに一通りのパーソナリティの発達が進むと考えられています。

　ですが，マズロー（Maslow, A. H., 1954）やロジャーズ（Rogers, C. R., 1957）など，人間の発達の可能性を論じる心理学者たちは，パーソナリティの発達が青年期で終わるとは考えません。人間性心理学においては，人間には，個人のなかに存在するあらゆる可能性を自律的に実現し，本来の自分自身に向かおうとする，自己実現の欲求が存在すると考えます。自己実現へと向かう経験過程のなかで，人は，一生をかけてそのパーソナリティを成熟させていくとされるのです。

　ただし，マズローは自己実現の欲求は，満たされないと病気になってしまうような，適応を保障するために必要な欲求とは区別されるものだとしました（Maslow, 1954）。それがなくても適応的に生きるものだとしたのです。確かに，エピソードで挙げたおもとなども，とても自己実現を目指して生きていたとは思われません。清をいじめ，ひがみっぽい気持ちで暮らしていたとしても，それなりに生きていたことでしょう。ただ，そこからさらに進んで，よりよい生き方，自分の可能性を実現し，それを発揮して生きたいと思う人もいます。そんな人において認められるのが，自己実現の欲求なのです。

3 転機とパーソナリティの発達

　自己実現した人はもちろん，自己実現を求める人も多くはないかもしれません。ですが，私たちは誰でも，自己に向き合い，パーソナリティを大きく変化させるような経験に出会う可能性があります。

　人の生き方を劇的に変える経験は「転機」と呼ばれます。一般的な転機としては，仕事および人生の役割の変化，転居と旅行，人間関係の転機，健康の転機，事故と災害が挙げられます（Brammer, 1991）。これらの出来事は，それまでの社会的ネットワークや自己物語を揺るがす，危機的な状況でもあります。それにどう向き合うかによっては，パーソナリティを破滅にも導きます。

　たとえば失業は，収入を失うと共に，自己の愛着対象も存在意義も喪失する出来事です（廣川，2006）。身近な人の死も大きな喪失体験となります（Harvey, 2000）。そのような時，周囲の支えもなく，理解者もおらず，その喪失を語ることさえできなければ，なかなか立ち直ることはできないでしょう。パーソナリティの変化には，その変化を支える他者の存在が不可欠です（浅野，2001）。

　その危機的状況に向き合い，それを乗りこえることが，パーソナリティの成熟をもたらし，幸福感を高めると報告されています（Filipp, 1992）。キューブラー・ロス（Kübler-Ross, 1969）は，死にゆく患者たちが死を受容する過程という究極の事態こそ，人生最後のパーソナリティの発達の機会だと述べています。

　ユング（Jung, C. G., 1921）も，危機的状況は，とりもなおさずパーソナリティの成熟の機会であると考えました。ユングによると，危機的状況において病気などを通じて顕現化する特質は，それまで現実の世界への適応だけを優先させてきたために無意識の世界に追いやられていた部分であるとされます。それをも含めて全体として統合していくことが，パーソナリティの成熟であり，自己実現であるとユングは考えました（中間，2007）。

　ただし，危機的状況にあっても，それに向き合わず，既存の自己に固執するような場合は，パーソナリティはあまり変化しないでしょう。中年期におけるパーソナリティの成熟過程を論じた岡本（2002）は，自己を問い直す契機となるような様々な出来事が起こっても，自己とは切り離した形でやりすごす者もあり，その場合には，パーソナリティの発達過程は展開されないと述べています。

〔中間玲子〕

終-3　キャリアの生涯発達

> **Episode　人生を展望するキャリアのイメージ**
>
> 　皆さんは，仕事・職業を中心に据えて自分の人生をイメージしてみたことがありますか。青年期の大学生の皆さんは，職業選択や就職先を見つけることで精一杯かもしれません。しかし，人生のなかで大きなウェイトを占める職業・キャリア人生のイメージをもっておくことは非常に有益です。図終-1は，そのイメージをつくる一助になるかもしれません。この図は，人生のなかで個人のアイデンティティが発達・成熟していくとともに，キャリアの課題も変化しつつ発達していくことを示しています。アイデンティティの発達と危機については，本書の序章，第Ⅴ章，第Ⅶ章で詳しく述べました。シャインの理論については，本節で紹介します。
>
> **図終-1　ひとの人生とキャリアの課題**（金井，1997を加筆修正。）
> 注：「太陽の軌跡にたとえられる生涯」はユング（Jung, 1933），「アイデンティティ」は岡本（1994）の「アイデンティティのラセン式発達モデル」，「キャリアの課題」はシャイン（Schein, 1978）にもとづいて作成した。

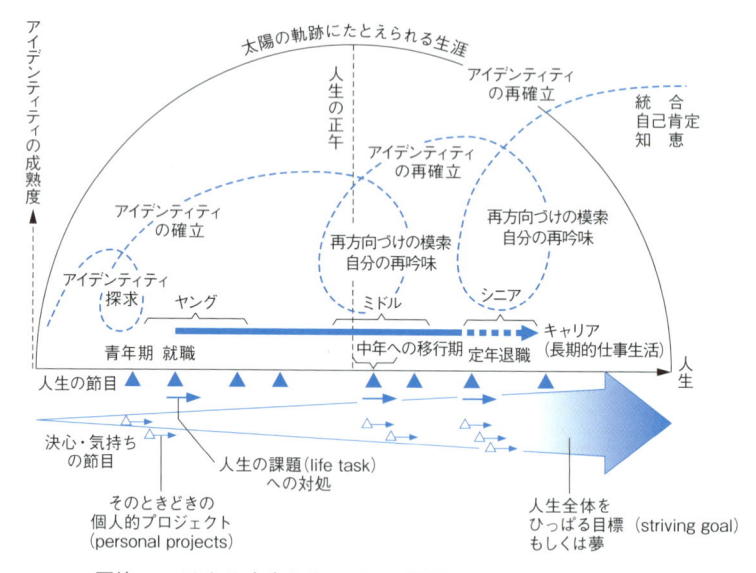

終章　人生を展望する

1　キャリアとは何か

　私たちは大人になると，何らかの職業に就きます。職業・キャリアは，多くの人々の人生にとって大きな位置を占めています。職業へしっかり打ちこむことは，成人期の心の発達にとってもまた，重要な意味をもっています。

　キャリアという言葉から，私たちは，「職業の経歴」を連想することが多いですが，キャリアとは，「人々が生涯において追求し，占めている地位（position），職務，業務の系列」（Super, 1980）つまり，仕事・職業を中心とした生涯にわたる経験という広い概念で捉えられています。私たちのキャリア人生は，学校を卒業し就職すれば，その後は定年退職まで安定した一本道ではありません。キャリアは，成人期の各年齢段階に応じた，仕事や組織に対する関わりや危機，有能感をも含むプロセスなのです。

2　キャリア発達のプロセス

　その具体的なプロセスを，いくつかの理論をもとに見ていきましょう。

（1）キャリア人生のどこに錨（いかり）をおろすか

　シャイン（Schein, 1978）は，組織におけるキャリア発達について，次のような段階に分けて説明しています。

①成長・空想・探求の段階（0〜21歳）

②仕事の世界への参加と基本的訓練の段階（16〜25歳）

③初期キャリア（17〜30歳）：新従業員と組織の相互発見の時期。

④中期キャリア（25〜45歳）：組織内で明確なアイデンティティを確立する時期。

⑤中期キャリア危機（35〜45歳）：これまでの自分の歩みを再評価し，現状維持か，キャリアを変えるか，新しいより高度な仕事に進むか決定する。キャリア・アンカーの意味を現実に評価する時期。

⑥後期キャリア（40歳〜定年）：メンターの役割を果たす。組織における自己の重要性の低下を受容しつつ，専門能力を深化させていく時期。

⑦衰えと離脱（40歳〜定年）：趣味・家庭・社会・地域活動など，新たな満足源の発見と配偶者との関係の再構築。キャリア全体を評価し，引退に備える。

⑧引退（定年後）：常勤の仕事や組織での役割をもたずにアイデンティティと自尊の意識をどのように保持するか，経験と知恵をどのように活かすか，年長者

として他者のためにどのような役割をとるか，考える時期。

シャインのキャリア発達の考え方の中心にあるキャリア・アンカーとは，個人のキャリアのあり方を導き，方向づける錨，つまりキャリアについての諸決定をまとめる自己概念を意味しています。キャリア・アンカーを構成する要素として，才能・能力，動機・欲求，態度・価値などが挙げられます。

成人期においてキャリアは，①自分は何が得意かという能力や才能に関する自己意識や自己イメージ，②自分は本当のところ何がしたいのか，という動機，欲求に関する自己意識やイメージ，③何をしている自分に充実感を感じるのか，という価値・意味に関する自己意識やイメージを，人生の節目節目で問い直し，折り合いをつけることによって発達していくのです。

（2）ライフ・キャリア・レインボー

スーパー（Super, D. E.）は，キャリア発達を「役割」と「時間」の両側面から捉えています。「役割」の側面は「ライフ・スペース」という次元，「時間」の側面は「ライフ・スパン」という次元で表し，両側面を統合して，図終－2に示したような「ライフ・キャリア・レインボー」という図を考案しました。「ライフ・スペース」は「ライフ・キャリア・レインボー」のなかで役割軸にあたり，仕事だけではなく個人の人生における役割全体を描写しています。「ライフ・スパン」は「ライフ・キャリア・レインボー」のなかで時間軸にあたり，人生の発達段階を描写し，仕事とその環境や状況に適応するライフコースに焦点を当てています。

スーパーによると，個人の「役割」は，仕事だけに止まらず親，配偶者，隣人など人生における役割全体を表しています。そして，それぞれの役割は，図終－2に示したような様々な個人的，状況的な要因によって決定されます。一般的に，多くの役割をもつことは人生を豊かにしますが，ある役割が他の役割に必要とされる時間や労力を侵害する時は，役割が相互に衝突するため，時には過度の負担を強いることにもなります。

また，個人のキャリアは，人間としての成熟度合いや環境適応についての課題を達成するに伴い発達していきます。スーパーによると，キャリア発達は，年齢にゆるやかに関連した予測可能な発達的課題と，年齢との関係をもたず不連続で予測不能な適応課題によって促進されます。個々のライフ・ステージにおける課題は，様々な発達的課題の連続として表されています。それぞれの発達的課題を

終章　人生を展望する

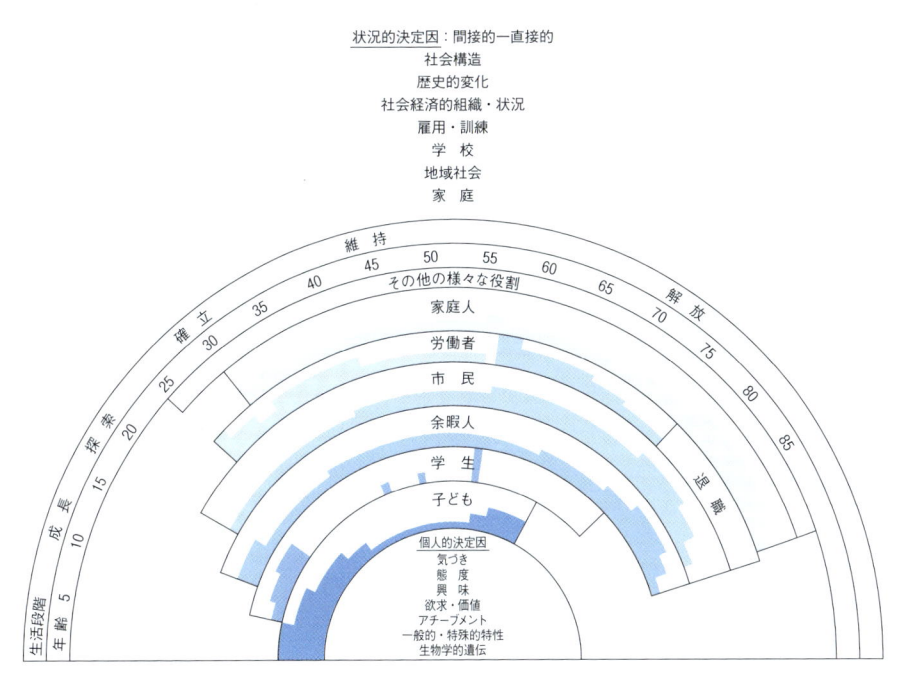

図終-2　ライフ・キャリア・レインボー（Nevill & Super, 1986を一部改訂。）

達成していくことは，学生，労働者，親として有効に機能することになり，かつ，次の段階での発達的課題を達成するための基礎を築くことになります。しかし，ある段階の課題への取り組みを避けて課題を放置した場合，後の段階での課題達成が困難になるのです。

　スーパーの理論の特徴は，キャリアを役割と時間軸とに分けて捉え，仕事で得られる成長と人の発達を関連づけながら説いていることです。職業生活を通して自身の人格も磨かれるという意味で，「キャリア形成」と「人格形成」は，相互に関連していくものです。スーパーの理論はまさにそのことを示唆した理論です。

（岡本祐子）

終-4　ライフサイクルと家族のケア役割をめぐる問題

> **Episode　老親からのサポート，老親へのサポート**
>
> 　保険会社に正社員として勤務するA子さんは42歳にして，B夫さん（45歳）との間に待望の第一子を授かりました。結婚して，8年目のことでした。就業継続を望むA子さんは，近所に住む実母のC子さん（72歳）に，しばらくは日中子どもの面倒をお願いするつもりでした。
>
> 　A子さんには妹のD子さん（40歳）がいます。D子さんが10年前に出産した時も，C子さんは孫の世話をしており，今回も喜んで引き受けてくれると言っていたそうです。ところが，A子さんの出産の直後に，C子さんは大病を患い，A子さんやD子さんからの介護を必要とするようになりました。A子さんは，C子さんからのサポートを頼りにしていただけに，仕事と子育て，それに介護をこれからどうやって行っていけばよいのか戸惑っているようでした。
>
> 　加齢による心身の変化には個人差があります。一概には言えませんが，C子さんの場合，D子さんが出産した時の62歳とA子さんが出産した時の72歳とでは，大分状況が異なるものでした。このように，祖父母役割を獲得するタイミングによって，成人子と老親とのサポート関係の質はかなり異なってくるのかもしれません。
>
> 　私たちの一生には，多くの場合，誕生とともに自分の親世代の人生と重なる時期があり，そして後に子世代の人生とも重なる時期が存在します。前者は親世代の死亡によって，後者は自分の死亡によって，世代の重なりは終わりを迎えます。それまでの間，家族として様々なやり取りを交わし，互いに影響を及ぼし合いながら，発達を遂げていくものと考えることができます。ここでは，人の一生と家族のライフサイクル，特にケア役割をめぐる問題について考えていきたいと思います。

終章 人生を展望する

1 ライフサイクルとその時代的変化

　私たちは人生を歩んでいくなかで，世代を超えて共通の規則的変化をたどると考えられてきました。個人の一生を軸に，世代から世代へとつなぐ一連のプロセスのことをライフサイクルと呼びます。ライフサイクルを説明する代表的なライフイベントには，「結婚」「長子の誕生・結婚」「末子の誕生・学卒」「初孫の誕生」「配偶者の死」などが挙げられます。

　図終-3は，世代の異なる日本人女性が，上記のようなライフイベントをどのタイミングで経験するかを表したものです。四世代での比較を通して，晩婚化や晩産化，少子化，長寿化が進んでいることがわかります。また，上の世代（祖父母，親など）および下の世代（子ども，孫など）とのライフサイクルの重なりが，時代とともに変わってきていることも見てとれます。とりわけ長寿化に伴い，人生後半期での老親世代とのライフサイクルの重なりが注目されています。

2 ライフサイクルのつながり：老親世代とのケア役割の方向性

　孫が誕生することで祖父母役割を獲得することとなりますが，孫の世話という行為は間接的に子どもを援助する側面ももっています。社会からの子育て支援が得にくい状況では，自分もしくは配偶者の老親をあてにせざるを得ない人々も少なくありません。エピソードのA子さんやD子さんもその1人でした。一方で，我が国には，老親扶養規範が存在しています。それに従うならば，成人子は老親を扶養すべきであり，老親から成人子に提供される援助とは方向性が逆となります。ライフサイクルの重なりのなかで，現実にはどのようなやりとりがかわされているのでしょうか。

　この点に関して，宍戸（2008）は，世代間援助をめぐる成人子と老親の役割逆転のタイミングを検討しています。逆転のタイミングとは，「老親から成人子への援助パターン」が「成人子から老親への援助パターン」へと転換する時期を意味します。役割逆転は役割交代とも言い換えることができます。分析の結果，「息子夫婦と老親」（実親-息子，義親-嫁）の組み合わせにおいて，逆転のタイミングが早いことが示されました。つまり，「娘夫婦と老親」（実親-娘，義親-婿）の組み合わせの方が，親から子に対して援助する期間が長くなっていることを表しています。援助-被援助関係の構造は，続柄によって異なる傾向にあり，

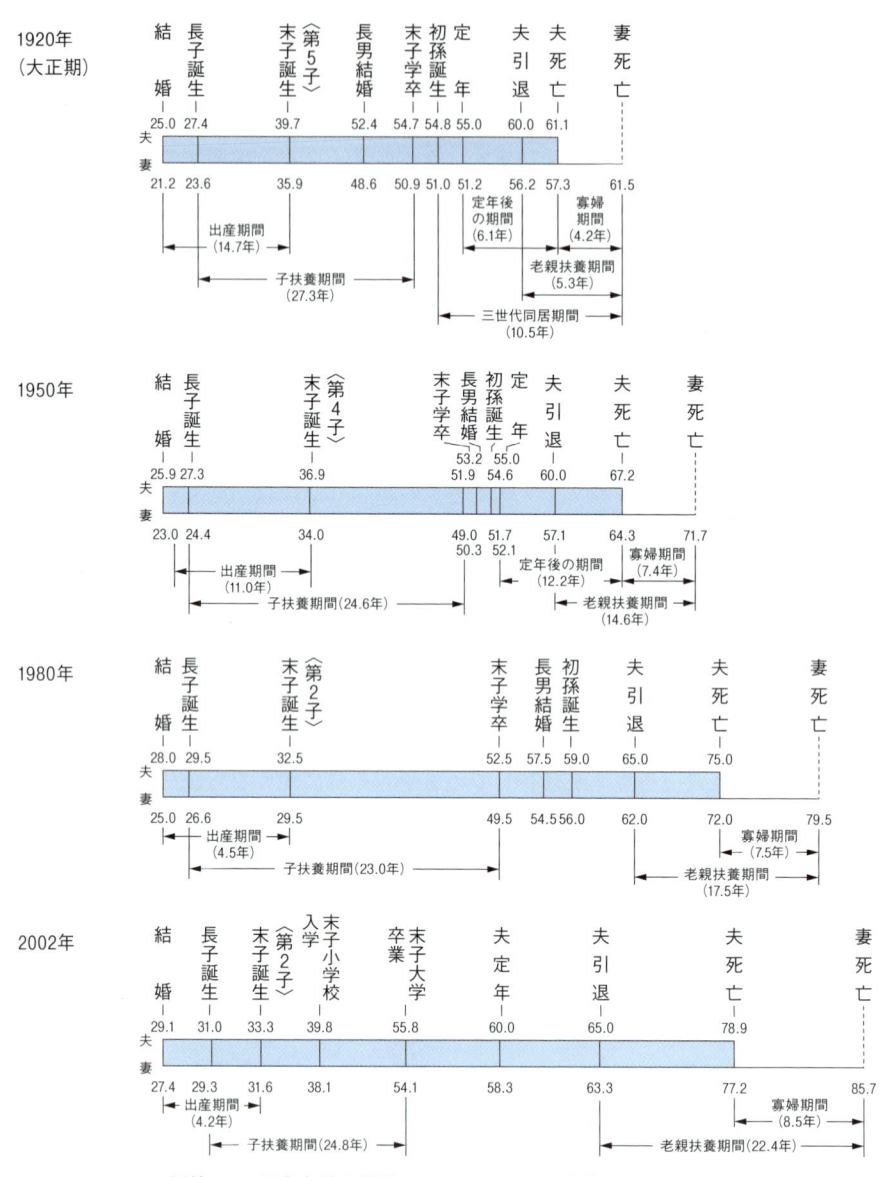

図終-3　日本女性四世代のライフコースの変化（岡村，2007）
注：1920年，1950年は厚生省『社会保障入門（平成8年版）』，1980年は厚生省『厚生白書（昭和59年版）』，2002年は内閣府『男女共同参画白書（平成16年版）』に加筆。

役割が逆転するタイミングは一様ではないことがうかがえます。またそのことは，同一の夫婦であっても，夫方と妻方それぞれの実家との付き合い方が異なっている可能性も示唆しています。

3 ライフサイクルにおけるケア役割の逆転と心理的適応

　老親－成人子間でのケア役割の逆転は，意識的，計画的に起こす場合もありますが，病気や事故により老親が要介護状態になることで，待ったなしで生じる場合もあります。後者では，特に老親が比較的若かったり，それまで健康であったような場合，エピソードのA子さんのように成人子側が前もって心の準備をしていないことも珍しくありません。

　役割の逆転については，続柄などの基本的属性の要因とともに，個々の心理的要因も関係してきます。その1つに，自分が受けてきたケア役割に見合うレベルの援助を老親にも提供するといった「互酬性」が考えられます（Shuey & Hardy, 2003）。成人子が幼少期に十分な愛情を受けていなかったり，自分の人生が親の犠牲になったとの思いを強く抱き続けていたりする場合，老親への援助が必要となってもケア役割の受容は困難かもしれません。

　役割逆転への心理的適応については，成人子と老親双方の「親イメージの喪失」による衝撃も関係していると思われます。たとえば，無藤（2008）は，役割の交代に関して，両者がともに有していた"強い親"，"美しい親"などのイメージの修正を余儀なくされることで，新しい距離のとり方やケア役割の授受の仕方を互いに探り，新たな関係性が構築されると述べています。このように役割逆転のプロセスには，それまでの関係性が反映される一方で，役割逆転が関係性の再構築につながるターニングポイントとなる可能性もあります。

　さらに，子ども側の置かれた発達的な状況も重要だと考えられます。ケア役割の逆転が，子どもが中年期の時に生じた場合，彼ら自身が人生の折り返し地点に位置しており，更年期障害やアイデンティティの再体制化など，中年期の心理社会的課題に取り組んでいる最中かもしれません。近年では，介護者と要介護者がどちらも高齢者である「老老介護」も多くなっており，子どもの側も老年期の課題に直面している場合もあります。ライフサイクルの時代的変化に伴い，世代間のつながりをめぐる模索は今後も続いていくものと考えられます。

（宇都宮博）

引用文献

序章

Alloway, T. P. 2010 Investigating the predictive roles of working memory and IQ in academic attainment. *Journal of Experimental Child Psychology*, **106**, 20-29.
Carroll, J. B. 1993 *Human Cognitive Abilities: A Survey of Factor-Analytic Studies.* Cambridge University Press.
Chomsky, N. 1965 *Aspects of the Theory of Syntax.* MIT Press.（チョムスキー，N., 安井稔（訳）1970 文法理論の諸相 研究社出版）
Erikson, E. H. 1950 *Childhood and Society.* W. W. Norton.（エリクソン，E. H., 仁科弥生（訳）1977／1980 幼児期と社会 1・2 みすず書房）
Gardner, H. 1983 *Frames of Mind: The Theory of Multiple Intelligences.* Basic Books.
Gesell, A. & Thompson, H. 1929 Learning and growth in identical infant twins: An experiment study by the method of co-twin control. *Genetic Psychology Monographs*, **6**, 1-124.
Hall, G. S. 1905 *Adolescence.* Appleton.
Hall, G. S. 1922 *Senescence: The Last Half of Life.* Appleton.
Jensen, A. R. 1968 Social class, rase and genetics: Implication for education. *American Educational Research Journal*, **5**, 1-41.
Markman, E. M. 1989 *Categorization and Naming in Children: Problems of Induction.* MIT Press.
Piaget, J. 1947 *La Psychologie de L'Intelligence.* Armand Colin.（ピアジェ，J., 波多野完治・滝沢武久（訳）1960 知能の心理学 みすず書房）
Schaie, K. W. 1988 Variability in cognition functioning in the elderly: Implications for societal participation. In A. Woodhead, M. Bender & R. Leonard (Eds.), *Phenotypic Variation in Populations: Relevance to Risk Management.* Plenum.
Shakespeare, W. 1599 *As You Like It.*（シェイクスピア，W., 福田恒存（訳）1972 お気に召すまま 新潮社）
Spearman, C. E. 1904 "General intelligence" objectively determined and measured. *The American Journal of Psychology*, **15**, 201-292.
Stern, W. 1935 *Allegemeine Psychologie auf Personalistischer Grundlage.* Martinus Nijhoff.
Tomasello, M. 1999 *The Cultural Origins of Human Cognition.* Harvard University Press.（トマセロ，M., 大堀壽夫・中澤恒子・西村義樹・本多 啓（訳）2006 心とことばの起源を探る——文化と認知 勁草書房）
Watson, J. B. 1930 *Behaviorism (revised edition).* The University of Chicago Press.（ワトソン，J. B., 安田一郎（訳）1980 行動主義の心理学 現代思想選 6 河出書房新社）
東 洋 1969 知的行動とその発達 岡本夏木（編）児童心理学講座 4 認識と思考 金子書房 pp. 1-88.
内田伸子 1999 発達心理学 岩波書店

岡本夏木　1985　ことばと発達　岩波新書
荻野美佐子　1996　言語の発達　大村彰道（編）　教育心理学Ⅰ　発達と学習指導の心理学　東京大学出版会　pp. 19-42.
小学館国語辞典編集部　2000　日本国語大辞典　小学館
高岡昌子　2006　言語能力の発達　北尾倫彦・中島　実・林　龍平・広瀬雄彦・高岡昌子・伊藤美加　精選　コンパクト教育心理学　北大路書房　pp. 21-32.
松井栄一　2004　小学館日本語新辞典　小学館
宮川　剛　2011　「こころ」は遺伝子でどこまで決まるのか——パーソナルゲノム時代の脳科学　NHK出版新書
三好一英・服部　環　2010　海外における知能理論とCHC理論　筑波大学心理学研究，**40**，1-7.
村上宣寛　2007　IQってホントは何なんだ？——知能をめぐる神話と事実　日経BP社
山上精次　1990　発達　金城辰夫（編）　図説現代心理学入門　pp. 117-139.
やまだようこ　1995　生涯発達を捉えるモデル　無藤　隆・やまだようこ（編）　生涯発達心理学とは何か——理論と方法　金子書房　pp. 57-92.

第Ⅰ章

Ainsworth, M. D. S., Blehar, M. C., Water, E. & Wall, S.　1978　*Patterns of Attachment: A Psychological Study of the Strange Situation.*　Lawrence Erlbaum Associates.

Bowlby, J.　1961　*Attachment and Loss, Vol. 1 Attachment.*　Basic Books.（ボウルヴィ，J．黒田実郎・大羽　蓁・岡田洋子・黒田聖一（訳）　1976　母子関係の理論Ⅰ　愛着行動　岩崎学術出版社）

Erikson, E. H.　1950　*Childhood and Society.*　Norton.（エリクソン，E. H．仁科弥生（訳）　1977　幼児期と社会1　みすず書房）

Erikson, E. H.　1959　*Identity and Life Cycle.*　Norton.（エリクソン，E. H．小此木啓吾（訳）　1973　自我同一性　誠信書房）

Erikson, E. H.　1964　*Insight and Responsibility.*　Norton.（エリクソン，E. H．鑪幹八郎（訳）　1971　洞察と責任　誠信書房）

Fantz, R. L.　1961　The origin of form perception. *Scientific American,* **204**, 66-72.

Huttenlocher, P. R.　2002　*Neural Plasticity.*　Harvard University Press.

Mahler, M. S., Pine, F. & Bergman, A.　1975　*The Psychological Birth of the Human Infant: Symbiosis and Individuation,* Basic Books.（マーラー，M. S．パイン，F. & バーグマン，A．高橋雅士・織田正美・浜畑　紀（訳）　2001　乳幼児の心理的誕生——母子共生と個体化　黎明書房）

Meltzoff, A. N. & Moore, M. K.　1977　Imitation of facial and manual gestures by human neonates. *Science,* **198**, 75-78.

Pascalis, O., de Schonen, S., Morton, J., Deruelle, C. & Fabre-Grenet, M.　1995　Mother's face recognition by neonates: A replication and an extension. *Infant Behavior and Development,* **18**, 79-85.

Rochat, P.　2004　*The Infant's World.*　Harvard University Press.（ロシャ，P．板倉昭二・開　一夫（監訳）　2004　乳児の世界　ミネルヴァ書房）

Simpson, J. A., Collins, A., Tran, S. & Haydon, K. C.　2007　Attachment and the experience and expression of emotions in romantic relationships: A developmental perspective. *Journal of Personality and Social Psychology,* **92**, 355-367.

Stern, D. N.　1985　*The Interpersonal World of the Infant: A View from Psychoanalysis and*

Developmental Psychology. Basic Books.（スターン，D. N., 小此木啓吾・丸田俊彦（監訳）1989／1991 乳児の対人世界 理論編／臨床編 岩崎学術出版社）

van der Meer, A. L., van der Weel, F. R. & Lee, D. N. 1995 The functional significance of arm movements in neonates. *Science*, **267** (5198), 693-695.

Vries, D. J. I., Visser, G. H. & Prechtl, H. F. 1982 The emergence of fetal behavior. I. Qualitative aspects. *Early Human Development*, **7**, 301-322.

Winnicott, D. W. 1987 *Babies and Mothers*. The Winnicott Trust.（ウィニコット，D. W., 成田善弘・根本真弓（訳）1993 赤ん坊と母親 岩崎学術出版社）

小此木啓吾 2002 現代の精神分析――フロイトからフロイト以後へ 講談社

数井みゆき 2005 「母子関係」を越えた親子・家族関係研究 遠藤利彦（編著）発達心理学の新しいかたち 誠信書房 pp. 189-214.

数井みゆき・遠藤利彦・田中亜希子・坂上裕子・菅沼真樹 2000 日本人母子における愛着の世代間伝達 教育心理学研究, **48**, 323-332.

國吉康夫・寒川新司・塚原祐樹・鈴木真介・森 裕紀 2010 人間的身体性に基づく知能の発生原理解明への構成論的アプローチ 日本ロボット学会誌, **28**, 415-434.

小嶋由香 2005 青年期・成人前期に受傷した脊髄損傷者の障害受容過程とアイデンティティ発達の関連性――障害受容過程にみられる心理社会的危機の分析 広島大学大学院教育学研究科紀要第三部教育人間科学関連領域, **54**, 309-318.

小西行郎 1999 胎児・乳児の運動能力 正高信夫（編）赤ちゃんの認識世界 ミネルヴァ書房 pp. 2-49.

諏訪城三 1998 被虐待児117例の検討――臨床所見および虐待の背景について 日本小児科学会雑誌, **99**, 2069-2077.

多賀厳太郎 2002 脳と身体の動的デザイン――運動・知覚の非線形力学と発達 金子書房

多賀厳太郎 2008 初期発達のダイナミクス 藤田雅博・下村秀樹（編）発達する知能――知能を形作る相互作用 シュプリンガージャパン pp. 113-137.

鑪幹八郎 2002 鑪幹八郎著作集 I アイデンティティとライフサイクル論 ナカニシヤ出版

田中千穂子 1993 母と子のこころの相談室――"関係"を育てる心理臨床 医学書院

田中千穂子・丹羽淑子 1988 ダウン症児の精神発達――母子相互作用の観点からの分析 心理臨床学研究, **5**, 21-32.

谷 冬彦 1998 青年期における基本的信頼と時間的展望 発達心理学研究, **9**, 35-44.

永田雅子 2006 新生児とその家族への看護と支援――臨床心理士 周産期医学, **36**, 673-675.

永田雅子 2011 周産期のこころのケア――親と子の出会いとメンタルヘルス 遠見書房

永田雅子・今橋寿代・永井幸代・佐橋 剛・岸 真司・側島久典・安藤恒三郎 2001 ハイリスク児の1歳6カ月の問題点とその援助 臨床心理士の立場から Neonatal Care, **14**, 1004-1005.

橋本洋子 2000 NICUとこころのケア――家族のこころによりそって メディカ出版

濱田庸子 1998 乳幼児精神医学・児童精神医学 小此木啓吾・深津千賀子・大野 裕（編）心の臨床家のための精神医学ハンドブック 創元社 pp. 289-312.

繁多 進 1987 愛情の発達――母と子の心の結びつき 大日本図書

深瀬裕子・岡本祐子 2010 老年期における心理社会的課題の特質――Eriksonによる精神分析的個体発達分化の図式 第Ⅷ段階の再検討 発達心理学研究, **21**, 266-277.

森 裕紀・國吉康夫 2010 触覚を通して反射的行動を自己組織化する子宮内胎児の神経系発達モデル 日本ロボット学会誌, **28**, 1014-1024.

第Ⅱ章

American Psychiatric Association, 髙橋三郎・大野　裕・染谷俊幸（訳）2002　DSM-Ⅳ-TR 精神疾患の判断・統計マニュアル　医学書院

Case-Smith, J. & Pehoski, C. 1992 *Development of Hand Skills in the Child.* American Occupational Therapy Association.（ケース-スミス，J. & ペホスキー，C., 奈良進弘・仙石泰仁（監訳）1997　ハンドスキル——手・手指スキルの発達と援助　協同医書出版社）

Denckla, M. B. 1974 Development of motor coordination in normal children. *Developmental Medicine and Child Neurology,* **16**, 729-741.

Eisenberg, N. 1992 *The Caring Child.* Harvard University Press.（アイゼンバーグ，N., 二宮克美・首藤敏元・宗方比佐子（訳）1995　思いやりのある子どもたち——向社会的行動の発達心理　北大路書房）

Harris, P. L. 2000 *The Work of the Imagination.* Blackwell.

Howes, C. & Matheson, C. C. 1992 Sequences in the development of competent play with peers: Social and social pretend play. *Developmental Psychology,* **28**, 961-974.

Mahler, M. S., Pine, F. & Bergman, A. 1975 *The Psychological Birth of the Human Infant: Synbiosis and Individuation.* Basic Books.（マーラー，M. S., パイン，F. & バーグマン，A., 髙橋雅士（訳）1987　乳幼児の心理的誕生　黎明書房）

Parten, M. B. 1932 Social participation among pre-school children. *Journal of Abnormal and Social Psychology,* **27**, 243-269.

Piaget, J. 1962 *Play, Dreams and Imitation in Childhood.* Norton.

Scammon, R. E. 1930 The measurement of the body in childhood. In J. A. Harris, C. M. Jackson, D. G. Paterson & R. E. Scammon (Eds.), *The Measurement of Man.* University of Minnesota Press. pp. 171-215.

Smith, P. K. 1978 A longitudinal study of social participation in preschool children: Solitary and parallel play reexamined. *Developmental Psychology,* **14**, 517-523.

朝生あけみ・木下芳子・斉藤こずゑ　1986　4歳児における「けんか」の原因と終結　日本教育心理学会第28回総会発表論文集，96-97.

臼井永男・岡田修一　2011　発達運動論　放送大学教育振興会

小林寛道・脇田裕久・八木規夫　1990　幼児の発達運動学　ミネルヴァ書房

斉藤こずゑ・木下芳子・朝生あけみ　1986　仲間関係　無藤　隆・内田伸子・斉藤こずゑ（編著）　子ども時代を豊かに——新しい保育心理学　学文社　pp. 59-111.

住田正樹　2000　子どもの仲間集団の研究（第2版）　九州大学出版会

高木信良（編）2009　最新版　幼児期の運動遊び——理論と実践　不昧堂出版

田中熊次郎　1975　新訂　児童集団心理学　明治図書

勅使千鶴　1999　子どもの発達とあそびの指導　ひとなる書房

新倉良子　1995　愛他心・援助行動　古畑和孝（編著）　幼児の人間関係の指導　学芸図書 pp. 125-134.

野中壽子　2003　幼児の手指の動作の発達　子どもと発育発達，**1**，302-305.

前田重治　1985　図説　臨床精神分析学　誠信書房

水野将樹　2009　乳幼児期と心理的問題　下山晴彦（編）　よくわかる臨床心理学　改訂新版 ミネルヴァ書房　pp. 98-101.

森　司朗・杉原　隆・吉田伊津美・近藤充夫　2004　園環境が幼児の運動能力発達に与える影響　体育の科学，**54**(4)，329-336.

森　司朗・杉原　隆・吉田伊津美・筒井清次郎・鈴木康弘・中本浩揮・近藤充夫　2010　2008

年の全国調査からみた幼児の運動能力　体育の科学，**60**(1)，56-66.
吉田伊津美・杉原　隆・森　司朗・近藤充夫　2004　家庭環境が幼児の運動能力発達に与える影響　体育の科学，**54**(3)，243-249.

第Ⅲ章

Bandura, A.　1977　*Social Learning Theory*. Prentice Hall.（バンデューラ，A.，原野広太郎（監訳）　1979　社会的学習理論——人間の理解と教育の基礎　金子書房）
Bandura, A. & Schunk, D. H.　1981　Cultivating competence self-efficacy, and intrinsic interest through proximal self-motivation. *Journal of Personality and Social Psychology*, **41**, 586-598.
Butterworth, B.　2005　The development of arithmetical abilities. *Journal of Child Psychology and Psychiatry*, **46**, 3-18.
Crick, N. R., Casas, J. F. & Mosher, M.　1997　Relational and overt aggression in preschool. *Developmental Psychology*, **33**, 579-588.
Crick, N. R. & Dodge, K. A.　1996　Social information-processing mechanisms in reactive and proactive aggression. *Child Development*, **67**, 649-665.
Crick, N. R. & Grotpeter, J. K.　1995　Relational aggression, gender, and social-psychological adjustment. *Child Development*, **66**, 710-722.
Dehaene, S.　2011　*The Number Sense: How the Mind Creates Mathematics Revised and Updated Edition*. Oxford University Press.
Gelman, R. & Gallistel, C. R.　1978　*The Child's Understanding of Number*. Harvard University Press.
Kobayashi, M. S., Haynes, C. W., Macaruso, P., Hook, P. E. & Kato, J.　2005　Effects of mora deletion, nonword repetition, rapid naming, and visual search performance on beginning reading in Japanese. *Annals of Dyslexia*, **55**, 105-128.
Kohlberg, L.　1971　From is to ought: How to commit the naturalistic fallacy and get away with it in the study of moral development. In T. Mischel (Ed.), *Cognitive Development and Epistemology*. Academic Press. pp. 151-235.（コールバーグ，L.，内藤俊史・千田茂博（訳）　1980　「である」から「べきである」へ　永野重史（編）　道徳性の発達と教育——コールバーグ理論の展開　新曜社　pp. 1-123.）
Piaget, J.　1932　*The Moral Judgment of the Child*. Free Press.（ピアジェ，J.，大伴　茂（訳）　1957　臨床児童心理学Ⅲ　児童道徳判断の発達　同文書院）
Ryan, R. M. & Deci, E. L.　2000　Self-determination theory and the facilitation of intrinsic motivation, social development, and well-being. *American Psychologist*, **55**, 68-78.
Seligman, M. E. P. & Maier, S. F.　1967　Failure to escape traumatic shock. *Journal of Experimental Psychology*, **74**, 1-9.
Weiner, B.　1972　*Theories of Motivation*. Rand McNally.
Wynn, K.　1992　Addition and subtraction by human infants. *Nature*, **358**, 749-751.
磯部美良・佐藤正二　2003　幼児の関係性攻撃と社会的スキル　教育心理学研究，**51**，13-21.
内田伸子　1989　物語ることから文字作文へ——読み書き能力の発達と文字作文の成立過程　読書科学，**33**，10-24.
垣花真一郎・安藤寿康・小山麻紀・飯高晶子・菅原いづみ　2009　幼児のかな識字能力の認知的規定因　教育心理学研究，**57**，295-308.
柏木惠子　1988　幼児期における「自己」の発達——行動の自己制御機能を中心に　東京大学出版会

加藤美和・人見美沙子・畠垣智恵・小倉正義・野邑健二　2010　小学校低学年の書字習得度と認知特性との関連　日本教育心理学会総会発表論文集，**52**，515．
金城育子　2002　友人関係の発達　前原武子（編著）　生徒支援の教育心理学　北大路書房　pp. 30-34．
黒川雅幸　2010　規範意識の育成　小泉令三（編著）　よくわかる生徒指導・キャリア教育　ミネルヴァ書房　pp. 88-91．
国立教育政策研究所　2008　生徒指導資料第3集　規範意識をはぐくむ生徒指導体制──小学校・中学校・高等学校の実践事例22から学ぶ　文部科学省国立教育政策研究所生徒指導研究センター
齊藤万比古（編）　2009　発達障害が引き起こす二次障害へのケアとサポート　学研教育出版
桜井茂男　2004　やる気を高める　桜井茂男（編）　たのしく学べる最新教育心理学──教職に関わるすべての人に　図書文化社　pp. 41-59．
島村直己・三神廣子　1994　幼児のひらがなの習得──国立国語研究所の1967年の調査との比較を通して　教育心理学研究，**42**，70-76．
高橋 登　2001　学童期における読解能力の発達過程──1-5年生の縦断的な分析　教育心理学研究，**49**，1-10．
田中あゆみ　2007　動機づけの基礎　藤田哲也（編著）　絶対役立つ教育心理学──実践の理論，理論を実践　ミネルヴァ書房　pp. 31-42．
鶴山博之・橋爪和夫・中野 綾　2008　子どもの遊びの実態に関する研究　富山国際大学国際教養学部紀要，**4**，133-137．
鳥居深雪　2009　脳からわかる発達障害──子どもたちの「生きづらさ」を理解するために　中央法規出版
二宮克美　1999　道徳性　中島義明・安藤清志・子安増生・坂野雄二・繁桝算男・立花政夫・箱田裕司（編）　心理学辞典　有斐閣　p. 365．
繁多 進　1991　社会性の発達とは　繁多 進・青柳 肇・田島信元・矢澤圭介（編）　社会性の発達心理学　福村出版　pp. 9-16．
広島県教育委員会　2010　生徒指導のてびき　広島県教育委員会
藤田哲也　2009　学習意欲　太田信夫（編著）　教育心理学概論　放送大学教育振興会　pp. 74-86．
山岸明子　2007　現代小学生の約束概念の発達──状況の考慮をめぐって　社会心理学研究，**22**，285-294．

第Ⅳ章

Blos, P.　1962　*On Adolescence: A Psychoanalytic Interpretation*. Free Press.（ブロス，P.，野沢栄司（訳）　1971　青年期の精神医学　誠信書房）
Coleman, J. C. & Hendry, L. B.　1999　*The Nature of Adolescence, 3rd ed*. Routledge.（コールマン，J. & ヘンドリー，L.，白井利明（訳）　2003　青年期の本質　ミネルヴァ書房）
Erikson, E. H.　1959　*Psychological Issues Identity and the Life Cycle*.（エリクソン，E. H.，小此木啓吾（訳）　1973　自我同一性──アイデンティティとライフサイクル　誠信書房）
Kroger, J.　2000　*Identity Development: Adolescence through Adulthood*. Sage Publications.（クロガー，J.，榎本博明（訳）　2005　アイデンティティの発達──青年期から成人期　北大路書房）
Masterson, J. F.　1972　*Treatment of the Borderline Adolescent: A Developmental Approach*. John Wiley & Sons.（マスターソン，J. F.，成田善弘・笠原 嘉（訳）　1979　青年期境

界例の治療　金剛出版）
Steinberg, L.　2008　*Adolescence. Eighth edition.* McGraw Hill.
Sullivan, H. S.　1953　*The Interpersonal Theory of Psychiatry.* W.W. Norton.（サリヴァン, H. S.,　中井久夫・宮﨑隆吉・高木敬三・鑪幹八郎（訳）　1990　精神医学は対人関係論である　みすず書房）
Walsh, B. W.　2005　*Treating Self-Injury: A Practical Guide.* Guilford Press.（ウォルシュ, B. W.,　松本俊彦・山口亜希子・小林桜児（訳）　2007　自傷行為治療ガイド　金剛出版）
石本雄真・久川真帆・齊藤誠一・上長　然・則定百合子・日潟淳子・森口竜平　2009　青年期女子の友人関係スタイルと心理的適応および学校適応との関連　発達心理学研究, 20, 125-133.
伊藤裕子（編）　2000　ジェンダーの発達心理学　ミネルヴァ書房
岩宮恵子　2009　フツーの子の思春期——心理療法の現場から　岩波書店
内海しょか　2010　中学生のネットいじめ，いじめられ体験——親の統制に対する子どもの認知，および関係性攻撃との関連　教育心理学研究, 58, 12-22.
岡田　努　2007　現代青年の心理学——若者の心の虚像と実像　世界思想社
片岡恵理・大川洋子　2010　女子中学生における体重の減量願望と健康意識に関する研究　母性衛生, 51, 137-143.
上長　然　2007　思春期の身体発育のタイミングと抑うつ傾向　教育心理学研究, 55, 370-381.
上別府圭子・山本弘江　2008　変貌する思春期の親子関係——変わったのは親か子か　中根晃・牛島定信・村瀬嘉代子（編）　詳解　子どもと思春期の精神医学　金剛出版　pp. 37-43.
木原雅子　2006　10代の性行動と日本社会——そしてWYSH教育の視点　ミネルヴァ書房
クロガー, J.　榎本博明（訳）　2005　アイデンティティの発達——青年期から成人期　北大路書房
齊藤万比古　2006　不登校の児童・思春期精神医学　金剛出版
齊藤万比古（編）　2009　発達障害が引き起こす二次障害へのケアとサポート　学研教育出版
酒井　厚・菅原ますみ・眞榮城和美・菅原健介・北村俊則　2002　中学生の親および親友との信頼関係と学校適応　教育心理学研究, 50, 12-22.
下坂幸三　1988　アノレクシア・ネルヴォーザ論考　金剛出版
下坂幸三　2001　摂食障害治療のこつ　金剛出版
菅佐和子　2006　思春期・青年期の心理臨床——女性の場合　伊藤美奈子（編）　思春期・青年期臨床心理学　朝倉書店　pp. 163-176.
髙坂康雄　2010　青年期の友人関係における被異質視不安と異質拒否傾向——青年期における変化と友人関係満足度との関連　教育心理学研究, 58, 338-347.
滝川一廣　2004　新しい思春期像と精神療法　金剛出版
田嶌誠一　2009　現実に介入しつつ心に関わる——多面的援助アプローチと臨床の知恵　金剛出版
田中千穂子　2001　ひきこもりの家族関係　講談社
土井隆義　2008　友だち地獄　ちくま新書
内閣府　2011　平成23年度青少年のインターネット利用環境実態調査　http://www8.cao.go.jp/youth/youth-harm/chousa/h23/net-jittai/pdf-index.html（2012年3月1日閲覧）
梨木香歩　1994　西の魔女が死んだ　楡出版
日本青少年研究所　2011　高校生の心と体の健康に関する健康調査　http://www1.odn.ne.jp/youth-study/reserch/index.html（2012年3月1日閲覧）

平石賢二　2011　改訂版 思春期・青年期のこころ——かかわりの中での発達　北樹出版
Benesse 教育研究開発センター　2010　第2回子ども生活実態基本調査報告書　ベネッセコーポレーション
保坂　亨　2009　"学校を休む"児童生徒の欠席と教員の休職　学事出版
保坂　亨　2010　いま，思春期を問い直す——グレーゾーンにたつ子どもたち　東京大学出版会
松本俊彦　2009　自傷行為の理解と援助——「故意に自分の健康を害する」若者たち　日本評論社
村上春樹　2002　海辺のカフカ　新潮社
村瀬嘉代子　2001　子どもと家族への統合的心理療法　金剛出版
森田洋司　2010　いじめとは何か　中公新書
山田裕子・宮下一博　2007　青年の自立と適応に関する研究——これまでの流れと今後の展望　千葉大学教育学部研究紀要, **55**, 7-12.

第 V 章

Erikson, E. H.　1950　*Childhood and Society*. Norton.（エリクソン，E. H.，仁科弥生（訳）1977　幼児期と社会1　みすず書房）

Erikson, E. H.　1959　*Identity and the Life Cycle*. International Universities Press.（エリクソン，E. H.，西平　直・中島由恵（訳）2011　アイデンティティとライフサイクル　誠信書房）

Friedman, L. J.　1999　*Identity's Architect: A Biography of Erik Erikson*. Scribner.（フリードマン，L. J.，やまだようこ・西平　直（監訳）2003　エリクソンの人生——アイデンティティの探求者　新曜社）

Lewin, K.　1951　*Field Theory in Social Science*. Harper and Brothers.（レヴィン，K.，猪股佐登留（訳）1979　社会科学における場の理論（増補版）　誠信書房）

Marcia, J. E.　1966　Development and validation of ego-identity status. *Journal of Personality & Social Psychology*, **3**, 551-558.

Super, D. E.　1957　*The Psychology of Careers: An Introduction to Vocational Development*. Harper & Brothers.（スーパー，D. E.，日本職業指導学会（訳）1960　職業生活の心理学——職業経歴と職業的発達　誠信書房）

有吉晶子　2011　多様なひきこもりを支援する——「居場所」と「出番」作りに伴走する　臨床心理学, **11**, 367-373.

大野　久　1995　青年期の自己意識と生き方　落合良行・楠見　孝（編）自己への問い直し——青年期　金子書房　pp. 89-123.

大野　久　2000　愛の本質的特徴とその対極　教職研究, **11**, 1-10.

大野　久　2010　青年期のアイデンティティの発達　大野　久（編著）エピソードでつかむ青年心理学　ミネルヴァ書房　pp. 37-76.

岡本祐子　2002　アイデンティティ生涯発達の射程　ミネルヴァ書房

京都大学・電通育英会　2008　大学生のキャリア意識調査2007　http://www.dentsu-ikueikai.or.jp/files/research/report/chosa_report2007.pdf（2012年1月29日閲覧）

厚生労働省　2007　ニートの状態にある若年者の実態及び支援策に関する調査研究　http://www.mhlw.go.jp/houdou/2007/06/h0628-1.html（2012年1月25日閲覧）

厚生労働省　2009　労働経済白書——暮らしと社会の安定に向けた自立支援 平成21年版　ぎょうせい

厚生労働省　2010　平成21年若年者雇用実態調査結果の概況　http://www.mhlw.go.jp/tou

kei/itiran/roudou/koyou/young/h21/dl/gaikyo.pdf（2012年10月1日閲覧）
小平英志・西田裕紀子　2004　大学生のアルバイト経験とその意味づけ　日本青年心理学会第12回総会発表論文集，30-31.
齊藤万比古（研究代表者）　2010　思春期のひきこもりをもたらす精神科疾患の実態把握と精神医学的治療・援助システムの構築に関する研究（H19－こころ－一般－010）　厚生労働科学研究費補助金こころの健康科学研究事業
白井利明　1997　時間的展望の生涯発達心理学　勁草書房
白井利明　2001　希望の心理学──時間的展望をどうもつか　講談社
芹沢俊介　2011　「ひきこもり」をどう理解するか　臨床心理学，**11**，324-329.
田中千穂子　2001　ひきこもりの家族関係　講談社
内閣府　2010　若者の意識に関する調査（ひきこもりに関する実態調査）　http://www8.cao.go.jp/youth/kenkyu/hikikomori/pdf_index.html（2012年3月1日閲覧）
内閣府　2011　子ども・若者白書　平成23年版　佐伯印刷
鍋田恭孝　2007　変わりゆく思春期の心理と病理──物語れない・生き方がわからない若者たち　日本評論社
西平直喜　1990　成人になること──生育史心理学から　東京大学出版会
日本労働研究機構　2000　進路決定をめぐる高校生の意識と行動──高卒「フリーター」増加の実態と背景　日本労働研究機構
Benesse 教育研究開発センター　2009　大学生の学習・生活実態調査報告書　ベネッセコーポレーション
三好昭子　2011　青年の有能感と否定的アイデンティティに影響を与える要因──若年無業者と大学生との比較　日本青年心理学会大会発表論文集，**19**，70-71.
文部科学省　2011　教育指標の国際比較平成22年度版　http://www.mext.go.jp/b_menu/toukei/data/kokusai/__icsFiles/afieldfile/2010/03/30/1292096_01.pdf（2012年3月1日閲覧）
安田生命生活福祉研究所　2006　第1回若年層の就労に関する意識調査　http://www.myilw.co.jp/life/enquete/01_young_work.htm（2012年2月4日閲覧）

第 VI 章

Erikson, E. H.　1950　*Childhood and Society*. Norton.（エリクソン，E. H., 仁科弥生（訳）1977　幼児期と社会1　みすず書房）
Erikson, E. H.　1959　*Identity and the Life Cycle*. International Universities Press.（エリクソン，E. H., 西平　直・中島由恵（訳）2011　アイデンティティとライフサイクル　誠信書房）
Larson, J. H.　1992　'You're my one and only': Premarital counseling for unrealistic beliefs about mate selection. *American Journal of Family Therapy*, **20**, 242-253.
Robinson, B. E. & Barret, R. L.　1986　*The Developing Father: Emerging Roles in Contemporary Society*. Guilford Press.
Stern, D. N.　1995　*The Motherhood Constellation: A Unified View of Parent-Infant Psychology*. Basic Books.（スターン，D. N., 馬場禮子・青木紀久代（訳）2000　親－乳幼児心理療法──母性のコンステレーション　岩崎学術出版社）
有栖川有栖　1992　双頭の悪魔　東京創元社
伊藤比呂美　2010　良いおっぱい悪いおっぱい　完全版　中央公論新社
氏家達夫　1995　乳幼児と親の発達　人生への旅立ち──胎児・乳児・幼児前期　金子書房　pp. 99-128.

大日向雅美　1988　母性の研究　川島書店
岡本祐子　2006　発達臨床心理学から見た「親になれない親」の理解と援助　母性衛生，**46**，480-483.
柏木惠子　1995　親の発達心理学――今，よい親とはなにか　岩波書店
柏木惠子・若松素子　1994　「親となる」ことによる人格発達――生涯発達的視点から親を研究する試み　発達心理学研究，**5**，72-83.
川井　尚・庄司順一・恒次欽也・二木　武　1983　妊娠と胎児の結びつき――SCT-PKSによる妊娠期の母子関係の研究　周産期医学，**13**，2141-2146.
神原文子　1991　現代の結婚と夫婦関係　培風館
厚生労働省　2011　平成22年（2010）人口動態統計（確定数）の概況　http://www.mhlw.go.jp/toukei/saikin/hw/jinkou/kakutei10/index.html（2012年5月26日閲覧）
厚生労働省　2012　平成23年度　福祉行政報告例の概況　http://www.mhlw.go.jp/toukei/saikin/hw/gyousei/11/index.html（2013年1月6日閲覧）
国立社会保障・人口問題研究所　2011　第14回出生動向基本調査　結婚と出産に関する全国調査　独身者調査の結果概要　http://www.ipss.go.jp/ps-doukou/j/doukou14_s/doukou14_s.asp（2012年5月26日閲覧）
作劇塾　2008a　有栖川有栖　第2章　小学生で小説家を目指す！　作家の学校　http://ameblo.jp/sakka-school/ entry-10106874416.html（2012年2月1日閲覧）
作劇塾　2008b　有栖川有栖　第4章　会社員と小説家の兼業時代　作家の学校　http://ameblo.jp/sakka-school/ entry-10112097243.html#main（2012年2月1日閲覧）
作劇塾　2008c　有栖川有栖　第5章　作家を目指す人たちへ　作家の学校　http://ameblo.jp/sakka-school/ entry-10113752516.html#main（2012年2月1日閲覧）
菅野幸恵　2001　母親が子どもをイヤになること――育児における不快感情とそれに対する説明づけ　発達心理学研究，**12**，12-23.
総務省統計局　2010　平成17年国勢調査　最終報告書「日本の人口」上巻――解説・資料編　http://www.stat.go.jp/data/kokusei/2005/nihon/pdf/01-04.pdf（2012年5月26日閲覧）
鑪幹八郎　2002　鑪幹八郎著作集I　アイデンティティとライフサイクル論　ナカニシヤ出版
田中千穂子　1997　乳幼児心理臨床の世界――心の援助専門家のために　三王出版
徳田治子　2010　親子関係の発達・変容（1）――妊娠・出産・子育て期の親から見た子どもとの関係　岡本祐子（編）　成人発達臨床心理学ハンドブック――個と関係性からライフサイクルを見る　ナカニシヤ出版
中西由里　1995　胎児と母親　麻生　武・内田伸子（編）　人生への旅立ち――胎児・乳児・幼児前期　金子書房　pp. 35-64.
野村総合研究所　2010　仕事に対するモチベーションに関する調査　http://www.nri.co.jp/news/2005/051205.html（2012年1月27日閲覧）
花沢成一　1992　母性心理学　医学書院
平木典子　1992　新婚時代のカウンセリング　岡堂哲雄（編）　現代のエスプリ別冊　マリッジ・カウンセリング　至文堂　pp. 221-228.
福丸由佳　2000　共働き世帯の夫婦における多重役割と抑うつ度との関連　家族心理学研究，**14**，151-162.
Benesse教育研究開発センター　2006　若者の仕事生活実態調査報告書――25～35歳の男女を対象に　ベネッセコーポレーション
牧野カツコ　1982　乳幼児を持つ母親の生活と〈育児不安〉　家庭教育研究紀要，**3**，34-56.
八木下暁子　2008　父親役割の芽生え　岡本依子・菅野幸恵（編）　親と子の発達心理学――縦断研究法のエッセンス　新曜社　pp. 107-118.

渡辺久子　2000　母子臨床と世代間伝達　金剛出版

第 VII 章

Adams, J. M. & Spain, J. S.　1999　The dynamics of interpersonal commitment and the issue of salience. In J. M. Adams & W. H. Jones (Eds.), *Handbook of Interpersonal Commitment and Relationship Stability*. Kluwer Academic/Plenum. pp. 165-179.

Greene, J. G., Smith, R., Gardiner, M. & Timbury, G. C.　1982　Measuring behavioral disturbance of elderly demented patients in the community and its effects on relatives : A factor analytic study. *Age and Aging*, **11**, 121-126 .

Johnson, M. P., Caughlin, J. P. & Huston, T. L.　1999　The tripartite nature of marital commitment: Personal, moral, and structural reasons to stay married. *Journal of Marriage and the Family*, **61**, 160-177.

Jones, W. H., Adams, J. M., Monroe, P. R. & Berry, J. O.　1995　A psychometric exploration of marital satisfaction and commitment. *Journal of Social Behavior and Personality*, **10**, 923-932.

Kaslow, F. & Robinson, J. A.　1996　Long-term satisfying marriages: Perceptions of contributing factors. *American Journal of Family Therapy*, **24**, 154-170.

Kinney, J. M. & Stephens, M. A. P.　1989　Hassles and uplifts of giving care to a family member with dementia. *Psychology and Aging*, **4**, 402-408.

Lawton, M. P., Kleban, M. H., Moss, M., Rovine, M. & Glicksman, A.　1989　Measuring caregiving appraisal. *Journal of Gerontology*, **44**, 61-71.

Lawton, M. P., Moss, M., Kleban, M. H., Glicksman, A. & Rovine, M.　1991　A two-factor model of caregiving appraisal and psychological well-being. *Journal of Gerontology*, **46**, 181-189.

Picot, S. J., Youngblut, J. & Zeller, R.　1997　Development and testing of a measure of perceived caregiver rewords in adults. *Journal of Nursing Measurement*, **5**, 33-52.

Pruchno, R. A.　1990　The effects of help patterns on the mental health of spouse caregivers. *Research on Aging*, **12**, 57-71.

Sahlstein, E. & Baxter, L. A.　2001　Improvising commitment in close relationships: A relational dialectics perspective. In J. H. Harvey & A. E. Wenzel (Eds.), *Close Romantic Relationships: Maintenance and Enhancement*. Erlbaum. pp. 115-132.

Zarit, S. H., Reever, K. E. & Bach-Peterson, J.　1980　Relatives of impaired elderly : Correlates of feeling of burden. *Gerontologist*, **20**, 649-655.

石井京子　2003　高齢者への家族介護に関する心理学的研究　風間書房

宇都宮博　1999　夫婦関係の生涯発達──成人期を配偶者とともにいきることの意味　岡本祐子（編）　女性の生涯発達とアイデンティティ　北大路書房　pp. 179-208.

宇都宮博　2004　高齢期の夫婦関係に関する発達心理学的研究　風間書房

宇都宮博　2005　結婚生活の質が中高年者のアイデンティティに及ぼす影響──夫婦間のズレと相互性に着目して　家族心理学研究, **19**, 47-58.

宇都宮博　2010　夫婦関係の発達・変容──結婚生活の継続と配偶者との関係性の発達　岡本祐子（編）　成人発達臨床心理学ハンドブック──個と関係性からライフサイクルを見る　ナカニシヤ出版　pp. 187-195.

岡本祐子　1985　中年期の自我同一性に関する研究　教育心理学研究, **33**, 295-306.

岡本祐子　1994　現代女性をとりまく状況　岡本祐子・松下美知子（編）　女性のためのライフサイクル心理学　福村出版　pp. 12-21.

岡本祐子　1997a　中年からのアイデンティティ発達の心理学——成人期・老年期の心の発達と共に生きることの意味　ナカニシヤ出版
岡本祐子　1997b　ケアすることによるアイデンティティ発達に関する研究Ⅰ——高齢者介護体験による成長・発達感とその関連要因の分析　広島大学教育学部紀要第２部, **46**, 111-117.
岡本祐子　1999　女性の生涯発達とアイデンティティ——個としての発達・かかわりの中での成熟　北大路書房
岡本祐子　2002　アイデンティティ生涯発達論の射程　ミネルヴァ書房
岡本祐子　2007　アイデンティティ生涯発達論の展開——中年期の危機と心の深化　ミネルヴァ書房
厚生労働省　2010　平成21年度「離婚に関する統計」の概況　http://www.mhlw.go.jp/toukei/saikin/hw/jinkou/tokusyu/rikon10/index.html（2012年５月26日閲覧）
厚生労働省　2011a　平成22年簡易生命表の概況　http://www.mhlw.go.jp/toukei/saikin/hw/life/life10/（2012年１月15日閲覧）
厚生労働省　2011b　平成22年国民生活基礎調査の概況　http://www.mhlw.go.jp/toukei/saikin/hw/k-tyosa/k-tyosa10/（2012年１月15日閲覧）
坂田周一　1989　在宅痴呆老人の家族介護者の介護継続意識　社会老年学, **29**, 37-43.
櫻井成美　1999　介護肯定感がもつ負担軽減効果　心理学研究, **70**, 203-210.
髙橋ますみ　2008　夫の母を介護した15年の経験から——「向老学会」の設立へ　上野千鶴子・大熊由紀子・大沢真理・神野直彦・副田義也（編）　ケアされること　岩波書店　pp. 171-172.
中谷陽明・東條光雅　1989　家族介護者の受ける負担——負担感の測定と要因分析　社会老年学, **29**, 27-36.
新名理恵・矢富直美・本間　昭・坂田成輝　1989　痴呆性老人の介護者のストレス負担感に関する心理学的研究——痴呆の神経科学　東京都老人総合研究所　pp. 131-144.
広瀬美千代・岡田進一・白澤政和　2004　家族介護者の介護に対する認知的評価と要介護高齢者のADLとの関係——介護に対する肯定・否定両側面からの検討　生活科学研究誌, **3**, 227-236.
広瀬美千代・岡田進一・白澤政和　2005　家族介護者の介護に対する認知的評価を測定する尺度の構造　日本在宅ケア学会誌, **9**, 52-60.
広瀬美千代・岡田進一・白澤政和　2006　家族介護者の介護に対する認知的評価に関連する要因——介護に対する肯定・否定両側面からの検討　社会福祉学, **47**(3), 3-15.
前田大作・冷水　豊　1984　障害老人を介護する家族の主観的困難の要因分析　社会老年学, **19**, 3-17.
山本則子　1995　痴呆老人の家族介護に関する研究——娘および嫁介護者の人生における介護経験の意味１　研究背景・文献検討・研究方法　看護研究, **28**, 178-199.
山本則子　2000　家族介護とジェンダー　家族看護学研究, **6**, 158-163.
山本則子・石垣和子・国吉　緑・河原（前川）宣子・長谷川喜代美・林　邦彦・杉下知子　2002　高齢者の家族における介護の肯定的認識と生活の質（QOL）、生きがい感および介護継続意思との関連——続柄別の検討　日本公衆衛生雑誌, **49**, 660-671.
和気純子　1993　在宅障害老人の家族介護者の対処（コーピング）に関する研究　社会老年学, **37**, 16-26.
渡邉照美・岡本祐子　2006　身近な他者との死別を通した人格的発達——がんで近親者を亡くされた方への面接調査から　質的心理学研究, **5**, 99-120.

引用文献

第 Ⅷ 章

American Psychiatric Association，髙橋三郎・大野　裕・染矢俊幸（訳）　2003　DSM-Ⅳ-TR 精神疾患の分類と診断の手引　新訂版　医学書院

Baltes, P. B.　1987　Theoretical propositions of life-span developmental psychology: On the dynamics between growth and decline. *Developmental Psychology*, **23**, 611-626.

Baltes, P. B.　1997　On the incomplete architecture of human ontogeny: Selection, optimization, and compensation as foundation of developmental theory. *American Psychologist*, **52**, 366-380.

Baltes, P. B. & Baltes, M. M.　1990　Psychological perspectives on successful aging : The model of selective optimization with compensation. In P. B. Baltes & M. M. Baltes (Eds.), *Successful Aging: Perspectives from the Behavioral Sciences*. Cambridge University Press. pp. 1-34.

Butler, R. N.　1963　The life review: An interpretation of reminiscence in the aged. *Psychiatry*, **26**, 65-75.

Erikson, E. H.　1950　*Childhood and Society*.　W.W. Norton.（エリクソン，E. H.，仁科弥生（訳）　1977／1980　幼児期と社会１・２　みすず書房）

Erikson, E. H., Erikson, J. M. & Kivnick, H. Q.　1986　*Vital Involvement in Old Age*. W. W. Norton.（エリクソン，E. H.，エリクソン，J. M. & キヴニック，H. Q.，朝長正徳・朝長梨枝子（訳）　1990　老年期――生き生きしたかかわりあい　みすず書房）

Erikson, E. H. & Erikson, J. M.　1997　*The Life Cycle Completed*. W. W. Norton.（エリクソン，E. H. & エリクソン，J. M.，村瀬孝雄・近藤邦夫（訳）　2001　ライフサイクル，その完結 増補版　みすず書房）

Havighurst, R. J.　1953　*Developmental Tasks and Education*. David McKay.（ハヴィガースト，R. J.，荘司雅子（訳）　1958　人間の発達課題と教育　牧書店）

Havighurst, R. J.　1972　*Developmental Tasks and Education, third edition*. David McKay Company.（ハヴィガースト，R. J.，児玉憲典・飯塚裕子（訳）　1997　ハヴィガーストの発達課題と教育――生涯発達と人間形成　川島書店）

Kahn, R. L. & Antonucci, T. C.　1980　Convoys over the life course: Attachment, roles, and social support. In P. B. Baltes & O. B. Brim (Eds.), *Life-Span Development and Behavior*, *Vol. 3*.　Academic Press. pp. 253-268.

Kübler-Ross, E.　1969　*On Death and Dying*. Macmillan.（キューブラー・ロス，E.，川口正吉（訳）　1971　死ぬ瞬間――死にゆく人々との対話　読売新聞社）

Peck, R. C.　1955　Psychological development in the second half of life. In B. L. Neugarten (Ed.),　1968　*Middle Age and Aging*. University of Chicago Press. pp. 88-92.

World Health Organization，融　道男・中根允文・小見山実・岡崎祐士・大久保善朗（訳）　2005　ICD-10　精神および行動の障害――臨床記述と診断ガイドライン　医学書院

綾部早穂　2011　味覚・嗅覚機能のエイジング　大川一郎・土田宣明・宇都宮博・日下菜穂子・奥村由美子（編）　エピソードでつかむ老年心理学　ミネルヴァ書房　pp. 34-37.

石松一真　2011　身体機能のエイジング　大川一郎・土田宣明・宇都宮博・日下菜穂子・奥村由美子（編）　エピソードでつかむ老年心理学　ミネルヴァ書房　pp. 22-25.

入谷修司　2004　難聴と妄想　老年精神医学雑誌，**15**，286-293.

宇都宮博　2010　夫婦関係の発達・変容――結婚生活の継続と配偶者との関係の発達　岡本祐子（編）　成人発達臨床心理学ハンドブック――個と関係性からライフサイクルを見る　ナカニシヤ出版　pp. 187-195.

江國香織　1996　晴れた空の下で　つめたいよるに　新潮文庫　pp. 139-145.

大東祥孝　2006　高齢者の妄想性同定錯誤症候群と視覚　老年精神医学雑誌, **17**, 858-865.
小倉啓子　2002　特別養護老人ホーム新入居者の生活適応の研究――「つながり」の形成プロセス　老年社会科学, **24**, 61-70.
小倉啓子　2005　特別養護老人ホーム入居者のホーム生活に対する不安・不満の拡大化プロセス――'個人生活ルーチン'の混乱　質的心理学研究, **4**, 75-92.
長田由紀子・長田久雄　1994　高齢者の回想と適応に関する研究, 発達心理学研究, **5**, 1-10.
小澤　勲　1998　痴呆老人からみた世界　岩崎学術出版社
小野成夫　1993　某老人保健施設における精神科的医療の需要について――入所者の提出する精神科領域の問題から　老年精神医学, **4**, 1277-1283.
神谷美恵子　1980　生きがいについて　みすず書房
蒲生紀子　2003　特別養護老人ホームでの心理的援助の役割　心理臨床学研究, **21**, 341-352.
河合千恵子　1990　配偶者を喪う時――妻たちの晩秋・夫たちの晩秋　広済堂出版
河合千恵子・下仲順子・中里克治　1996　老年期における死に対する態度　老年社会科学, **17**, 107-116.
黒川由紀子　2002　老人福祉施設における心理的ケアの新しい試み　老年精神医学雑誌, **13**, 1419-1423.
黒川由紀子　2005　回想法――高齢者の心理療法　誠信書房
黒川由紀子　2008　認知症と回想法　金剛出版
黒川由紀子・斎藤正彦・松田　修　1995　老年期における精神療法の効果評価――回想法をめぐって　老年精神医学雑誌, **6**, 315-329.
黒川由紀子・斎藤正彦・松田　修　2005　老年臨床心理学――老いの心に寄りそう技術　有斐閣
厚生労働省　2011　平成22年国民生活基礎調査の概況　http://www.mhlw.go.jp/toukei/saikin/hw/k-tyosa/k-tyosa10/index.html（2012年5月26日閲覧）
小坂憲次　2011　レビー小体型認知症の臨床診断基準――次期改訂に向けて　老年精神医学雑誌, **22**, 133-183.
小谷みどり　2004　死に対する意識と死の恐れ　ライフデザインレポート, **5**, 4-15.
斉藤雅茂　2008　高齢者の社会的ネットーワークの経年的変化――6年間のパネルデータを用いた潜在成長曲線モデルより　老年社会科学, **29**, 516-525.
下仲順子　1998　老年期の発達と臨床援助　下山晴彦（編）　教育心理学Ⅱ――発達と臨床援助の心理学　東京大学出版会　pp. 313-337.
進藤克郎　2002　高齢者臨床における痴呆　臨床心理学, **2**, 453-459.
総務省　2011　平成22年国勢調査　http://www.stat.go.jp/data/kokusei/2010/index.htm（2012年1月15日閲覧）
竹中星郎　1996　老年精神科の臨床　岩崎学術出版社
竹中星郎　2010　老いの心と臨床　みすず書房
田中真理　2011　サクセスフル・エイジング　大川一郎・土田宣明・宇都宮博・日下菜穂子・奥村由美子（編）　エピソードでつかむ老年心理学　ミネルヴァ書房　pp. 182-185.
デーケン, A.　2011　新版　死とどう向き合うか　NHK出版
土居健郎　2005　偶感　村瀬嘉代子・黒川由紀子（編）　老いを生きる, 老いに学ぶこころ　創元社　pp. 32-34.
内閣府　2009　高齢者の地域社会への参加に関する意識調査　http://www8.cao.go.jp/kourei/ishiki/h20/sougou/zentai/index.html（2012年1月15日閲覧）
内閣府　2011　平成22年度高齢者の生活と意識に関する国際比較調査　http://www8.cao.go.jp/kourei/ishiki/h22/kiso/zentai/index.html（2012年1月15日閲覧）

西村昌記・石橋智昭・山田ゆかり・古谷野亘　2000　高齢期における親しい関係——「交友」「相談」「信頼」の対象としての他者の選択　老年社会科学，**22**，367-374．
日本神経学会　2010　認知症疾患治療ガイドライン　医学書院
野村信威・橋本宰　2001　老年期における回想の質と適応の関連　発達心理学研究，**12**，75-86．
林智一　1999　人生の統合期の心理療法におけるライフレビュー　心理臨床学研究，**17**，390-400．
林智一　2000　老人保健施設における心理療法的接近の試み——長期入所の高齢期女性との心理面接過程から　心理臨床学研究，**18**，58-68．
東村奈緒美・坂口幸弘・柏木哲夫・恒藤暁　2001　死別経験による遺族の人間的成長　死の臨床，**24**，69-74．
平山篤史　2006　失語症を伴う長期入院高齢者とのロールプレイを利用した面接過程——回想を取りあげ場面設定に用いた事例　心理臨床学研究，**23**，671-682．
深瀬裕子・岡本祐子　2010　老年期における心理社会的課題の特質——Eriksonによる精神分析的個体発達分化の図式　第Ⅷ段階の再検討　発達心理学研究，**21**，266-277．
深津亮・中野倫仁　2008　アルツハイマー病に対する非薬物療法　診断と治療，**96**，2351-2356．
前田展弘　2009　QOL（Quality of Life）研究の潮流と展望——ジェロントロジーの視点を中心に　ニッセイ基礎研REPORT，**12**，32-37．
森川将行・平井基陽　2008　老人保健施設　臨床精神医学，**37**，709-715．
山口智子　2004　人生の語りの発達臨床心理　ナカニシヤ出版
山田典子　2000　老年期における余暇活動の型と生活満足度・心理社会的発達の関連　発達心理学研究，**11**，34-44．
若松直樹・三村將　2008　認知症リハビリテーションの方法論　Monthly Book Medical Rehabilitation，**91**，105-113．
渡邉照美　2011　近親者との死別への適応　大川一郎・土田宣明・宇都宮博・日下菜穂子・奥村由美子（編）　エピソードでつかむ老年心理学　ミネルヴァ書房　pp. 128-131．
渡邉照美・岡本祐子　2006　身近な他者との死別を通した人格的発達——がんで近親者を亡くされた方への面接調査から　質的心理学研究，**5**，99-120．

終　章

Bowlby, J.　1969　*Attachment and Loss, Vol.2 Separation*. Basic Books.（ボウルビィ，J．黒田実郎・岡田洋子・吉田恒子（訳）　1977　母子関係の理論（新版）2　分離不安　岩崎学術出版社）
Brammer, L. M.　1991　*How to Cope with Life Transitions : The Challenge of Personal Change*. Hemisphere.（ブラマー，L. M．楡木満生・森田明子（訳）　1994　人生のターニングポイント——転機をいかに乗りこえるか　ブレーン出版）
Easterbrooks, M. A. & Goldberg, W. A.　1990　Security of toddler-parent attachment: Relation to children's sociopersonality functioning during kindergarten. In M. T. Greenberg & D. Cicchetti et al.（Eds.），*Attachment in the Preschool Years: Theory, Research, and Interaction*. University of Chicago Press. pp. 221-244.
Egeland, B. & Carlson, E.　2004　Attachment and psychopathology. In L. Arkinson & S. Goldberg（Eds.），*Attachment Issues in Psychopathology and Intervention*. Lawrence Erlbaum Associates.
Erikson, E. H.　1950　*Childhood and Society*. W. W. Norton.（エリクソン，E. H．仁科弥生

（訳）1977／1980　幼児期と社会 1・2　みすず書房）

Eysenck, H. J. & Nias, D. K. B.　1982　*Astrologu: Acience or Superstition?* Curtis Brown.（アイゼンク，H. J. & ナイアス，D. K. B., 岩脇三良・浅川潔司（共訳）1986　占星術──科学か迷信か　誠信書房）

Filipp, S. H.　1992　Could it be worse? The diagnosis for cancer as a prototype of traumatic life events. In L. Montada, S. H. Filipp & M. J. Lerner (Eds.), *Life Crisis and Experiences of Loss in Adulthood*. Erlbaum. pp. 23-56.

Harvey, J. H.　2000　*Give Sorrow Words: Perspectives on Loss and Trauma*. Brunner/Mazel.（ハーヴェイ，J. H., 安藤清志（監訳）2002　悲しみに言葉を──喪失とトラウマの心理学　誠信書房）

Hertsgaard, L., Gunnar, M., Erickson, M. & Nachmisss, M.　1995　Adrenocortical responses to the strange situation in infacts with disorganized/dissoriented attachment relationships. *Child Development*, **66**, 1100-1106.

Jung, C. G.　1921　*Psychologische Typen*. Rascher.（ユング，C. G., 林 道義（訳）1987　タイプ論　みすず書房）

Jung, C. G.　1933　The stages of life. In *The Collected Works of Carl G. Jung*, *Vol. 8* Princeton University Press, 1960.

Kohut, H.　1971　*The Analysis of the Self: A Systematic Approach to the Psychoanalytic Treatment of Narcissistic Personality Disorders*. International Universities Press.（コフート，H., 水野信義・笠原 嘉（監訳）1994　自己の分析　みすず書房）

Kübler-Ross, E.　1969　*On Death and Dying*. Macmillan.（キューブラー・ロス，E., 鈴木 晶（訳）2001　死ぬ瞬間──死とその過程について　中公文庫）

Maslow, A. H.　1954　*Motivation and Personality, 2nd ed.* Harper & Row.（マズロー，A. H., 小口忠彦（訳）1987　人間性の心理学──モチベーションとパーソナリティ　産能大学出版部）

Nevill, D. D. & Super, D. E.　1986　*The Values Scale Manual: Theory, Application, and Research*. Consulting Psychologists Press.

Nuber, U.　1995　*Der Mythos vom frühen Trauma: Über Macht und Einfluß der Kindheit*. S. Fisher Verlag GmbH.（ヌーバー，U., 丘沢静也（訳）1997　〈傷つきやすい子ども〉という神話──トラウマを超えて　岩波書店）

Prior, V. & Glaser, D.　2006　*Understanding Attattchment and Attachment Disorders: Theory, Evidence, & Practice*. The Royal College of Psychiatrists.（プライア，V. & グレイサー，D., 加藤和夫（監訳）2008　愛着と愛着障害　北大路書房）

Rogers, C. R.　1957　The necessary and sufficient conditions of therapeutic personality change. *Journal of Consulting Psychology*, **21**, 95-103.

Rutter, M., O'Connor, T. G. & the English and Romanian Adoptees (ERA) Study Team 2004　Are there biological programming effects for psychological development?: Findings from a study of Romanian Adoptees. *Developmental Psychology*, **40**, 81-94.

Schein, E. H.　1978　*Career Dynamics: Matching Individual and Organizational Needs*. Addison-Wesley.（シャイン，E. H., 二村敏子・三善勝代（訳）1991　キャリア・ダイナミックス──キャリアとは，生涯を通しての人間の生き方・表現である　白桃書房）

Shuey, K. & Hardy, M. A.　2003　Assistance to aging parents and parents-in-law: Does lineage affect family allocation decisions? *Journal of Marriage and Family*, **65**, 418-431.

Super, D. E.　1980　A life-span, life-space approach to career development. *Journal of Vocational Behaviour*, **16**, 282-298.

引用文献

浅野智彦　2001　自己への物語論的接近——家族療法から社会学へ　勁草書房
安藤寿康　2000　心はどのように遺伝するか——双生児が語る新しい遺伝観　講談社ブルーバックス
氏家達夫　1996　親になるプロセス　金子書房
江上園子　2005　幼児を持つ母親の「母性愛」信奉傾向と養育状況における感情制御不全　発達心理学研究，**16**，122-134．
遠藤利彦　2005　アタッチメントの連続性を支えるメカニズム　数井みゆき・遠藤利彦（編著）　アタッチメント——生涯にわたる絆　ミネルヴァ書房　pp. 152-156．
岡村清子　2007　高齢期の人間関係——家族関係，家族の変化　下仲順子（編）　高齢期の心理と臨床心理学　培風館　pp. 110-121．
岡本祐子　1994　成人期における自我同一性の発達過程とその要因に関する研究　風間書房
岡本祐子　2002　アイデンティティ生涯発達論の射程　ミネルヴァ書房
岡本祐子　2010　「人生の峠」を越える——「中年期危機」の心理臨床的理解と援助　岡本祐子（編著）　成人発達臨床心理学ハンドブック　ナカニシヤ出版　pp. 242-254．
数井みゆき　2005　保育者と教師に対するアタッチメント　数井みゆき・遠藤利彦（編著）　アタッチメント——生涯にわたる絆　ミネルヴァ書房　pp. 114-126．
金井壽宏　1997　キャリア・デザイン論への切り口　季刊ビジネス・インサイト，**17**，34-55．
厚生省　1984　厚生白書　昭和59年版　大蔵省印刷局
厚生省　1996　社会保障入門　平成8年版　中央法規出版
宍戸邦章　2008　実親・義親への世代間援助にみる「家」の原理——JGSS-2006に基づく分析　日本版 General Social Surveys 研究論文集，**7**，1-12．
園田菜摘・北村琴美・遠藤利彦　2005　乳幼児期・児童期におけるアタッチメントの広がりと連続性　数井みゆき・遠藤利彦（編著）　アタッチメント——生涯にわたる絆　ミネルヴァ書房　pp. 80-95．
常石秀市　2008　感覚器の成長・発達　バイオメカニズム学会誌，**32**，69-73．
内閣府　2004　男女共同参画白書　平成16年版　国立印刷局
中間玲子　2007　パーソナリティの成熟——ユングのパーソナリティ論　小塩真司・中間玲子　あなたとわたしはどう違う？——パーソナリティ心理学入門講義　ナカニシヤ出版　pp. 113-140．
廣川進　2006　失業のキャリアカウンセリング——再就職支援の現場から　金剛出版
藤井薫　1999　わが人生に悔いあり——世界没落人物伝　なあぷる
保前文高　2009　言語発達脳科学の基盤構築と展開（特集 赤ちゃん研究の最前線——学際領域からの挑戦）　心理学評論，**52**，75-87．
無藤清子　2008　老年期の家族　中釜洋子・野末武義・布柴靖枝・無藤清子（編）　家族心理学——家族システムの発達と臨床的援助　有斐閣ブックス　pp. 131-151．

人名索引

あ　行

有栖川有栖　135
アロウェイ, T. P.　17
安藤寿康　211
アントヌッチ, T. C.　190
伊藤比呂美　144
伊藤裕子　89
ウォルシュ, B. W.　107
内田伸子　70, 71
エインズワース, M. D. S.　36
江國香織　192
エリクソン, E. H.　4, 7, 39, 101, 115, 120, 123, 135, 178, 201, 207
遠藤利彦　209
大野久　115
岡田努　99
岡本祐子　201, 213

か　行

ガードナー, H.　15
カーン, R. L.　190
柏木惠子　143, 145
神谷美恵子　182
河合千恵子　186
キャロル, J. B.　16
キューブラー・ロス, E.　187, 213
グレイサー, D.　208
クロガー, J.　101
ゲゼル, A.　11
コールバーグ, L.　75
コールマン, J. C.　94, 101
コフート, H.　207

さ　行

サリヴァン, H. S.　97
シェイクスピア, W.　2

ジェンセン, A. R.　12
シャイエ, K. W.　17
シャイン, E. H.　215
シャンク, D. H.　79
シュテルン, W.　12
ジョンソン, M. P.　164
白井利明　119
スーパー, D. E.　123, 216
菅佐和子　109
スキャモン R. E.　49
スターン, D. N.　31, 141
ステインバーグ, L.　93
スピアマン, C. E.　16
スピッツ, R. A.　35

た　行

滝川一廣　95
田中千穂子　43, 45, 109, 129
チョムスキー, N.　20
デーケン, A.　186
土居健郎　200
トマセロ, M.　20
トンプソン, H.　11

な　行

梨木香歩　96
西平直喜　120

は　行

パーテン, M. B.　61
ハヴィガースト, R. J.　177, 201
花沢成一　141
バルテス, P. B.　178, 201
バンデューラ, A.　79
ピアジェ, J.　15, 27, 62, 75
平木典子　138

241

ファンツ, R. L.　27
プライア, V.　208
フリース, D. J. I.　25
フリードマン, L. J.　114
プレスリー, E. A.　206
フロイト, S.　8, 201, 207
ブロス, P.　93, 101
ペック, R. C.　201
ヘンドリー, L.　94, 101
ボウルビィ, J.　35, 207
ホール, G. S.　3

ま　行

マークマン, E.　21
マーシャ, J. E.　116
マーラー, M. S.　31, 53
マスターソン, J. F.　93
マズロー, A. H.　212

宮崎駿　93
村上春樹　93
村瀬嘉代子　111
メルツォフ, A. N.　28
森田洋司　105

や　行

ユング, C. G.　213

ら　行

ラーソン, J. H.　139
レヴィン, K.　119
ロシャ, P.　33
ロジャーズ, C. R.　212

わ　行

ワイナー, B.　80
ワトソン, J. B.　11

事項索引

あ　行

愛着（アタッチメント）　36, 57, 66, 207
愛着行動　35, 45, 207
アイデンティティ　9, 41, 101, 115, 120, 127, 134, 139, 141, 151, 156, 159, 171, 187, 207, 215
アイデンティティ・ステイタス　116
アイデンティティなき成功　135
アイデンティティの再体制化　221
赤ちゃんがえり　67
アスペルガー症候群　84
アルツハイマー型認知症　193
生きがい　182
育児ストレス　146
育児不安　43, 146
いじめ　105, 128
遺伝説　11
イメージの世界　110
親 – 乳児心理療法　44, 147
音楽療法　194

か　行

介護ストレス　160
介護負担感　168
回想法　194, 199, 203
外発的動機づけ　79
Counting-all 方略　73
Counting-on 方略　73
学習障害（LD）　84
学習性無力感　78, 80
家族神話　139
学校適応　95, 98
葛藤の世代間伝達　147
空の巣症候群　156
環境因　65
環境説（環境優位説）　11

間主観的自己感　31
記憶障害　193
危機　116, 157
器質因　65
規範意識　81
基本的信頼感　39, 57, 120, 201, 207
虐待（子ども虐待）　45, 149
Cattell-Horn-Carroll（CHC）理論　16
キャリア　123, 215
キャリア・アンカー　215
ギャング・エイジ　77
ギャング集団　77, 97
QOL（Quality of Life）　181
ケア役割　221
血管性認知症　193
ゲノムプロジェクト　13
原因帰属　80
言語的自己感　31
原始反射　26
現代女性のライフサイクルの木　171
攻撃行動　76
攻撃性　76
向社会的行動　59, 75
行動遺伝学　211
広汎性発達障害　84
高齢者介護　168
個体化　53
個体発達分化の図式　7, 41, 115
ごっこ遊び　63
コンボイ・モデル　190

さ　行

サクセスフル・エイジング　181
ジェネラル・ムーブメント　25
シェマ　15
ジェンダー　89

243

ジェンダー・アイデンティティ　89
自我の統合　41, 178, 201
時間的展望　41, 119, 156
自己愛　207
自己意識　90, 216
自己概念　101, 212
自己感　31
自己肯定感　102
自己効力　79
自己実現　213
自己実現の欲求　212
自己制御機能　65
自己中心性　58
自殺　105
支持的心理療法　194
自傷行為　107
施設入所　197
自閉症スペクトラム障害　84
死別経験　185
社会化　75
社会的行動　208
社会的ネットワーク　213
社会的役割　179
若年無業者　125
重要な他者　171
情緒的対象恒常性　55
職業的価値　133
自律性　65, 93
神経性大食症　106
神経性無食欲症　106
新生自己感　31
新生児集中治療室（NICU）　44, 140
新生児模倣　28
身体的虐待　149
心的外傷体験　107
心理社会的課題　9, 159, 178, 201, 221
心理社会的危機　9, 39, 159
心理社会的な自我　8
心理社会的モラトリアム　123
心理的虐待　149
スクールカウンセラー　111
ストレンジ・シチュエーション法　36

生後2カ月革命　25
成熟優位説　11
性的虐待　149
性同一性　89
性同一性障害　90
性役割　89
世代継承性　9, 135, 143
摂食障害　106
選好注視法　27
相互性　9, 124, 143
ソーシャル・ネットワーク　190
ソシオメトリックテスト　57
粗大運動　50

た　行

第2の分離-個体化期　93
第一反抗期　65, 146
退行　67
対人恐怖症　127
第二次性徴　89
第二反抗期　94
ダウン症　45
脱自己中心化　59
遅延模倣　63
知能　15
チャムシップ　97
注意欠陥／多動性障害（ADHD）　84
中核自己感　31
中年期危機　155, 159, 172
調節　15
低出生体重児　44
転機　213
トイレットトレーニング　65
同一化　123
同化　15
動機づけ　80
統合失調症　127
統制の位置　80
道徳性　75
読解能力　71

な行

内的作業モデル　37
内発的動機づけ　79
斜めの関係　111
喃語　19
認知症　193, 199, 203
認知的発達理論　75
認知発達段階　62
認知発達ロボティクス　29
ネグレクト　149

は行

パーソナリティ　207, 210
配偶者選択　138
8カ月不安　35
発達障害　45, 84, 128
母親意識　141
場面緘黙　83
バリデーション・セラピー　194
反抗期の消失　95
晩婚化　137
反社会的行動　77
PTSD（心的外傷後ストレス障害）　105
ひきこもり　105, 127
ひきこもり対策推進事業　128
微細運動　50
悲嘆　186
悲嘆のプロセス　186
人見知り反応　35, 55
フォークロージャー　117
輻輳説　12
不登校　105
フリーター　124

分離　53
分離 - 個体化　53
分離 - 個体化の理論　53
分離不安　83, 105
母子相互作用　43
母性愛神話　141

ま行

未婚化　137
無差別微笑　35
モデリング　76
モデリング学習　81
物盗られ妄想　193
模倣期　19
モラトリアム　117, 138

や行

役割実験　123
友人関係の希薄化　99

ら行

ライフ・キャリア・レインボー　216
ライフサイクル　3, 7, 40, 159, 171, 201, 219, 221
ライフレヴュー　203
リアリティ・オリエンテーション　194
離婚　163
ルクセンブルガーの図式　12
恋愛の二極化　91

わ行

ワーキングメモリ　17
われわれ意識　77

《執筆者紹介》(50音順。執筆担当は本文末に明記)

浅川淳司(あさかわ・あつし)
　金沢大学人間社会研究域学校教育系准教授。

宇都宮博(うつのみや・ひろし)
　立命館大学総合心理学部教授。
　　主　著　『成人発達臨床心理学ハンドブック』(共著)ナカニシヤ出版，2010年
　　　　　　『エピソードでつかむ老年心理学』(共編著)ミネルヴァ書房，2011年

岡崎善弘(おかざき・よしひろ)
　岡山大学教育学部講師。
　　主　著　『Comparison of development between temporal and spatial concepts』(共著)
　　　　　　風間書房，2008年
　　　　　　『時間と人間』(共著)新曜社，2011年

岡本祐子(おかもと・ゆうこ)
　編著者紹介参照。

上手(小嶋)由香(かみて(こじま)・ゆか)
　広島大学大学院教育学研究科講師。
　　主　著　『脊髄損傷者の語りと心理臨床的援助』(単著)ナカニシヤ出版，2011年
　　　　　　『臨床心理学』(共著)ミネルヴァ書房，2012年

高橋英之(たかはし・ひでゆき)
　大阪大学大学院工学研究科特任助教。
　　主　著　『なるほど！　赤ちゃん学』(共著)新潮社，2012年

中間玲子(なかま・れいこ)
　兵庫教育大学大学院教育学研究科教授。
　　主　著　『自己形成の心理学』(単著)風間書房，2007年
　　　　　　『自尊感情の心理学——理解を深める「取扱説明書」』(編著)金子書房，2017年

深瀬裕子(ふかせ・ゆうこ)
　編著者紹介参照。

前盛ひとみ（まえもり・ひとみ）
  前　香川大学教育学部准教授。
  主　著　『成人発達臨床心理学ハンドブック』（共著）ナカニシヤ出版，2010年
  　　　　『プロフェッションの生成と世代継承──ケーススタディ：中年期の実りと次世代の育成』（共著）ナカニシヤ出版，2014年

茂垣まどか（もがき・まどか）
  帝京大学短期大学人間文化学科講師。
  主　著　『レクチャー青年心理学──学んでほしい・教えてほしい青年心理学の15のテーマ』（共著）風間書房，2017年

森田愛子（もりた・あいこ）
  広島大学大学院人間社会科学研究科教授。
  主　著　『子どもの学校適応を促進しよう』（共著）ブレーン出版，2007年
  　　　　『心理学基礎実習マニュアル』（共著）北大路書房，2009年

渡邉大介（わたなべ・だいすけ）
  大谷大学教育学部講師。
  主　著　『子どもの発達と教育』（共著）協同出版，2014年
  　　　　『ワーキングメモリと教育』（共著）北大路書房，2014年

渡邉照美（わたなべ・てるみ）
  佛教大学教育学部准教授。
  主　著　『成人発達臨床心理学ハンドブック』（共著）ナカニシヤ出版，2010年
  　　　　『エピソードでつかむ老年心理学』（共著）ミネルヴァ書房，2011年

《編著者紹介》

岡本祐子（おかもと・ゆうこ）
　広島大学名誉教授，HICP 東広島心理臨床研究室代表。
　主　著　『アイデンティティ生涯発達論の展開』（単著）ミネルヴァ書房，2007年
　　　　　『成人発達臨床心理学ハンドブック』（編著）ナカニシヤ出版，2010年
　　　　　『プロフェッションの生成と世代継承——ケーススタディ：中年期の実りと次世代の育成』（編著）ナカニシヤ出版，2014年
　　　　　『世代継承性研究の展望』（編著）ナカニシヤ出版，2018年

深瀬裕子（ふかせ・ゆうこ）
　北里大学医療衛生学部准教授。
　主　著　『介護福祉用語集』（共著）ミネルヴァ書房，2021年
　　　　　The role of psychological autonomy in the acceptance of ageing among community-dwelling elderly.（*Psychogeriatrics*, 2018, **18**(6), 439-445.）
　　　　　Selection process for botulinum toxin injections in patients with chronic-stage hemiplegic stroke: a qualitative study.（*BMC medical informatics and decision making*, 2019, **19**(1), 1-11.）

シリーズ生涯発達心理学①
エピソードでつかむ　生涯発達心理学

2013年 4 月20日　初版第 1 刷発行	〈検印省略〉
2021年12月30日　初版第 9 刷発行	定価はカバーに表示しています

編著者	岡　本　祐　子 深　瀬　裕　子
発行者	杉　田　啓　三
印刷者	田　中　雅　博

発行所　株式会社　ミネルヴァ書房
607-8494　京都市山科区日ノ岡堤谷町 1
電話代表　(075)581-5191
振替口座　01020-0-8076

©岡本・深瀬ほか，2013　　創栄図書印刷・新生製本

ISBN978-4-623-06531-8

Printed in Japan

―――― シリーズ生涯発達心理学（全5巻／体裁　A5判）――――

エピソードでつかむ
① 生涯発達心理学　　岡本祐子・深瀬裕子　編著　　本体2600円

エピソードでつかむ
② 乳幼児心理学　　斉藤　こずゑ　編著　　未　刊

エピソードでつかむ
③ 児童心理学　　伊藤　亜矢子　編著　　本体2800円

エピソードでつかむ
④ 青年心理学　　大野　久　編著　　本体2600円

エピソードでつかむ
⑤ 老年心理学　　大川一郎ほか　編著　　本体2600円

―――――― ミネルヴァ書房 ――――――
http://www.minervashobo.co.jp/